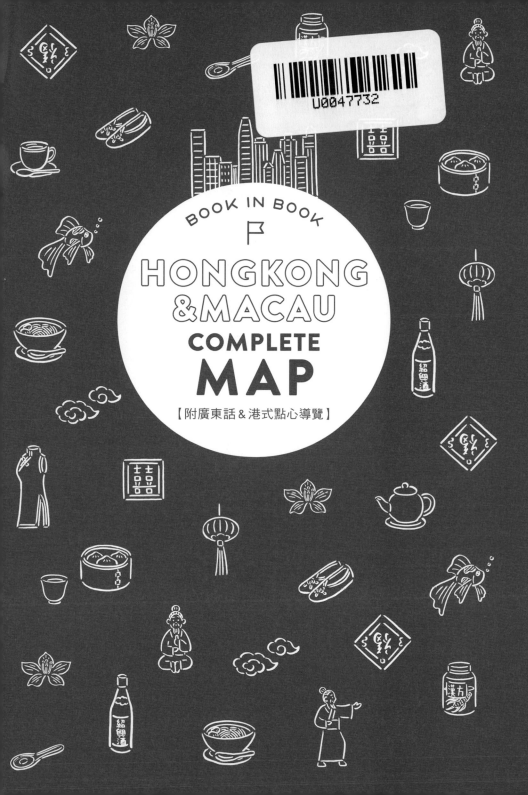

BOOK IN BOOK

HONGKONG &MACAU

COMPLETE
MAP

【附廣東話＆港式點心導覽】

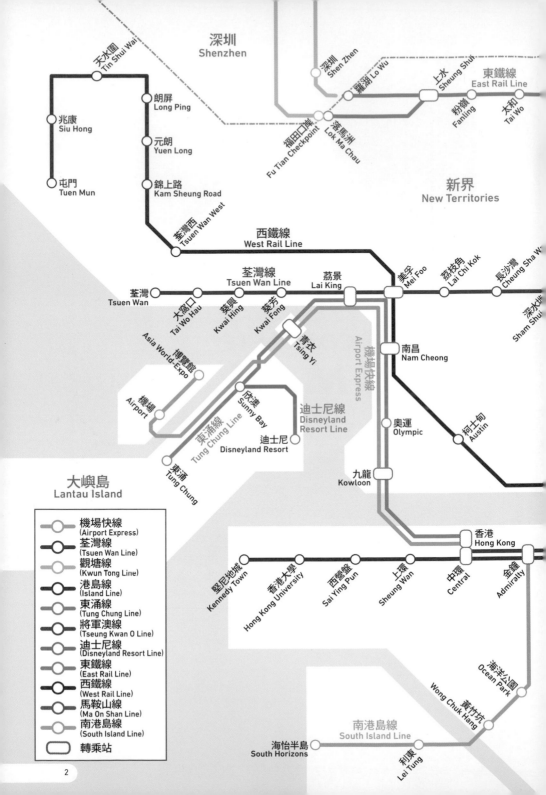

深圳
Shenzhen

新界
New Territories

大嶼山
Lantau Island

天水圍
Tin Shui Wai

朗屏
Long Ping

元朗
Yuen Long

錦上路
Kam Sheung Road

兆康
Siu Hong

屯門
Tuen Mun

荃灣西
Tsuen Wan West

深圳
Shen Zhen

羅湖 Lo Wu

上水
Sheung Shui

東鐵線
East Rail Line

福田口岸
Fu Tian Checkpoint

落馬洲
Lok Ma Chau

粉嶺
Fanling

太和
Tai Wo

西鐵線
West Rail Line

荃灣線
Tsuen Wan Line

荔景
Lai King

美孚
Mei Foo

荔枝角
Lai Chi Kok

長沙灣
Cheung Sha W

荃灣
Tsuen Wan

大窩口
Tai Wo Hau

葵興
Kwai Hing

葵芳
Kwai Fong

青衣
Tsing Yi

深水埗
Sham Shui

南昌
Nam Cheong

機場快線
Airport Express

Asia World-Expo
博覽館

機場
Airport

欣澳
Sunny Bay

東涌線
Tung Chung Line

迪士尼
Disneyland Resort

迪士尼線
Disneyland
Resort Line

奧運
Olympic

柯士甸
Austin

東涌
Tung Chung

九龍
Kowloon

香港
Hong Kong

堅尼地城
Kennedy Town

香港大學
Hong Kong University

西營盤
Sai Ying Pun

上環
Sheung Wan

中環
Central

金鐘
Admiralty

海洋公園
Ocean Park

黃竹坑
Wong Chuk Hang

南港島線
South Island Line

海怡半島
South Horizons

利東
Lei Tung

大埔墟
Tai Po Market
大學
University
馬場
Racecourse
火炭
Fo Tan
沙田
Sha Tin
大圍
Tai Wai
石硤尾
Shek Kip Mei
九龍塘
Kowloon Tong
太子
Prince Edward
旺角
Mong Kok
油麻地
Yau Ma Tei
旺角東
Mong Kok East
何文田
Ho Man Tin
左敦
Jordan
尖沙咀
Tsim Sha Tsui
尖東
East Tsim Sha Tsui
黃埔
Whampoa
紅磡
Hung Hom

第一城
City One
石門
Shek Mun
沙田圍
Sha Tin Wai
車公廟
Che Kung Temple

馬鞍山線
Ma On Shan Line
大水坑
Tai Shui Hang
恆安
Heng On
馬鞍山
Ma On Shan
烏溪沙
Wu Kai Sha

九龍
Kowloon

觀塘線
Kwun Tong Line
樂富
Lok Fu
黃大仙
Wong Tai Sin
鑽石山
Diamond Hill
彩虹
Choi Hung
九龍灣
Kowloon Bay
牛頭角
Ngau Tau Kok
觀塘
Kwun Tong
藍田
Lam Tin

將軍澳線
Tseung Kwan O Line

油塘
Yau Tong
調景嶺
Tiu Keng Leng
將軍澳
Tseung Kwan O

寶琳
Po Lam
坑口
Hang Hau
康城
LOHAS Park

維多利亞港

港島線
Island Line
灣仔
Wan Chai
銅鑼灣
Causeway Bay
天后
Tin Hau
炮台山
Fortress Hill
北角
North Point
鰂魚涌
Quarry Bay
太古
Tai Koo
西灣河
Sai Wan Ho
筲箕灣
Shau Kei Wan
杏花邨
Heng Fa Chuen
柴灣
Chai Wan

香港島
Hong Kong Island

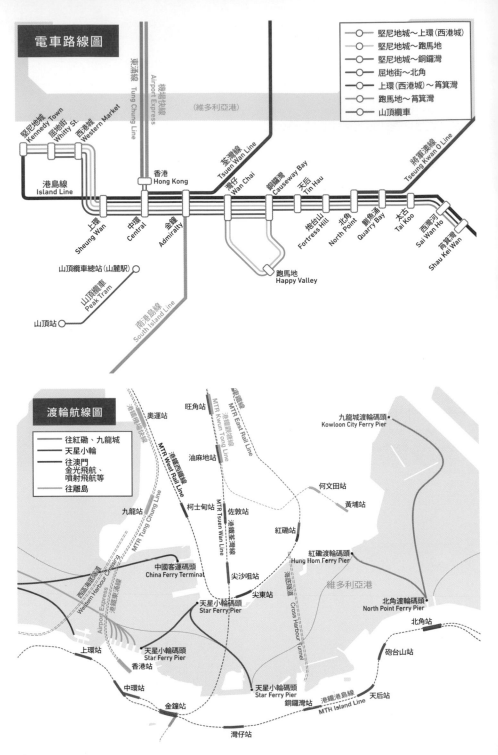

電車路線圖

- 堅尼地城〜上環(西港城)
- 堅尼地城〜跑馬地
- 堅尼地城〜銅鑼灣
- 屈地街〜北角
- 上環(西港城)〜筲箕灣
- 跑馬地〜筲箕灣
- 山頂纜車

(維多利亞港)

東涌線
Tung Chung Line

機場快線
Airport Express

堅尼地城
Kennedy Town
屈地街
Whitty St.
西港城
Western Market

港島線
Island Line

香港
Hong Kong

荃灣線
Tsuen Wan Line
灣仔
Wan Chai
銅鑼灣
Causeway Bay
天后
Tin Hau

將軍澳線
Tseung Kwan O Line

上環
Sheung Wan
中環
Central
金鐘
Admiralty
炮台山
Fortress Hill
北角
North Point
鰂魚涌
Quarry Bay
太古
Tai Koo
西灣河
Sai Wan Ho
筲箕灣
Shau Kei Wan

山頂纜車總站(山麓駅)
山頂纜車
Peak Tram

南港島線
South Island Line

跑馬地
Happy Valley

山頂站

渡輪航線圖

- 往紅磡、九龍城
- 天星小輪
- 往澳門
  金光飛航、
  噴射飛航等
- 往離島

奧運站
旺角站

港鐵觀塘線
MTR Kwun Tong Line
港鐵東鐵線
MTR East Rail Line

九龍城渡輪碼頭
Kowloon City Ferry Pier

機場快線
港鐵東涌線

油麻地站

港鐵西鐵線
MTR West Rail Line

九龍站
MTR Tung Chung Line

柯士甸站
佐敦站

港鐵荃灣線
MTR Tsuen Wan Line

何文田站
黃埔站

紅磡站

西鐵.海底隧道
Western Harbour Crossing
機場東涌線
Airport Express

中國客運碼頭
China Ferry Terminal

尖沙咀站
尖東站

紅磡渡輪碼頭
Hung Hom Ferry Pier

維多利亞港

天星小輪碼頭
Star Ferry Pier

北角渡輪碼頭
North Point Ferry Pier

港鐵港島線
Cross Harbour Tunnel

上環站

天星小輪碼頭
Star Ferry Pier

北角
北角站

香港站

中環站

金鐘站

天星小輪碼頭
Star Ferry Pier
銅鑼灣

港鐵港島線
MTR Island Line

砲台山站

天后站

灣仔站

4

🚌 巴士路線表

九龍和香港島有各自的巴士營運公司，經營多條路線。
以下是遊客最常用到的路線列表。

地區	路線號碼	主要行駛路線
九龍	1	**尖沙咀 ➡ 佐敦 ➡ 油麻地 ➡ 旺角 ➡ 九龍城** 從尖沙咀天星小輪客運碼頭往九龍城方向的北上路線。沿著彌敦道行駛到太子之前，相當方便。
九龍	2	**尖沙咀 ➡ 佐敦 ➡ 油麻地 ➡ 旺角 ➡ 蘇屋** 行經九龍主幹道彌敦道的路線。和港鐵路線相同，從地面上行經尖沙咀、佐敦、油麻地、旺角，相當便捷。
九龍～香港島	106	**銅鑼灣 ➡ 黃大仙** 該路線從銅鑼灣附近經由陸路開往黃大仙。也會通過海底隧道前往九龍城或啟德機場舊址附近。
九龍～香港島	112	**北角 ➡ 銅鑼灣 ➡ 油麻地 ➡ 旺角 ➡ 深水埗** 從北角、銅鑼灣穿過海底隧道前往九龍。和港鐵不同，無須轉乘，只要一班車就能直達九龍鬧區。往來香港島東側很方便。
香港島	1	**西環 ➡ 中環 ➡ 金鐘站 ➡ 灣仔 ➡ 跑馬地** 和港鐵、香港電車的路線幾乎平行，有些路段相同。行經皇后大道中、軒尼詩道。
香港島	5B	**堅尼地城 ⬌ 上環 ⬌ 西港城 ⬌ 金鐘站** 從堅尼地城開往銅鑼灣，路線幾乎和香港電車一樣。既是空調巴士，車速也比香港電車快。車票還比港鐵便宜。
香港島	6,6A,6X	**中環 ➡ 淺水灣 ➡ 赤柱** 該路線開往香港島南部的赤柱，相當方便。因為行經山區，時間較久，但可以欣賞美麗風景。
香港島	10	**堅尼地城 ➡ 上環 ➡ 金鐘 ➡ 銅鑼灣 ➡ 北角** 和5B路線略有不同，從堅尼地城開往北角。從中環到堅尼地城的西行方向經過皇后大道。
香港島	15	**中環 ➡ 太平山** 從中環開到太平山頂的路線。建議上下山各坐單趟的香港電車和公車。
香港島	70	**中環 ➡ 金鐘 ➡ 華貴邨** 從位於中環和香港車站間的巴士總站經由金鐘，穿過島中央開往香港仔。一穿出隧道左邊就看得到大海。終點站是香港仔。

查詢巴士路線

上巴士營運公司的網頁就能查詢路線。只要輸入出發地點和目的地即可。用智慧型手機也看得到，就算在當地查詢也很方便。

城巴／新巴（City Bus/New World First Bus）
www.nwstbus.com.hk/home/default.aspx?intLangID=1（英文）

路線號碼1～2位數表示行駛該區域內，3位數則是穿過海底隧道連接九龍～香港島的過海路線。依行經的隧道不同，分成100、600、900號，十位數以下再各自編號。

珠江口

A 廣東省
Guangdong Regency

蛇口港
Shekou Port

后海灣
Hau Hoi Wan
(Deep Bay)

C

雲浮仙觀卍

天水圍

朗屏 元朗

1

靈渡寺卍
Ling To Monastery

錦田吉慶圍
Kam Tin Kat Hing Wai
錦上路

卍妙法寺
Miu Fat Monastery

兆康

青松觀卍
Ching Chung Koon

屯門

大欖郊野公園
Tai Lam Country Park

青山禪院卍
Ching Shan Monastery

蝴蝶灣公園
Butterfly Beach Park

屯門公路

Tuen Mun Rd.

汲水門大橋

欣澳

港鐵迪士尼線

2

博覽館
機場

North Lantau Expressway

香港迪士尼樂園度假區
Hong Kong Disneyland Resort
P.104

香港國際機場
Hong Kong International Airport

G.O.D

北大嶼山快速公路

觀景山

東涌

坪洲

港珠澳大橋(興建中)

昂坪360
Ngong Ping 360

周公島

喜靈洲

昂坪市集
Ngong Ping Village

寶蓮寺 P.94

心經簡林 P.94

大嶼山 P.169

鳳凰山

觀音寺
Kwun Yam Temple

悟園
Ng Yuen

芝麻灣半島

慈興寺卍
Tsz Hing Monastery

長洲島 P.168

北帝廟

3

分流古堡
Fan Lau Fort

張保仔洞

石鼓洲

西博寮海峽

往澳門

小鴉洲

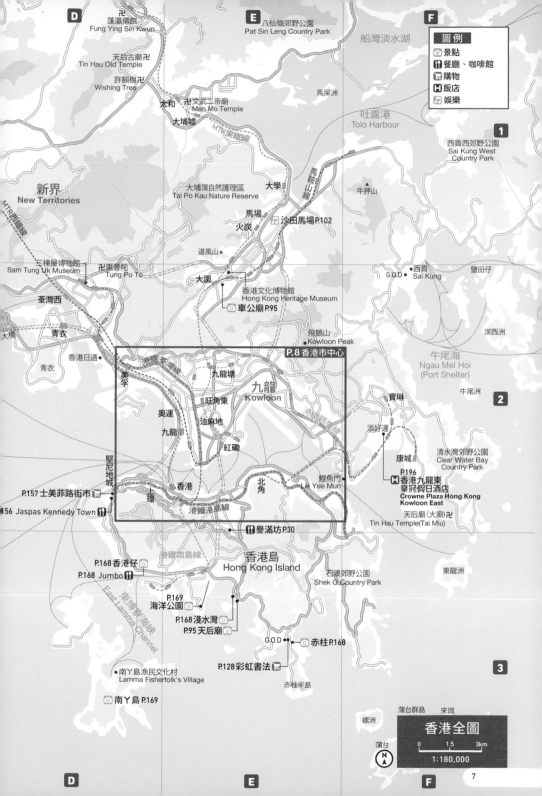

D
卍 蓬瀛僲館
Fung Ying Sin Kwun

E
八仙嶺郊野公園
Pat Sin Leng Country Park

船灣淡水湖

F

圖例
📷 景點
🍴 餐廳、咖啡館
🛍 購物
🏨 飯店
🎭 娛樂

卍 天后古廟
Tin Hau Old Temple

卍 許願樹
Wishing Tree

馬屎洲

吐露港
Tolo Harbour

1

太和
卍 文武二帝廟
Man Mo Temple

大埔墟

MTR東鐵線

西貢西郊野公園
Sai Kung West
Country Park

牛押山

新界
New Territories

大埔滘自然護理區
Tai Po Kau Nature Reserve

大學

馬場

🎵 沙田馬場 P.102

火炭

MTR西鐵線

道風山▲

三棟屋博物館
Sam Tung Uk Museum

卍東普陀
Tung Po To

大圍

香港文化博物館
Hong Kong Heritage Museum

G.O.D
西貢
Sai Kung

鹽田仔

荃灣西

📷 車公廟 P.95

飛鵝山
Kowloon Peak

牛尾海
Ngau Mei Hoi
(Port Shelter)

滘西洲

青衣

大橋

香港日通

P.8 香港市中心

寶琳

牛尾洲

2

青衣

美孚

九龍塘

九龍
Kowloon

添好運

青衣

奧運

旺角東

油麻地

九龍

紅磡

康城

清水灣郊野公園
Clear Water Bay
Country Park

堅尼地城

香港

北角

鯉魚門
Lei Yue Mun

🏨 香港九龍東
皇冠假日酒店
Crowne Plaza Hong Kong
Kowloon East

P.157 士美菲路街市

上環

港鐵港島線

天后廟 (大廟)
Tin Hau Temple(Tai Miu)

56 Jaspas Kennedy Town

🍴 譽滿坊 P.30

港鐵南島線

香港島
Hong Kong Island

石澳郊野公園
Shek O Country Park

東龍洲

P.168 香港仔

P.168 Jumbo

East Lamma Channel

P.169 海洋公園

P.168 淺水灣

P.95 天后廟

G.O.D

赤柱 P.168

東博寮海峽

P.128 彩虹書法

赤柱半島

3

南丫島漁民文化村
Lamma Fisherfolk's Village

📷 南丫島 P.169

蒲台群島 宋崗

螺洲

香港全圖

蒲台

0   1.5   3km

N

1:180,000

D

E

F

7

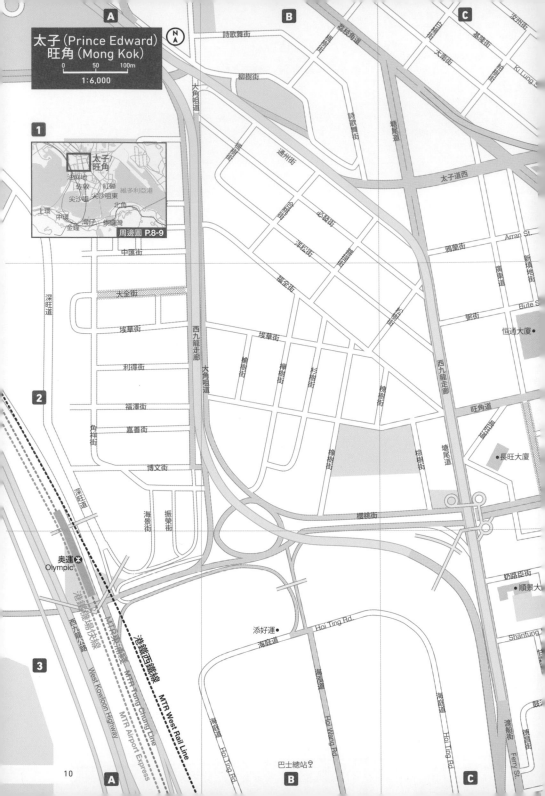

太子（Prince Edward）
旺角（Mong Kok）

0   50   100m
1:6,000

1
周邊圖 P.8-9

太子
旺角
油麻地
佐敦
紅磡
尖沙咀 尖沙咀東
維多利亞港
上環
中環
金鐘
灣仔
銅鑼灣
北角

A **B** **C**

N

詩歌舞街

茘枝角道

柳樹街

詩歌舞街

大埔道

大角咀道

通州街

必發街

洋松街

福全街

埃華街

中匯街

大全街

埃華街

檜樹街

柳樹街

杉樹街

槐樹街

利得街

西九龍走廊

福澤街

嘉善街

角祥街

橡樹街

棕樹街

塘尾道

博文街

海景街

振榮街

深旺道

2

太子道西

鴉蘭街

Arran St.

廣東道

新填地街

弼街

Bute S

恒通大廈

旺角道

西九龍走廊

長旺大廈

櫻桃街

奶路臣街

順景大

3

奧運
Olympic

港鐵東涌綫 MTR Tung Chung Line

港鐵西鐵綫
MTR West Rail Line

MTR Airport Express

West Kowloon Highway
西九龍公路

深旺道

添好運
海庭道

Hoi Ting Rd.

Shantun

海泓道

海泓道

渡船街

Hoi Wang Rd.

Ferry St.

樹尾道

海庭道

Hoi Ting Rd.

巴士總站

10   **A** **B** **C**

227甜樓 P.73

P.41 一點心

Playing Field Rd. 運動場道

P.151 雀鳥花園

太子道西　Prince Edward Rd. West

太子
Prince Edward

旺角警署

長老堂 ✝

帝京酒店
Royal Plaza

伊利沙伯中

聯合廣場

王角維景酒店
Metropark Mongkok Hotel

P.150 金魚街

始創中心

新世紀廣場
P.28 翠園

巴士總站

旺角東
Mong Kok East

金輪大廈

潮州公會中
計程車招呼站

洗衣街

Mong Kok Rd.

食物環境衛生署

妹記生滾粥品 P.46

花園街市政大廈

工業貿易署

快富街

水務署

宏發燒臘飯店 P.49

旺角
Mong Kok

Argyle St. 亞皆老街

亞皆老街

星巴克咖啡
P.119

富都大廈

球鞋街 P.151

計程車招呼站

麥花臣室內遊樂場

計程車招呼站

明閣 P.63

女人街
P.150

麥花臣球場

香港康得思酒店
Cordis Hong Kong at
Langham Place

銀行中心

朗豪坊
Langham Place
Watsons

優才小

諸聖中

山東街

P.34,37
倫敦大酒樓

仕德福酒店
Stanford

新興大廈

荷李活中心

許留山 P.70

豪畔酒店
Harbour Hotel

仁安大廈

Dundas St.

Mannings

廣華醫院

栢裕商業大廈

東華三院文物館
Tung Wah Museum

Dundas St. 登打士街

Nathan Rd.

Sai Yee St. 洗衣街

Fa Yuen St.

Tung Choi St.

Sai Yeung Choi St. South

MTR Tsuen Wan Line 港鐵荃灣線

MTR Kwun Tong Line 港鐵觀塘線

MTR East Rail Line 港鐵東鐵線

Yim Po Fong St.

Peace Ave.

Soy St.

Fa Yuen St.

Waterloo Rd.

Shanghai St.

11

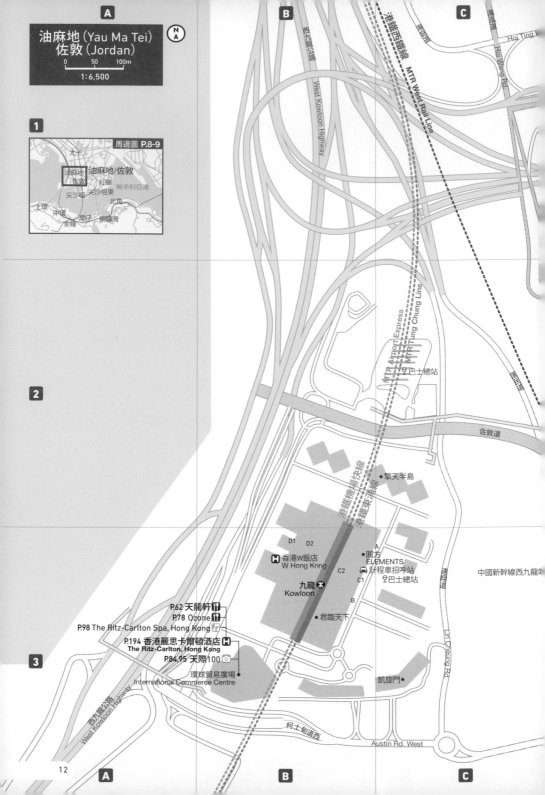

油麻地（Yau Ma Tei）
佐敦（Jordan）

0　50　100m

1:6,500

周邊圖 P.8-9

太子
油麻地/佐敦
油麻地 佐敦 紅磡
尖沙咀 尖沙咀東 維多利亞港
北角
上環
中環 灣仔 銅鑼灣
金鐘

西九龍公路 West Kowloon Highway

港鐵西鐵線 MTR West Rail Line

Hoi Ting

Hoi Wang Rd.

海庭道

欣民道

MTR Airport Express

MTR Tung Chung Line

巴士總站

佐敦道

擎天半島

港鐵機場快線

港鐵東涌線

D1 D2

A
圓方
ELEMENTS

香港W飯店
W Hong Kong

計程車招呼站
巴士總站

C2

C1

連翔道

中國新幹線西九龍站

九龍
Kowloon

B

P.62 天龍軒
P.78 Ozone

君臨天下

P.98 The Ritz-Carlton Spa, Hong Kong

P.194 香港麗思卡爾頓酒店
The Ritz-Carlton, Hong Kong

P.84,95 天際100

凱旋門

利東街 Lin Cheung Rd.

環球貿易廣場
International Commerce Centre

西九龍公路 West Kowloon Highway

柯士甸道西

Austin Rd. West

A　　　B　　　C

D 渡船街 碧街　新填地街　上海街　**E**　B2 B1 窩打老道　**F**
金華大廈　廣東道　信義中 ⊗

Ferry St.

富打老道　Waterloo Rd.
潷界街
東莞街

港鐵觀塘線　MTR Kwun Tong Line

油麻地
Yau Ma Tei ✳

• Mannings

1

新填地街　P.55 四季煲仔飯 🍴　彌敦道 C
百老匯電影中心 ●

計程車招呼站 🚕　計程車招呼站 🚕

P.68 美都餐室 🍴
許留山 ●

Public Sq. St.　天后廟 卍
Tin Hau Miu

油麻地警署 ⊗
Yau Ma Tei
Police Station　油麻地賽馬會診所 ✚　九龍政府合署

P.152 玉器市場　圖書館 ● P.算命街 P.153

Yan Cheung Rd.　• 中華電力油麻地支站

油麻地街市 ●

P.75 恭和堂 🍴

文昌街　Man Cheung St.　渡船街　廣東道　西貢街　柳街　Saigon St.　上海街　計程車招呼站 🚕　逸東酒店 🇭
Eaton

文蔚街　彌敦酒店 🇭
Nathan

文苑街　Man Yuen St.　萬年青酒店 🇭
Evergreen

英街　文成街　P.153 男人街 🇭　P.140

文匯街　Canton Rd.　Battery Rd.　長壽園

佐敦道官立小　Shanghai St.　Temple St.　甘加園

5

B1　南京街
B2　P.152 上海街

港鐵荃灣線　MTR Tsuen Wan Line

2

Nathan Rd.

港鐵觀塘線　MTR Kwun Tong Line

B2
B1

P.133 裕華國貨

柯士甸 ✳
Austin

Jordan Rd.

• 英皇佐治五世公園
King George V Park

佐敦 ✳
Jordan

匯翔道　Wai Cheung Rd.　漢民道　廣東道　官涌市政大廈　宝靈街　寶靈街　P.72 澳洲牛奶公司 🍴　Bowring St.　E
新樂酒店 🇭
Shamrock

B1
D2　P.121 先達商店 🇭　C2 C1

港鐵西鐵線　MTR West Rail Line　官涌街　廟街　吳松街　D

上海街　Austin Rd.　柯士甸道　Austin Rd.

柯士甸道　山林道

3

計程車招呼站 🚕

柯士甸道西　龍堡國際賓館 🇭
BP International　尖沙咀警署 ⊗　彌敦道

十 聖安德烈堂

• 運動中心

13

D　**E** • 室內體育館 • 室內泳池 **F**

尖沙咀 (Tsim Sha Tsui)

0   50   100m
1:5,000

周邊圖 P.8-9

巴士總站
P.214 中國客運碼頭

計程車招呼站
P.197 皇家太平洋酒店
The Royal Pacific Hotel & Towers

P.95,155 九龍公園

港威
Gateway
點一龍 P.40

太子酒店
Prince Hotel

香港文物探知館
Hong Kong Heritage
Discovery Centre

港威商場
Gateway Arcade
Prada
Coach

P.145 萬寧

P.197 港威酒店
Gateway Hong Kong

新港中心

海防道

P.100 華庭腳底反射療理中心

世界商業中心

Shibuya109
海港城
P.155

香港急症中心
Hong Kong Emergency
Medicine Centre

P.101 康惠美容足部治療護理中心

香港朗廷酒店
The Langham
Hong Kong

路易威登
Louis Vuitton
海港城美術館
Gallery by the Harbour
海洋中心
Ocean Centre

DFS旗下香港T廣場
DFS GALLERIA

One Pekir

P.66 Heritage Parlour

海利公館
Hullett House

海港城
海運大廈
Ocean Terminal
P.49 海南少爺

P.197 馬哥孛羅香港酒店
Marco Polo Hong Kong Hotel

1881 Heritage
上海灘

星光行
Star House

P.145 屈臣氏

巴士總站
計程車招呼站

九龍旅客諮詢中心

P.155 鐘樓

天星小輪碼頭(中環方向)
Star Ferry Pier

維多利亞港
Victoria Harbour

天星小輪碼頭(灣仔方向)
Star Ferry Pier

P.155 尖沙咀海濱花園

張保仔號乘船處

運動中心

室內體育館

A   B   C

D **E** **F**

室內泳池

港鐵荃灣線 MTR Tsuen Wan Line

香港歷史博物館 📷🚌
P.120,155

P.62
新同樂魚翅酒家
美麗華商場

P.57 酒鍋

香港科學館
Hong Kong Science Museum

皇悅酒店
The Empire

1

君怡酒店
The Kimberley

計程車招呼站 🚗

國金軒 P.44
Jade Life
美麗華酒店
The Mira
THE ONE

九龍華美達酒店
Ramada Hotel Kowloon

Granville Road

許留山

新唯一麵家 P.53
洪利粥店茶餐廳 P.46

百樂酒店
Park

許留山

中國庭園

金巴利道

金馬倫道

Cameron Rd.

半島中心

B1 B2
B2

粵海酒店
Guangdong

安達中心

九龍清真寺
Kowloon Mosque

P.37 鴻星中菜尖沙咀店
P.134 曲奇童話

堪富利士道

曲奇四重奏 P.136

休士頓中心

計程車招呼站 🚗

A1

A2

粵廚點心專門店 P.39

計程車招呼站 🚗

尖沙咀
Tsim Sha Tsui

尖沙咀凱悅酒店
Hyatt Regency

P.53
雞記潮州麵食

麗景酒店
Hotel Panorama by Rhombus

Mody Rd.

2

漢口道

01 足藝舍

R

C2

D1 D2

K11

N1

P2

Jenny Bakary

N4

N3

P1

九龍香格里拉大酒店
Kowloon Shangri-La

N5

慶地道

P3

永安廣場

P.59 鹿鳴春

巴士總站

i SQUARE

C1

喜酒店
Xi Hotel

P.140 余仁生

計程車招呼站 🚗
P.78 Eyebar

北京道

香港金域假日酒店
Holiday Inn Golden Mile

星光花園

港鐵西鐵線 MTR West Rail Line

光大醫療中心
Kwong Tai Foot
Reflexology Clinic

E

重慶大廈
Chungking Mansions

訊號山花園
Signal Hill Garden

梳士巴利道

Salisbury Rd.

P.131 香港旭洋行

帝國酒店
The Imperial Hotel

尖沙咀郵政局
Tsim Sha Tsui Post Office

P.197 九龍酒店
The Kowloon Hotel

L3

L1

K

P.67 大堂茶座
The Peninsula Spa
P.130 Tangs
P.139,195 半島酒店
The Peninsula

SOGO

香港喜來登酒店 P.197
Sheraton Hong Kong Hotel & Towers

尖東
East Tsim Sha Tsui

香港基督教青年會
YMCA The Salisbury

J

(施工中)

3

香港太空館
H.K. Space Museum

港鐵荃灣線 MTR Tsuen Wan Line

梳士巴利花園

香港文化中心
Hong Kong Culture Centre

翠韻軒 P.37

欣圖軒 P.45

維多利亞港
Victoria Harbour

香港藝術館
Hong Kong Museum of Art

香港洲際酒店 P.139,194
InterContinental Hong Kong

星光大道
Avenue of Stars

D **E** **F**

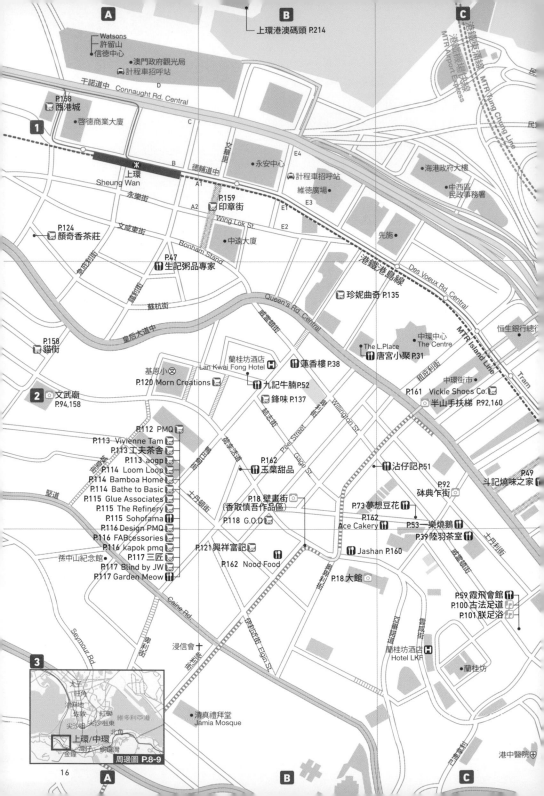

B

Watsons
許留山
信德中心

澳門政府觀光局
計程車招呼站

上環港澳碼頭 P.214

港鐵機場快線
MTR Airport Express
港鐵東涌線
MTR Tung Chung Line

干諾道中 Connaught Rd. Central

1

P.158
西港城

啟德商業大廈

C

文輝里

永安中心

計程車招呼站

維德廣場

海港政府大樓

中西區
民政事務署

上環
Sheung Wan

B
德輔道中

A1

P.159
印章街

A2

E4

E3

E2

E1

先施

維德廣場

永樂街

Wing Lok St.

P.124
顏奇香茶莊

文咸東街

Bonham Strand

中滙大廈

P.47
生記粥品專家

蘇杭街

皇后大道中

港鐵港島線

Des Voeux Rd. Central

珍妮曲奇 P.135

MTR Island Line

恒生銀行總行

P.158
貓街

Queen's Rd. Central

The L.Place

中環中心
The Centre

唐宮小聚 P.31

中環街市

Tram

2

基恩小
P.120 Morn Creations

文武廟
P.94,158

蘭桂坊酒店
Lan Kwai Fong Hotel

蓮香樓 P.38

九記牛腩 P.52

鋒味 P.137

Vickie Shoes Co.
P.161

半山手扶梯 P.92,160

斗記燒味之家 P.49

P.112 PMQ
P.113 Vivienne Tam
P.113 工夫茶舍
P.113 aogp
P.114 Loom Loop
P.114 Bamboa Home
P.114 Bathe to Basic
P.115 Glue Associates
P.115 The Refinery
P.115 Sohofama
P.116 Design PMQ
P.116 FABcessories
P.116 kapok pmq
P.117 三匠
P.117 Blind by JW
P.117 Garden Meow

孫中山紀念館

堅道

P.162
玉葉甜品

P.18 壁畫街
(香取慎吾作品區)

P.118 G.O.D

P.121 興祥富記

P.162 Nood Food

沾仔記 P.51

砵典乍街

P.92

P.73 夢想豆花

P.162
Ace Cakery

Jashan P.160

P.18 大館

P.53 一樂燒鵝

P.39 陸羽茶室

P.59 霞飛會館

P.100 古法足道

P.101 朕足浴

Caine Rd.

Seymour Rd.

浸信會

Elgin St.

清真禮拜堂
Jamia Mosque

蘭桂坊酒店
Hotel LKF

蘭桂坊

3

上環/中環

周邊圖 P.8-9

太子
旺角
油麻地
佐敦 紅磡
尖沙咀 尖東
維多利亞港
北角
金鐘
灣仔 銅鑼灣

港中醫院

B

D 2號 3號 **E** **F**

維多利亞港
Victoria Harbour

往南丫島的渡輪碼頭

4號
往長洲
的渡輪碼頭 6號
6號碼頭
往大嶼山、坪洲
的渡輪碼頭 7號 往尖沙咀
天星小輪碼頭

Man Kwong St.

Man Po St.

中環碼頭
計程車招呼站
計程車招呼站

8號

N A

上環 (Sheung Wan)
中環 (Central)

0   50   100m
1:5,000

1

香港四季酒店 P.139
Four Seasons Hotel Hong Kong
Spa at Four Seasons P.98

國際金融中心二期

巴士總站

9號

10號

國際金融中心 1
E1
添好運
福茗堂茶莊 P.124
Lane Crawford P.127
國際金融中心商場
IFC Mall
D
E2
A1
交易廣場
日本駐香港總領事館
計程車招呼站
巴士總站
香港車站
Hong Kong Sta.

A2
B1
B2

2

Man Yiu St.

民耀街

龍和道

Lung Wo Rd.

龍和道

P.50 池記

郵政總局
General Post Office

計程車招呼站

怡和大廈

環珠大廈

中環
Central
C
D2
D1
GAP
計程車招呼站
地標

置地遮打

紀念花園

大會堂美心皇宮 P.34
大會堂
City Hall

干諾道中

3

Marks & Spencer

P.139 香港置地
文華東方酒店
The Landmark
Mandarin Oriental

The Oriental Spa Hong Kong
P.99

P.63
都爹利會館
上海灘
Shanghai Tang

Duddell St.
都爹利街

Mannings
Sevva P.67,79
置地太子
The Landmark
Prince's

皇后像廣場
Statue Square

前立法會大樓
Former Legislative Council
Building

遮打花園
チャーター公園

香港渣打銀行
Standard Chartered Bank

香港上海匯豐銀行
Hong Kong & Shanghai Bank

Mott32 P.60

港鐵荃灣線

MTR Tsuen Wan Line

J3
J1
J2

友邦金融中心

和記大廈

美國銀行中心

東昌大廈

皇后大道中

中區政府合署西座

長江集團中心

終審法院
Court of Final Appeal

中國銀行 P.95
Bank of China

17

D   **E**   **F**

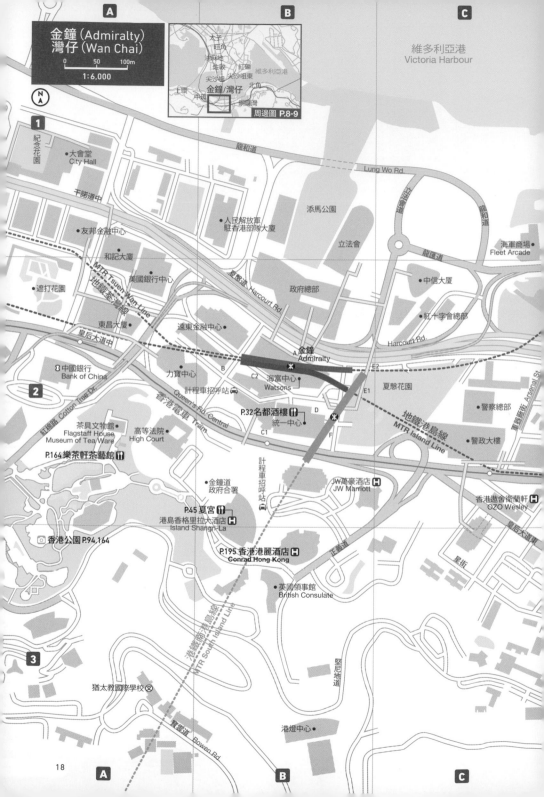

金鐘（Admiralty）
灣仔（Wan Chai）

0　50　100m
1:6,000

N

A B C

維多利亞港
Victoria Harbour

周邊圖 P.8-9

1

紀念花園
大會堂
City Hall

龍和道

Lung Wo Rd.

干諾道中

友邦金融中心

和記大廈

添馬公園

人民解放軍
駐香港部隊大廈

立法會

海軍商場
Fleet Arcade

MTR Tsuen Wan Line
地鐵荃灣綫

美國銀行中心

夏慤道 Harcourt Rd.

政府總部

中信大廈

紅十字會總部

遮打花園

Harcourt Rd.

東昌大廈

遠東金融中心

皇后大道中

A 金鐘
Admiralty

E2

夏慤花園

2

中國銀行
Bank of China

力寶中心

B

計程車招呼站

C2 海富中心
Watsons

E1

地鐵港島綫
MTR Island Line

警察總部

茶具文物館
Flagstaff House
Museum of Tea Ware

紅棉路 Cotton Tree Dr.

香港電車 Hong Kong Tram

P.32名都酒樓

統一中心

C1

D

F

警政大樓

高等法院
High Court

P.164樂茶軒茶藝館

金鐘道
政府合署

計程車招呼站

JW萬豪酒店
JW Marriott

香港遨舍衛蘭軒
OZO Wesley

P.45夏宮

港島香格里拉大酒店
Island Shangri-La

香港公園 P.94,164

P.195香港港麗酒店
Conrad Hong Kong

英國領事館
British Consulate

星街

皇后大道東

3

MTR South Island Line
港鐵南港島綫

猶太教國際學校

堅尼地道

港燈中心

寶雲道 Bowen Rd.

A B C

D   香港回歸祖國紀念碑 •   E   📷紫荊花雕像 P.165   往尖沙咀   F   往紅磡

香港會議展覽中心新翼 •
HK Convention &
Exhibition Centre New Wing

博覽海濱花園
Expo Promenade

天星小輪客運碼頭 •

維多利亞港
Victoria Harbour

設計廊 •
Design Gallery

1

地鐵荃灣線
MTR Tsuen Wan Line

Convention Ave.

鴻興道

計程車招呼站🚕   巴士總站   港灣道體育館 •
港灣道體育館

景街   香港君悅酒店🏨   🍴滿福樓 P.42
Grand Hyatt   🏨香港萬麗海景酒店
水隔爐廠   Renaissance Hong Kong Harbour View Hotel
香港會議展覽中心   鷹君中心 •   海港中心 •
Hong Kong Convention & Exhibition Centre

威菲路道街

新鴻基中心 •

香港展覽中心 •
H.K. Exhibition Centre   灣景中心 •

港灣道

香港藝術中心 •   🏨灣景國際(YMCA)   • 灣仔政府大樓
H.K.Arts Centre   The Harbourview (YMCA)   Wan Chai Tower
中華人民共和國
外交部駐香港簽證辦事處
• 華潤大廈

告士打道

香港入境事務處 •
Immigration Department   中環廣場   Gloucester Rd.   告士打道
Central Plaza

告士打道

🛒 Marks&Spencer Food
P.147   芬名酒店🏨
The Fleming   謝斐道   史釗域道

2

國萬通大廈   夏慤大廈 •
謝斐道   六國酒店🏨
Gloucester Luk Kwok Hong Kong   諾富特世紀酒店🏨
Novotel Century   計程車招呼站

克道   🍴家全七福 P.61   C   A1   Jaffe Rd.
🏨華美粵海酒店
Wharney Guangdong   Lockhart Rd.   Mannings   P.48 再興燒臘飯店🍴

皇悅酒店🏨   A2   港鐵港島線 MTR Island Line
Empire Hotel,
Hongkong   🏨香港灣仔睿景酒店   灣仔   軒尼詩道
Kew Green Hotel Wanchai   Wan Chai

軒尼詩道   A4   • 許留山   軒尼詩道官立小   P.74鴻福堂🍴
Watsons   莊士敦道   A5   享寧大廈   🍴檀島咖啡餅店 P.69
Mannings   B1   譚臣道   Wan Chai Rd.

華夏保健
P.101   計程車招呼站   B2   灣仔道   P.57 美味廚🍴

灣仔民政事務署   A3   香港電車 Tram
Wan Chai District Office

Johnston Rd.

P.165 The Cupping Room 🍴   春園街   太原街   石水渠街   律敦治療院 ✚
Ruttonjee Hospital

Queen's Rd. East   Calbee •   Cross St.   Wood Rd.
交加街

洪聖廟 卍   交加街 & 太原街
Hung Shing Temple   Cross Street & Tai Yuen Street

3

合和中心 •
Hopewell Centre   灣仔菜市場 P.165   皇后大道東

灣仔環境資源中心(舊灣仔郵局) •
Wan Chai Environmental Resouce Centre   香港華仁書院中 ✖
Wah Yan College

D   E   F

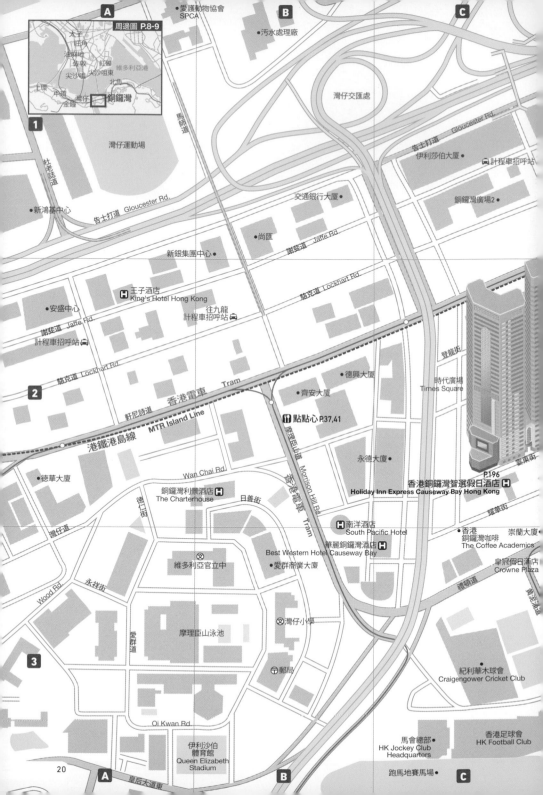

周邊圖 P.8-9

太子
旺角
油麻地
佐敦
尖沙咀 尖沙咀東 維多利亞港
紅磡
上環 中環 灣仔 北角
金鐘 銅鑼灣

1

• 愛護動物協會
　SPCA
• 污水處理廠

灣仔交匯處

灣仔運動場

告士打道 Gloucester Rd.

伊利莎伯大廈 •
• 計程車招呼站

• 新鴻基中心

告士打道 Gloucester Rd.

交通銀行大廈 •

銅鑼灣廣場2 •

新銀集團中心 •

• 尚匯

謝斐道 Jaffe Rd.

2

王子酒店
King's Hotel Hong Kong

駱克道 Lockhart Rd.

• 安盛中心

往九龍
計程車招呼站

德興大廈 •

時代廣場
Times Square

謝斐道 Jaffe Rd.

齊安大廈 •

登龍街

計程車招呼站

駱克道 Lockhart Rd.

香港電車 Tram

🚇 點點心 P.37,41

軒尼詩道

港鐵港島線 MTR Island Line

摩理臣山道 Morrison Hill Rd.

永德大廈 •

霎東街

• 德華大廈

P.196

香港銅鑼灣智選假日酒店
Holiday Inn Express Causeway Bay Hong Kong

Wan Chai Rd.

銅鑼灣利景酒店
The Charterhouse

日善街

• 香港
銅鑼灣咖啡
The Coffee Academics

崇蘭大廈

德仁街

香港電車 Tram

皇冠假日酒店
Crowne Plaza

豐仁道

南洋酒店
South Pacific Hotel

灣仔道

華麗銅鑼灣酒店
Best Western Hotel Causeway Bay

黃泥涌道

3

維多利亞官立中

愛群商業大廈 •

永祥街

Wood Rd.

愛群道

摩理臣山泳池

灣仔小學

紀利華木球會
Craigengower Cricket Club

🏣 郵局

Oi Kwan Rd.

伊利沙伯
體育館
Queen Elizabeth
Stadium

馬會總部
HK Jockey Club
Headquarters

香港足球會
HK Football Club

跑馬地賽馬場

皇后大道東

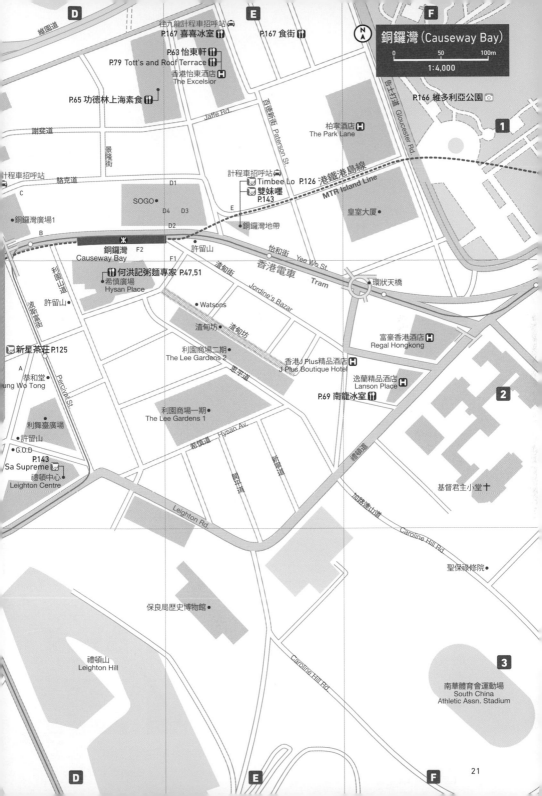

香港國際機場

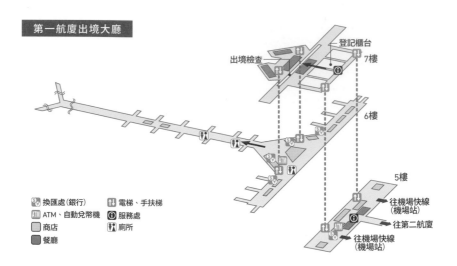

第一航廈出境大廳

登記櫃台
出境檢查
7樓

6樓

5樓

往機場快線（機場站）

往第二航廈

往機場快線（機場站）

图例
- 換匯處（銀行）
- ATM、自動兌幣機
- 商店
- 餐廳
- 電梯、手扶梯
- 服務處
- 廁所

※香港國際機場正在進行擴建工程，預計2020年完成。各航空公司班機停靠的航站樓時有更動。

從「離港」的入口辦理出境手續

6樓有多家免稅店和商店

7樓是美食區

登機門位於6樓

利用國泰航空和港龍航空的自助服務設施聰明出發！

利用香港國際機場的「行李自助託運機」，乘客自己就能辦好行李託運手續。首先，先上網預辦登機手續，領取登機證。到了機場後，自行列印行李牌，貼在託運行李上，再放上專用輸送帶即完成。不需要到人工櫃台辦理。至2018年9月止，以香港為首在9座機場提供這項服務。

有效運用搭乘前的時間。
善用航空公司的便利新服務，享受智能空中之旅。

使用方式

① 行李放到輸送帶上

② 掃描登機證上的條碼

③ 依照畫面指示，確認注意事項

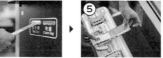
④ 領取行李牌

⑤ 行李牌黏在行李上

⑥ 領取行李收據

澳門全圖

0　250　500m

1:40,000

A　**B**　**C**

港珠澳大橋(興建中)

珠澳口岸人工島
(興建中)

1

孫文紀念公園

鴨涌河

闡閘

昌盛路

馬場北大馬路

黑沙環公園

青州大馬路

筷子基北路

田畔街孫逸仙大馬路

望廈砲台

關前正街

黑沙環新街

填海造地中

P.24 議事亭前地/新口岸周邊

內港
Porto Interior

商業北路

白鴿巢前地

哪吒廟

聖保祿大教堂遺址

大砲台

玫瑰聖母堂

議事亭前地

聖老楞佐堂

亞婆井前地

西望洋聖堂

媽閣廟

南灣湖

澳門賽仙大馬路

宋玉生公園

澳門
藝術博物館

澳門美高梅
MGM Macau

觀音堂

清真寺

水塘
Reservoir

漁翁街

友誼橋大馬路

東望洋燈塔&教堂

外港客運碼頭
(港澳碼頭)

外港
Porto Exterior

澳門漁人碼頭

友
誼
大
橋

Friendship Bridge

西灣湖

融和門

澳門塔
Macau Tower

嘉樂庇總督大橋

西
灣
大
橋

Ponte de Sai Van

嘉樂庇總督大橋

2

東亞運大馬路

小潭山

菩提禪院

偉龍馬路

北安大馬路

信安馬路

飛仔客運碼頭 P.214

澳門國際機場
Macau International Airport

大潭山

澳門賽馬會
Macau Jockey Club

望德聖母灣大馬路

P.20
氹仔舊城區

金沙城中心(賭場)
Sands Cotai Central

新濠天地(賭場) P.181

水舞間 P.182

摩珀斯 P.199
Morpheus

新濠天地
City of Dreams

表演湖 P.183

永利皇宮 P.21
WYNN PALACE

澳門銀河
Galaxy Macau

P.21,181 澳門銀河(賭場)

P.187 葡軒

P.198 澳門麗思卡爾頓酒店
The Ritz-Carlton, Macau

P.198 澳門JW萬豪酒店
JW Marriott Hotel Macau

P.201 澳門百老匯酒店
Broadway Hotel

P.181 澳門威尼斯人(賭場)

P.21,185,199 澳門威尼斯人
The Venetian Macao

P.21 澳門巴黎人
The Parisian Macao

路氹連貫公路

MGM Cotai
P.21

西遊記 P.183

P.200

澳門喜來登金沙城中心大酒店
Sheraton Grand Macao Hotel,Cotai Central

九澳灣

九澳發電廠

蓮花路

凱撒

高爾夫球場

澳門新濠影滙 P.184

新濠影滙酒店 P.200
Studio City Hotel

澳門威尼斯人運動館

石排灣
水塘

直升飛機場

九澳高頂馬路

九澳水庫

三聖廟

九澳村

九澳山

3

澳門大學

荔枝灣

田畔街

P.189 安德魯餅店

路環市區

石排灣郊野公園

媽祖文化村

澳門路環大熊貓館

自然農業博物館

黑沙海灘

覺覺海天度假酒店
Grand Coloane Resort

南海
South China Sea

黑沙灣

中華人民共和國
珠海市
Zhuhai

Coloane Village
聖方濟各教堂

譚公廟

天后廟

竹灣海灘

竹灣酒店
Pousada de Coloane

竹灣

議事亭廣場／
新口岸周邊

0　　100　　200m
1:10,000

N

1

筷子基北灣
Bacia Norte do Patana

B

C

沙梨頭海邊街

關閘馬路

蓮溪廟 卍
Lin Kai Miu

內港
Porto Interior

P.175 東方基金會會址　基督教墳場和禮拜堂

白鴿巢前地

聖安多尼教堂 P.175,178

P.190,193 葡國天地百貨

P.186
Albergue 1601

P.175,176 聖保祿大教堂遺址　大砲台

P.201 澳門十六浦索菲特酒店
Sofitel Macau at Ponte 16

卡爾酒店 P.201
Caravel Hotel

P.175
耶穌會紀念廣場

P.188 祥記麵家

P.186 佛笑樓

玫瑰聖母堂 P.175

義順鮮奶

P.179
仁慈堂大樓

P.188

P.189 鉅記餅家

大堂(主教座堂) P.175

大堂廣場

P.175,179 民政總署大樓

議事亭前地
P.175,178

P.189
瑪嘉烈蛋撻店

2

何東圖書館

Pastelaria Caravela　P.1

P.174 崗頂劇院

P.174 聖若瑟修院及聖堂

P.174 聖奧斯定教堂

聖老楞佐堂 ✝

P.181 澳門新葡京酒店(賭場)

澳門葡京酒
Hotel Lisboa

P.174 鄭家大屋

P.193 藝舍

P.174
亞婆井前地

海灣餐廳 P.187

南灣湖
Lago Nam Van

媽閣廟 P.174,179

西望洋聖堂

3

禮賓府(旧澳督官邸)

西灣湖
Lago Sai Van

澳氹大橋(嘉樂庇)

Macau-Taipa Brigde
(Ponte Gov. Nobre de Carvalho)

A

融和門
Gate of
Understanding

B 澳門塔 P.185

C

填海造地中

卍觀音堂
觀音堂

●螺絲山花園

漁翁街

1

●望廈墳場

●清真寺
Mosque

水塘
Reservoir

盧廉若公園 ●

●二龍喉公園
纜車

孫文記念館
Residencia do
Dr. Sun Yat-Sen

澳門格蘭披治賽車看台
Grand Prix Stand

●Grand Prix管制塔

P.175,178
東望洋炮台

●外港客運碼頭 P.214

P.200
澳門皇都酒店
Hotel Royal Macau

勵宮酒店
Legend Palace

2

外港
Porto Exterior

利澳酒店

薈景閣咖啡室 P.189

金麗華酒店
Grand Lapa Macau

P.215 澳門通客戶服務中心 ●

金沙酒店
Sands

●澳門漁人碼頭

友誼大馬路

勵庭海景酒店
Harbour View

萊斯酒店
Rocks Hotel

澳門藝術博物館 ●

永利澳門
Wynn Macau

宋玉生公園

P.191
太平洋酒窖

●澳門科學館
Macau Science Center

P.201
澳門雅詩閣
Ascott Macau

Ave. Dr. Sun Yat Sen

美高梅酒店

●觀音像／佛教文化中心
Kun Iam Statue/Ecumenical Centre

澳門文華東方酒店 P.200
Mandarin Oriental Macau

Friendship Brigde
友誼大橋

3

分門別類！現學現用
廣東話旅遊用語指南

使用當地語言，即便只有幾句，也會讓人刮目相看吧。
試著以手勢、筆談或簡單會話來跟對方溝通。
說英語也會通，可以參考附註的英文會話。

基本篇

你好／午安／晚安
你好/ 午安/ 晚上好
Hello/Good afternoon/Good evening

早安／晚安
早晨！/晚安
Good morning！/Good night

謝謝（有人幫忙時）
唔該
Thank you.

多謝（收到東西時）
多謝
Thank you.

再見／掰掰
再見/拜拜
Goodbye/Bye Bye

是／不是
係/唔係
Yes/No

不好意思（略表歉意）
唔好意思
Excuse me.

對不起（自己有錯時）
對唔住
I'm sorry.

不客氣
唔使客氣
You're welcome.

明白了
明白
I got it.

我不會講廣東話（英文）
我唔識講廣東話（英文）
I don't understand Cantonese（English）.

有人會講英文嗎？
有冇人識講日文（英文）呀？
Is there anyone who can speak Japanese
（English）？

（遞上便條紙等）
請在這裡寫上漢字
在這裡寫漢字出來
Please write down in Chinese characters.

沒問題
冇問題
No problem.

有／沒有
有呀/冇呀
Available / Unavailable

要／不要
要/唔要
I want. / I don't want.

這個／那個／那個／哪個？
呢個/個個/個個/邊個？
This one/That one/That one/Which one？

這裡／那裡／那裡／哪裡？
呢度/個度/個度/邊度？
Here/There/Over there/Where？

這是什麼？
呢個係咩嚟？
What's this？

交通篇

港鐵○○站在哪裡？
○○港鐵站係邊度？
Where is MTR ○○ station？

計程車
的士
Taxi

公車／公車站
巴士/巴士站
Bus/Bus stop

機場
機場
Airport

渡輪／渡輪碼頭
渡輪/渡輪碼頭
Ferry/Ferry terminal

售票處在哪裡？
係邊度買票？
Where is the ticket counter？

（指著地圖或便條紙）
請問要怎麼到這裡？
唔該，點去呢度？
Excuse me, go here.

直走
直行
Go straight

在這裡下車
呢度落車
I get off here.

（在人多的公車或港鐵上）
我要下車！
有落！
I get off！

用手比也可以！自我介紹基本用語

「我叫〇〇」
我叫〇〇
My name is 〇〇

「我來自台灣」
我係從台灣來
I'm from Taiwan.

「我很喜歡香港（澳門）」
我好鐘意香港（澳門）！
I really like Hong Kong（Macau）!

請給我發票
收據，唔該
May I have the receipt?

請給我一張到〇〇（地名）的車票
想買一張 〇〇票
I would like to buy a ticket to 〇〇.

可以從這裡走過去嗎？
可以由呢度行過去？
Can I walk there from here?

美食篇

有日文菜單嗎？
有冇日文嘅菜牌呀？
Do you have Japanese menu?

有推薦餐點嗎？
邊樣係招牌菜？
What is your signature dish?

麻煩幫我點餐
可唔可以幫我落單？
Can you please take my order?

我要這個
我要呢個
I'd like to take this.

吃好飽
好飽
I'm already full.

麻煩幫我結帳
埋單，唔該
May I have the check, please?

我是訂位的〇〇
訂咗位姓〇〇
My name is 〇〇, I have reservation.

我沒有訂位，請問還有空位嗎？
無訂到位。而家有冇位呀？
We don't have a reservation. Do you have a table for us?

內用／外帶
係到食/外賣
Eat here. / Take away.

好吃／好辣／好甜
好食/辣/甜
Delicious/Spicy / Sweet

我點的餐還沒送來。
我叫咗D菜未到
My order hasn't come yet.

我對〇〇過敏
我有〇〇過敏
I have 〇〇 allergy.

廣東菜／港點
廣東菜/點心
Cantonese cuisine/Dim Sum

葡萄牙菜
葡國菜
Portuguese cuisine

日本料理
日本菜
Japanese cuisine

礦泉水（無氣泡）
礦泉水（冇氣）
Mineral water（non gas）

氣泡水
蘇打水
Sparkling water

紅酒／啤酒
紅酒/啤酒
Red Wine/Beer

飲料篇

咖啡館
咖啡室
Cafe

熱咖啡／冰咖啡
熱咖啡/凍咖啡
Hot Coffee/Iced coffee

黑咖啡
黑咖啡
Black coffee

濃縮咖啡／拿鐵咖啡
濃縮咖啡/拿鐵咖啡
Espresso/Café latte

摩卡咖啡
摩卡咖啡
Cafe mocha

檸檬茶／奶茶
檸檬茶/奶茶
Lemon tea/Milk tea

鐵觀音／普洱茶／香片
鐵觀音/普洱茶/香片茶
Tieguanyin/Pu-erh tea/Jasmine tea

請加熱水
沖水，唔該
Please add hot water.

熱的／冰的／溫的
熱/凍/暖
Hot/Cold/Warm

芒果布丁
芒果布甸
Mango Pudding

蛋塔（葡式蛋塔）
蛋撻（葡撻）
Egg tart

美容篇

腳底按摩
腳底按摩
Foot massage

全身按摩
全身按摩
Body massage

芳香療法
香薰療法
Aromatherapy

美甲
修甲
Manicure

再大力一點／小力一點
有啲大力／有啲細力
Little bit hard./Little bit soft.

剛剛好／好舒服
可以／好舒服
Just nice./I feel good.

好痛！
好痛！
Painful !

好燙！（碰到很燙的物品時）
好熱！
Hot !

觀光、購物篇

多少錢？
幾多錢呀？
How much ?

便宜／貴
平／貴
Cheap / Expensive

太貴了！可以算便宜點嗎？
太貴啦！平啲啦，唔該
Too expensive ! Discount, please.

可以刷卡嗎？
收唔收信用咭？
Do you accept credit cards ?

可以試穿嗎？
可唔可以試吓？
Can I try it on ?

請讓我看一下
可唔可以睇吓？
Can I take a look ?

還有其他顏色嗎？
有冇其他顏色？
Do you have other colors ?

還有更小（大）的尺寸嗎？
有冇細（大）啲嘅尺寸呀？
Do you have this in a smaller（larger）size ?

看看而已
睇睇先
Just looking.

幾點開門？
幾點開？
Open at what time ?

幾點關門？
幾點收工？
Close until what time ?

可以拍照嗎？
可唔可以影相？
Can I take a picture ?

可以用那棟建築物為背景幫我
拍照嗎？
可以幫我同個棟建築物一齊
影相？
Could you take a picture for us with that
building at the background ?

（指著地圖）我想去這裡
我想去嚟到
I would like to go this place.

怎麼去？
嚟度點去？
How to get to there ?

○○在哪裡？
○○喺邊度呀？
Where located ○○ ?

廁所／洗手間
廁所／洗手間
Toilet/Washroom

銀行／換匯處
銀行／找換店
Bank/Exchange

美妝店
化妝品店
Cosmetic Store

購物中心
商場
Shopping Mall

世界遺產
世界遺產
World Heritage

賭場
賭場
Casino

免費
免費
Complimentary

飯店篇

我要辦理入住手續
想辦理入住手續
I would like to check in.

我要辦理退房手續
想辦理退房手續
I would like to check out.

幾點退房？
幾點要退房？
What is the check out time？

鑰匙放在房內被反鎖在門外了
我反鎖咗自己
I locked myself out.

可以換房間嗎？
我想換咗間房？
Could you change the room？

請打掃房間
幫我打掃房間
Please clean up the room.

電燈打不開
開唔到啲燈
Cannot switch on the lights.

浴室沒有熱水
沖涼冇熱水
No hot water supply in the bathroom.

請問Wi-Fi密碼是什麼？
想知Wi-Fi密碼
Could you tell me the Wi-Fi password？

可以寄放行李嗎？
嚟到可以存放行李？
Can you keep the luggage？

緊急處理篇

救命啊！
救命呀！
Help me！

小心！
小心！
Be Careful！

去報警！
報警呀！
Call police！

有小偷！
有賊呀！
Thief！

護照（錢包）不見了
我唔見咗個護照（銀包）
I lost my passport（wallet）.

我迷路了。
請問這裡是地圖上的哪裡？
我蕩失路，而家我係地圖邊度？
I'm lost. Where am I on this map？

我的包包被偷了
我個手袋比人偷咗
I had my handbag stolen.

頭痛（肚子痛）
頭痛（肚痛）
I feel headache（stomachache）.

我想去看醫生
我想睇醫生
I want to go to consult the doctor.

藥局
藥房
Pharmacy

感冒藥
感冒藥
Flu medicine

\ 記起來！ /
數字、方位、方向的廣東話念法

只要記住下列單字就能溝通！
（括弧內為羅馬拼音）

0	零（ren）	Zero		9	九（gao）	Nine
1	一（ya）	One		10	十（sappu）	Ten
2	二（i）	Two			西（sai）	West
3	三（san）	Three			東（ton）	East
4	四（sei）	Four			南（nan）	South
5	五（n）	Five			北（pa）	North
6	六（ro）	Six			上（shon）	Upper
7	七（chat）	Seven			下（ha）	Lower
8	八（pa）	Eight			左（zo）	Left
					右（yo）	Right

用廣東話念北海道（pahhoido）、東京（tongen）、京都（gendo）、大阪（daiban）、九州（gaujau）、沖繩（chonsen）。

👆 用手點餐也OK!

港式點心集錦

來到香港首推飲茶!用手比就能輕鬆點餐。
盡情享受當地美味吧!

叉燒包

柔軟的麵皮內塞
滿香甜的蜜汁叉
燒肉餡,是香港
才有的肉包。

蜂巢芋角

芋泥捏成橄欖球
狀後油炸而成。
特色是麵衣酥
脆。

叉燒菠蘿包

菠蘿麵皮中塞滿
蜜汁叉燒肉餡,
是添好運港專
賣店(→ P.26)
的名菜。

粽子

用生糯米做成。
包了豬肉、鹹蛋
和花生等豐富餡
料。

蝦餃

港式飲茶必吃的
經典點心。薄皮
中包著口感彈牙
的蝦肉,令人停
不了口。

豉汁鳳爪

雞爪淋上豆豉醬
汁蒸熟的點心。
敢吃這道就是香
港通!

小籠包

鮮美湯汁盈滿口
中。依個人喜好
沾烏醋食用。

炸春捲

餡料切成細長狀
調好味後,用薄
麵皮包捲成長條
狀油炸而成,是
必吃港點。

山竹牛肉球

特色是八角香氣
和荸薺爽脆的口
感。是多汁鮮美
的肉丸。

燒賣

燒賣內餡由蟹肉
或蝦肉製成。再
擺上蟹黃顆粒。

荷葉糯米雞

用荷葉將糯米和
雞肉等豐富餡料
包成三角形蒸熟
的點心。

腸粉

外面那層薄粉皮
是用米漿做成,
口感滑順。可淋
上醬汁品嚐。

脆皮鮮蝦餛飩

鮮蝦餛飩炸至外
皮香脆。蝦肉餡
料口感彈牙。

豉汁排骨

排骨用豆豉或XO
醬等調味後蒸熟
的辣味港點。

韭菜蒸餃

加了大量韭菜的
蒸餃。有些也會
放絞肉和白菜。

港式飲茶必學的3句話

（手指著）點餐	水壺的茶沒有了	用完餐後
我要呢個	**沖水，唔該**	**埋單，唔該**
我要這個	請加熱水	麻煩幫我結帳

鮮竹卷

用名為腐皮的豆皮包好餡料後入鍋油炸，再淋上蠔油蒸煮入味。

煎蘿蔔糕

煎得香脆的蘿蔔糕。有時會放在推車上於桌邊現煎。

魚翅灌湯餃

高級餐廳提供的經典菜色。戳破餃子淋上紅醋食用，滋味更豐富。

潮州粉果

用軟糯的麵皮包起蝦米和蔬菜絲等餡料。

叉燒酥

奶香十足的派皮中塞滿叉燒肉餡。適合當點心吃。

鹹水角

用微甜的餅皮包住餡料後油炸。又名「中式皮羅什基」。

腐皮卷

豆皮包起豬肉餡油炸而成的點心。可以直接吃也可以煮過再上桌。

鹹魚肉餅蒸飯

將加了中式鹹魚的絞肉整成圓餅狀後放在白飯上蒸熟。

沙拉明蝦餃

蝦餃炸至酥脆的新口感點心。像沙拉般沾美乃滋食用。

芒果布丁

芒果果肉和果汁加吉利丁等凝固製成，是最受歡迎的甜點。

奶黃包

剛蒸好熱騰騰的麵皮中填滿香濃的奶黃醬。

椰皇燉燕窩

高級食材燕窩加椰奶燉成的南國風味點心。可在高級餐廳吃到。

馬來糕

中式蒸蛋糕。是口感鬆軟帶有黑糖香氣的茶點。

蛋塔

在餅乾麵團或派皮中填滿奶黃餡烘烤而成。

芝麻球

用糯米皮包住餡料，撒滿芝麻油炸成的點心。很適合當茶點。

在香港&澳門必做的101件事！
從基本玩法到意想不到的樂事，提供全方位的遊玩方案。

5W1H來解惑
詳細說明What、When、How to等基本問題。一讀就懂。

分類整理介紹
依主題分類。從「必做的事」翻頁「詢。

🍴 **EAT**

📷 **TOURISM**

🛒 **SHOPPING**

🚶 **TOWN**

🏢 **STAY**

旅遊情報
用一行文字介紹對旅途有幫助的訊息或是讓旅遊更開心的小常識！

【圖例說明】

🏠 地址

☎ 電話號碼

🕐 營業時間（寫出開始到結束的時間。最後點餐或入館截止時間不定。有時會因店家情況提早關門）

🈺 公休日

💰 成人票價、設施使用費、住宿費

🚌 交通方式或從據點處出發的所需時間

IN 入住時間

OUT 退房時間

🛏 房間數

▶MAP 表示在書前地圖上的位置

本書登場人物！
Hare 和 Tabi

為了找到真命天女，在世界各地旅行！

Hare

Tabi

特別收錄

別冊地圖

地圖圖例

📷 觀光景點

🍴 餐廳、咖啡館

🛒 購物

🏨 飯店

🎵 娛樂活動

旅遊會話

可以用手指給對方看！

關於本書　書中記載的資料是截至2018年9月的情況。內容時有變動，請事先做好確認。請注意遇到假日和年底年初時，營業時間及公休日等會和書中介紹的不同。敝出版社恕不賠償因本書記載內容所造成的損害等，尚請見諒。

最新・最前線・旅遊全攻略

香港&澳門

HONG KONG & MACAU

CONTENTS

在香港＋澳門必做的101件事

 做過的請打勾！

TOURISM

BEST PLAN

 EAT

SHOPPING

歡迎參加香港&澳門的非凡之旅!

香港&澳門不僅有港式飲茶為首的美食,還能滿足購物及觀光需求!
高樓聳立的香港&澳門天空,處處晴朗快意。

🍴 EAT

美食

香港美食種類豐富,從世界著名的廣東菜到平民小吃都有!亞洲風味甜點也是必吃選項。

🛒 SHOPPING

購物

品茗時刻是段特別的時光。飲用以正規茶具沖泡的中國茶,重溫旅行美好的回憶。

飲茶

中國茶

用智慧型手機看影片

用智慧型手機看影片

邊品茗邊吃點心

飲茶

原是在正餐間喝茶配點心的飲茶,到了香港進化成用餐。放著點心的推車巡迴餐區的服務型態,目前相當少見。務必嘗試一下這古老美好的飲茶類型。

蓮香居→P.34

品味齒頰留香的香氣

中國茶

在香港最常喝的是普洱茶。據說能排出油脂,配港式飲茶也很對味。聆聽使用正規茶具泡出美味茶飲的課程也是一種雅趣。

樂茶軒茶藝館→P.164

📷 TOURISM

景點・玩樂

被評為價值百萬的香港夜景。從九龍半島或太平山
觀賞令人印象深刻的美景吧。

穿梭香港島主要街道的東西向路面電車。搭乘車廂
復古的香港電車優閒觀光吧。

🐼 從九龍半島觀賞燈光音樂秀

夜景

列入金氏世界紀錄「全球最大型燈光音樂匯演」的幻彩
詠香江。每晚8點可從九龍半島前端的尖沙咀海濱花園
（→P.155）免費觀看表演。

幻彩詠香江→P.87

🐼 行駛超過一世紀的香港名車

電車

1904年通車。載著市民遊走110年以上的交通工具。坐到
上層的最前排座位欣賞街景吧。還能體驗和對向來車擦身
而過的刺激感。

電車→P.88

調查實現夢想的區域

香港境內的九龍半島和香港島各具特色。掌握每區相關位置，提升順遊效率。

KOWLOON 九龍半島

居住舒適的平民區

太子·旺角

Prince Edward · Mong Kok >>> P.150

以朗豪坊為中心延伸出去的區域。有名為女人街的市場、便宜商店和電器街，是熱鬧的平民區。

享受便宜購物樂趣的女人街。

香港總面積約為1104km²。大約是東京都的1/2。不過比23區大。

太子·旺角

🚇 從尖沙咀搭港鐵6~8分鐘
🚇 從中環搭港鐵10~12分鐘
🚈 搭港鐵2~4分鐘

太子·旺角~
油麻地·佐敦

特色街道匯集

油麻地·佐敦

Yau Ma Tei · Jordan >>> P.152

屬於老街區，有以男性商品為主的男人街、翡翠飾品店林立的玉器市場、販售廚房用品的上海街等。

還能吃到B級美食。

尋找中式鞋或日用品。

油麻地·佐敦

🚇 從尖沙咀搭港鐵2~4分鐘
🚇 從中環搭港鐵6~8分鐘
🚈 搭港鐵2~4分鐘

油麻地·佐敦~
尖沙咀

尖沙咀

🚇 從中環搭港鐵4分鐘
⛴ 從中環搭渡輪6分鐘

復古新潮並存

上環

Sheung Wan >>> P.158

面對維多利亞港的商業區。時尚街道間夾雜著古董街、攤商並立的貓街。

也可以搭乘雙層電車遊覽。

香港島的觀光、商業據點

中環 Central

>>> P.160

從被維多利亞港環繞的尖沙咀搭乘港鐵或渡輪到香港島的商業區。境內金融機構大樓林立。

貫穿街道中心的半山手扶梯。

上環

🚇 從尖沙咀搭港鐵6分鐘

上環~中環
🚇 搭港鐵2分鐘

中環

🚇 從尖沙咀搭港鐵4分鐘

中環~金鐘·灣仔
🚇 搭港鐵2~4分鐘

金鐘·灣仔

🚇 從尖沙咀搭港鐵6~8分鐘

HONG KONG Is. 香港島

香港行前須知

✈ 從台北（桃園、松山）出發　1.5～2小時	🚗 主要交通工具　港鐵、電車、計程車→P.206
🕐 時差　無時差	🍷 法定飲酒抽菸年齡　18歲以上
💬 語言／文字　廣東話、英語／繁體字	🚽 廁所　沖水式馬桶
🛂 簽證　持有台胞證可免簽證，或在網路預 辦入境登記用電子港簽，免費，效期兩個月	💱 匯率　HK\$1（港幣）=4台幣（至2019年7月）

九龍港

港味十足的九龍半島據點

尖沙咀 Tsim Sha Tsui
>>> P.154

香港首選的購物區。飯店林立，
還有多處欣賞對岸香港島夜景的
地點。

擁有多家購物中心和飯店。

建於殖民地時代的鐘樓。

集結購物商圈

銅鑼灣
Causeway Bay >>> P.166

擁有多處如SOGO百貨、
時代廣場、高級購物商城
Lee Gardens等人氣購物
地點。

街區地標時代廣場內的美食區也
頗受歡迎。

搭電車遊覽的起點

金鐘・灣仔
Admiralty・Wan Chai >>> P.164

金鐘是擁有大型購物
中心的高級地區。灣
仔境內新增多家歷史
悠久的建築物翻修成
的新潮商店。

香港市花豔紫荊。

搭計程車通過
隧道時需付HK
\$20～的往返通
行費。

各區特色標示圖

看圖就知道要先去哪！

金鐘・灣仔～銅鑼灣
🚇 搭港鐵
2分鐘

銅鑼灣

🚇 從尖沙咀搭港鐵10分鐘
🚇 從中環搭港鐵6分鐘

🎵 遊玩
🛒 購物
🍴 美食
🏢 住宿
📷 觀光

九龍半島和香港島間的交通以港鐵（MTR）最快且便宜。搭計程車移動有時會遇到塞車。

在最佳時間點做最棒的事
24小時玩樂計畫

既然到了紐約，就要玩夠24小時！以下分門別類介紹各景點的最佳時機。擬定從早到晚的玩樂計畫吧。

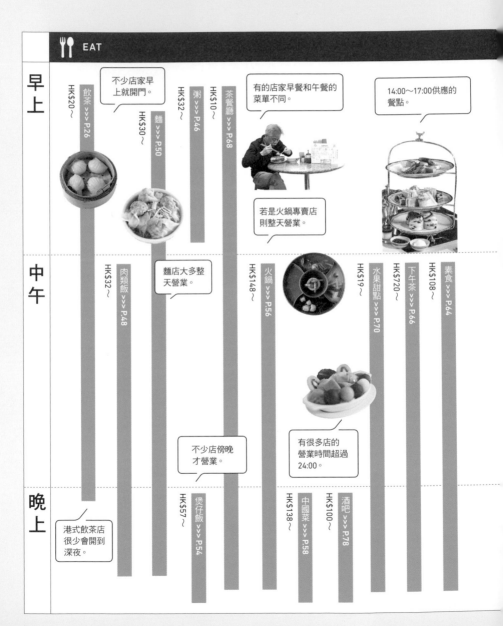

EAT

早上

HK$20～
飲茶 >>> P.26

不少店家早上就開門。

HK$30～
麵 >>> P.50

HK$32～
粥 >>> P.46

HK$10～
茶餐廳 >>> P.68

有的店家早餐和午餐的菜單不同。

14:00～17:00供應的餐點。

若是火鍋專賣店則整天營業。

中午

HK$32～
肉類飯 >>> P.48

麵店大多整天營業。

HK$148～
火鍋 >>> P.56

HK$19～
水果甜點 >>> P.70

HK$20～
下午茶 >>> P.66

HK$108～
素食 >>> P.64

不少店傍晚才營業。

有很多店的營業時間超過24:00。

晚上

港式飲茶店很少會開到深夜。

HK$57～
煲仔飯 >>> P.54

HK$138～
中國菜 >>> P.58

HK$100～
酒吧 >>> P.78

1月1日	元旦	6月25日	端午節
1月25～27日	春節（農曆新年）	7月1日	香港特別行政區成立紀念日
4月4日	清明節	10月1日	國慶日
4月10・11日	耶穌受難節（大齋期）	10月2日	中秋節翌日
4月13日	復活節翌日週一	10月25日	重陽節
5月1日	勞動節	12月25日	聖誕節
4月30日	佛誕節	12月26日	拆禮物日

◎日期不定的假日
日期每年變動的假日。在香港，春節（農曆新年）等農曆假日、復活節等基督教節日多為日期不定的假日。

◎中秋
農曆8月15日的中國傳統豐年祭。在香港會舉辦綵燈會、舞火龍等熱鬧的慶祝活動。

◎關於春節
名為春節的農曆新年，歷年來都在2月上旬。街上掛滿紅色的春節飾品，顯得熱鬧喜慶，小型店家都放假。不過，直到春節前一晚都有大拍賣等折扣活動。

◎年底
聖誕節是和家人或情人共度的假日。摩天大樓也會點上節慶燈飾。31日則有倒數計時活動和放煙火，熱鬧非凡。

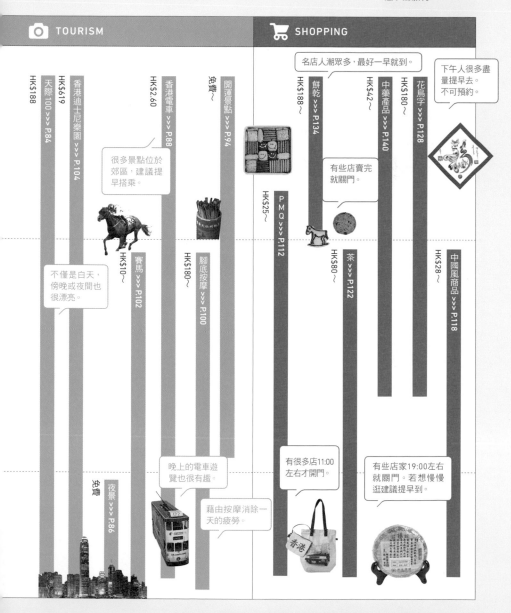

📷 TOURISM

HK$188
天際100 >>> P.84

HK$619
香港迪士尼樂園 >>> P.104

香港海洋公園 >>> ...

HK$2.60
香港電車 >>> P.88

免費
開運景點 >>> P.94

很多景點位於郊區，建議提早搭乘。

HK$10～
賽馬 >>> P.102

HK$180～
腳底按摩 >>> P.100

不僅是白天，傍晚或夜間也很漂亮。

免費
夜景 >>> P.86

晚上的電車遊覽也很有趣。

藉由按摩消除一天的疲勞。

🛒 SHOPPING

名店人潮眾多，最好一早就到。

下午人很多盡量提早去。不可預約。

HK$188～
餅乾 >>> P.134

HK$42～
中藥產品 >>> P.140

HK$180～
花鳥字 >>> P.128

有些店賣完就關門。

HK$25～
PMQ >>> P.112

HK$80～
茶 >>> P.122

HK$28～
中國風商品 >>> P.118

有很多店11:00左右才開門。

有些店家19:00左右就關門。若想慢慢逛建議提早到。

3天2夜的終極經典路線

先到尖沙咀逛街
提早吃晚餐再去看夜景

第一天以尖沙咀或上環為中心，
滿足來香港旅行的美食及購物需求。
記得留時間看夜景！

第1天

PM

13:00　香港國際機場

搭機場快線
＋
MTR約23分鐘

14:00　尖沙咀
〈需時約2小時〉

池記
→ P.50

鐘樓&海濱花園
→ P.155

搭MTR約10分鐘

16:00　上環周邊
〈需時約2小時〉

PMQ元創方
→ P.112

搭MTR約10分鐘

18:00　尖沙咀周邊
〈需時約3小時〉

點一龍
→ P.40

幻彩詠香江
→ P.87

搭MTR約10分鐘

21:00　太子周邊
〈需時約1小時〉

綠林甜品
→ P.73

LUNCH

來份燙青菜也不錯。

有點餓的話來碗餛飩麵

建議中午簡單吃碗麵。香港餛飩麵份量少適合充飢。

海鮮湯頭味道清爽。餡料飽滿的餛飩也很讚。

POINT

要體驗香港風情，就從九龍半島的主要城市尖沙咀開始。

前往香港島的渡輪登船處也在海濱長廊上。

WALKING

逛遍海港城

西側的海港城有多家名牌店和時髦餐廳。

SHOPPING

**到香港流行發信地
PMQ元創方購物**

香港新潮文化的發射站PMQ元創方是值得花時間細逛的地方。可在此買伴手禮。

也有適合當伴手禮的茶葉。

聚集多家獨特概念店的流行發信站。

多項香港主題商品。

DINNER

首日晚餐就吃飲茶

飲茶能吃到各色點心，到點一龍大飽口福！感受濃厚的香港氛圍。

點一龍的菜單有附照片，不用擔心！

食材健康晚上吃也沒關係。

NIGHT

**欣賞價值百萬美元的
幻彩詠香江夜景**

音樂燈光秀是必看的夜景重點。主會場位於尖沙咀的海濱長廊。

SWEETS

**來份健康甜點
當宵夜**

甜點店營業到深夜。到綠林甜品品嘗豆腐製的甜點或甜湯。

吃得到珍珠粉圓的香港甜點。

從尖沙咀看出去的夜景，是到香港不可錯過的景點。

香港是融合英國統治時代面貌及亞洲活力的城市。
大眾運輸工具便利，可以集中想去的景點，規畫出緊湊行程。
來趟滿足美食、購物、觀光的極致之旅吧！

遍覽觀光名勝
拜訪話題名店

第2天就以粥品拉開序幕。以MTR（港鐵）為主，利用步行或計程車，從九龍半島到香港島走透透。

MORNING

**到旺角老店
吃用料豐富的粥品**

以高湯細熬的粥品有益身體，適合當早餐。選擇自己愛吃的配料吧。

來碗香港風味粥品，用市場買來的新鮮食材熬煮而成。

LUNCH

**到香港味十足的
名都酒樓吃飲茶**

說到港式飲茶就是推車服務。名都酒樓寬敞的店內有數台推車穿梭其間，熱鬧景象只有香港才有。

推車服務的優點是馬上就能吃到想吃的餐點。午餐時間也有不少上班族過來。

DINNER

**到很難訂位的No.1名店
Mott32吃廣東菜**

餐廳主廚來自知名飯店，擅長叉燒肉及北京烤鴨的燒烤名人。以19世紀為主題的裝潢也很漂亮。

傳統和創意兼具的新廣東菜。

SIGHTSEEING

**美景名勝
ICC天際100**

飽覽360度的超廣角香港美景！看到得到延伸至遠方的九龍半島及大嶼山。

從100樓這跳的景致必看。

觀景台四周都是大面窗。欣賞隨著時間變化的美景。

SHOPPING

**在中環買到華麗又可愛的
中國風商品**

中環SOHO附近有很多販售可愛中國風商品的店家。到這裡找找日本少有的亞洲風用品。

說到必逛的時髦用品店非G.O.D莫屬，從文具到家飾品應有盡有。

MARKET

**到夜市購買
新奇伴手禮**

道路兩旁擠滿攤商。充斥著琳瑯滿目的流行配件或特色民俗藝品。這裡適合尋找女性友人喜歡的新奇商品。

路旁的店家大約15:00開門營業。19:00以後最熱鬧。也有多家B級散步小吃店。

第2天

AM

8:30　旺角
〈需時約1小時〉

妹記生滾粥品
→ P.46

 搭計程車約10分鐘

9:30　九龍車站
〈需時約3小時〉

ICC天際100
→ P.84

搭MTR約20分鐘

PM

12:30　金鐘
〈需時約2小時〉

名都酒樓
→ P.32

搭MTR約4分鐘

14:30　中環周邊
〈需時約3.5小時〉

G.O.D
→ P.118

先達商店
→ P.121

 搭MTR約4分鐘

18:00　金鐘周邊
〈需時約2小時〉

Mott32
→ P.60

 搭MTR約20分鐘

20:00　旺角周邊
〈需時約1小時〉

女人街
→ P.150

在女人街可以殺價。試著多說幾次便宜一點說不定會買到。11

第3天

AM

8:30　灣仔周邊
〈需時約1小時〉
└ 檀島咖啡餅店
　→P.69

🚇 搭MTR約10分鐘

9:30　上環周邊
〈需時約3.5小時〉
├ 頂好
│ →P.147
├ 顏奇香茶莊
│ →P.124
└ 蓮香居
　→P.34

🚕 搭計程車約15分鐘

PM

13:00　香港車站
預辦登機
〈需時約1小時〉
└ IFC商場

🚇 搭MTR約20分鐘

14:00　香港國際機場

伴手禮→飲茶→伴手禮！！

終於到了最後一天。檢查一下有沒有東西忘記買。最後以沒時間也能迅速解決的飲茶當午餐。從容地前往機場吧！

MORNING 🚶

在茶餐廳吃早茶

到平價咖啡館、茶餐廳享用簡單的早餐。三明治或法式土司是香港市民也喜歡的餐點。

蛋塔HK$10、法式土司HK$20等。

> **POINT**
> 在香港車站、九龍車站都有預辦登機的服務。可以一早先寄放行李輕裝前往市區。

CHECKIN

在香港車站的航空公司櫃台預辦登機

從飯店退房後可到九龍車站或香港車站預辦登機。到機場再辦理出境手續。

兩站均受理航班起飛前一天到2小時前的登機手續。

🚶

SHOPPING

到IFC商場做最後的血拼

香港車站樓上就是IFC商場。忘記買的東西可以在這裡補齊！

SHOPPING

不要忘了中國茶和中式食品

當地茶葉或醬料包相當受歡迎。多買一些也沒關係。

> 液體包裝的醬料包。請放入行李箱裡。

茶包很輕適合大量購買！

調味類等物品當液體看待。要放在行李箱裡。

簡單的調理包可以一次多買一些。

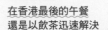

說到必買的糕點就是鳳梨酥。

🚶

LUNCH

在香港最後的午餐還是以飲茶迅速解決

上環的人氣飲茶店有推車服務。在熱鬧且港味十足的店內盡情享用點心。吃飽後出發到機場吧。

蓮香居是一早就吃得到飲茶的珍貴餐廳。中午時人潮眾多，但翻桌率高不會等太久。推車服務馬上就能拿到餐點，頗有加分效果。

也有賣香港人氣設計師MISCHA包包的精品店。

還有1天的話，建議去遠一點的行程。
到離島看看？還是乾脆去澳門？

🕐 需時：10小時

POINT
坐船約1小時。渡輪班次多不用
訂票。帶上護照說走就走！

❶ 帶著護照到澳門一日遊
到澳門須帶護照。雖然貨幣不同但也接受港幣。

◎世界遺產巡禮 → P.174

世界遺產位在澳門歷史城區，走路就能逛一圈。以議事亭前地為據點出發吧。要到比較
遠的世界遺產可以搭計程車，相當方便。

◎嘗試土生葡菜 → P.186

土生葡菜深受非洲、葡萄牙及中國的影響。品嘗味
道深遠的菜餚吧。

◎到賭場小試身手 → P.180

澳門半島的新口岸聚集多家早期的賭場飯店，
氹仔的路氹城有仿效拉斯維加斯的大型綜合娛
樂度假區。

◎購買點心或伴手禮 → P.190

畫有世界遺產圖案的葡萄
牙傳統磁磚畫。

杏仁餅乾是必買的食品伴
手禮。

幸運物的公雞
「Galo」，從置物架
到手機吊飾都有！

🕐 需時：8小時

❷ 暢遊主題樂園
還有在日本玩不到的遊樂設施。

🕐 需時：6～8小時

❸ 到郊區體驗大自然
自然景觀豐富的郊區頗具魅力。

◎前往香港迪士尼樂園 → P.104

❶ 香港才有的限定設施。噴泉山谷以19世紀後半期的美國西海岸為舞台。
❷ 體驗有別於台灣的夢想國度！

◎暢遊海洋公園→P.169

❶ 各項遊樂設施都相當好玩。也有多樣令人尖叫連連的設施。
❷ 除了水族館外還有貓熊等動物，值得一看。

◎求神保佑或登山 → P.169

大嶼山天壇大佛是
世界上最大的青銅
釋迦牟尼像。

郊外的風景
好療癒～

❶ 香港島南端的龍脊被選為亞洲最佳遠足路線。
❷ 亞洲風情度假區，赤柱（→P.168）。

方便聰明的打包小撇步

準備香港之旅的行李用品

只裝一半，騰出空間裝當地的戰利品！

3天2夜用的行李箱

3天2夜的旅行帶登機箱就夠了！不過要是打算買很多伴手禮，最好準備大行李箱才夠裝。

Fashion

香港和台灣一樣四季分明。雖然冬天不那麼冷，也必須準備毛衣或薄大衣。夏天多雨潮濕。

最佳季節是10～4月

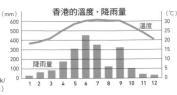

香港的溫度・降雨量

www.weather.gov.hk/
（1981～2010年的平均數據）

白天穿短袖即可

氣溫舒適，但早晚溫差大，最好帶件外套。

春

閟熱多雨

濕度跟台灣差不多，最好穿透氣性佳的服裝。

夏

4 SEASONS
穿搭指南
NAVI

晚上會突然降溫。最好帶件外套。

秋

襯衫或針織衫

冬

有時會很冷要帶大衣。

薄大衣或外套

Cosmetics

若是住高級飯店，會提供盥洗用品，但也有很多住宿設施不提供。最好事先確認。

超過100ml的液體不可帶上飛機，請放入托運行李。

SHAMPOO RINSE

MAKE CLEANSING SHEET

洗髮精&潤髮乳　　卸妝品

CREAM

很多藥妝店都有販售日系保養品，不夠時可在當地購買。

基礎保養品

化妝用品

吹風機

變壓器

有很多二星級飯店不提供吹風機或變壓器。

睡衣
提供睡袍等寢具的飯店很少。最好自備穿著舒適的睡衣。

注意氣溫變化！

外套
有時會因早晚和整天的溫差，或室內空調而覺得冷。帶件方便穿脫的外套吧。

決定好出發日期，就趕快開始準備旅行用品！
充分確認下列物品是否已準備妥當，避免在當地手忙腳亂。
雖然香港的便利商店、藥妝店、日系店家很多，有不少用品在當地都買得到，但還是帶齊以下物品比較保險。

Money

換匯最好在抵達香港後於當地機場換。
錢包內準備好現金和信用卡。

> 預算是停留天數
> ×
> 1萬～1.5萬台幣

錢包

信用卡
換匯需付手續費，善用刷卡結帳（信用卡、簽帳金融卡、旅遊現金卡）。

現金
幣別是HK$（港幣）。現金最好只換最低消費金額在身上。逛夜市時帶小額紙鈔或零錢出門吧。

3天2夜的平均預算　約3萬～4.5萬台幣
每人的花費不同，金額僅供參考。

◎事先費用

機票 … 7000～1萬台幣
飯店 … 5000～1.2萬台幣

住宿費用依季節而異，二星級飯店約是2500～4500台幣。

◎當地費用

🍴 … 4500台幣
🛒 … 6000台幣
🎵 … 4500台幣
📷 … 1500台幣
🏨 … 1萬台幣

飯店會提供‧不提供的用品
幾乎

| 提供 | 不提供 |

浴巾　　洗髮精

牙刷
幾乎所有二星級以上的飯店都會提供。

睡衣
廉價旅館幾乎都不提供。請自備睡衣。

吹風機
幾乎所有飯店都不提供。就算有，風力大都不強。

潤絲精
有些飯店不提供潤絲精。

當地使用的輕便手提包

帶個可放護照、貴重物品或旅遊書等的手提包比較方便。建議輕便好拿的類型。雖然當地治安不差，但在夜間或人多的場所，把包包背在前面比較放心。

...etc.

除了錢以外，護照、其他預約文件或讓旅行更舒適的用品等也一併放入隨身攜帶。

護照
小心保管避免遺失。安全起見影印一份帶在身上比較保險。

**機票or
電子機票影本**
電子機票須出示給航空公司的櫃台人員檢查，請事先備好影本。

雨具
經常有突如其來的陣雨，最好隨身攜帶折傘。

照相機

旅遊攻略

環保購物袋
原則上購物用的塑膠袋須付費，請自備環保購物袋。

可沖式面紙
有可沖式面紙就算到不提供廁紙的公共廁所也不擔心。

戰利品寶物大公開

⬭ **GOODS** 中國風小物件

☐ ITEM 01 零錢包

印上貓熊或蓮花等圖案的零錢包
是吸引香港愛好者目光的好商品。
價格便宜又不重，喜歡香港的朋
友收到應該會很開心。

價格：HK$189～

🏠 購自這裡GO！

Vivienne Tam → P.113
Loom Loop → P.114

⬭ **GOODS** 可愛足下

☐ ITEM 02 拖鞋

繡上可愛圖案的手工室內鞋或拖
鞋。穿在腳上不僅是華麗的重點
配件，擺放俏皮的話也能妝點室
內。

價格：HK$150～

🏠 購自這裡GO！

先達商店 → P.121

⬭ **GOODS** 回國後用餐也有香港氣氛

☐ ITEM 03 餐具

散發古典風情的餐具用品。雖然
是易碎品只要包裝仔細就不用擔
心。也有人成套購買。

價格：HK$10～

🏠 購自這裡GO！

興祥隆記 → P.121
裕華國貨 → P.133

⬭ **GOODS** 造型精巧GOOD

☐ ITEM 04 飲茶磁鐵

放在直徑約3cm小蒸籠中的港點，
宛如真品般精緻！貼在冰箱上，
回憶在香港吃到的飲茶滋味也不
賴。

價格：HK$52～

🏠 購自這裡GO！

Glue Associates → P.115
香港歷史博物館 → P.120

⬭ **GOODS** 當書桌擺飾回憶香港行

☐ ITEM 05 明信片

香港每區風情各異。挑選自己喜歡
區域的插畫明信片裝飾在書桌上，
遙想下次的香港之旅也不錯。

價格：HK$49～

🏠 購自這裡GO！

kapok pmq → P.116

⬭ **GOODS** 吸睛的時尚中國風圖案

☐ ITEM 06 手提包

開口夠大可放入許多東西的托特
包。以招財金魚或香港街景為圖的
包包，背著走就很有香港味。也能
為穿搭帶來畫龍點睛之效。

價格：HK$350～

🏠 購自這裡GO！

G.O.D → P.118
Morn Creations → P.120

⬭ **GOODS** 訂製伴隨一生的物品

☐ ITEM 07 印章

屬於開運物件之一，是頗受歡迎的
自用品。對旅客而言最聰明的做法
是在抵港當天訂購。附有店家特
製收納盒和印泥的組合讓人更開
心。

價格：HK$1100～

🏠 購自這裡GO！

Tangs → P.130

⬭ **GOODS** 說到亞洲特效藥就是這個

☐ ITEM 08 虎標萬金油

清涼的薄荷軟膏，是蚊蟲咬傷或
肩頸痠痛時必擦的藥品。在亞洲
隨處可見的特效藥也有小瓶裝。
最適合當分送親友的伴手禮。

價格：HK$27.2～

🏠 購自這裡GO！

屈臣氏 → P.145

說到香港，必買的伴手禮就是茶葉或中式糕餅!?
非也非也，以下為各位介紹品味十足的時尚中國風商品、
用料實在的餅乾或全世界獨一無二的訂製品等，
各種送禮自用兩相宜的逸品。

GOODS　尋找嚴選T恤

☐ ITEM 09　T恤

以時髦圖案呈現現代笑話或標語的T恤。簡單穿搭就很有型。布料品質佳，穿起來也舒適。

價格：HK$298～

🏠 購自這裡GO！

G.O.D → P.118

FOODS　簡單做出道地風味

☐ ITEM 10　速食調理包

令人無法小覷，輕鬆就能做出道地中國菜的速食調理包。雖然寫中文（有的會寫英文），但可從漢字來猜測做法。在家也能重現當地風味。

價格：HK$7.5～

🏠 購自這裡GO！

頂好 → P.147

FOODS　味道香氣相差懸殊

☐ ITEM 11　普洱茶葉

如果喜歡飲茶時提供的普洱茶滋味，請務必到茶葉專賣店購買。價格依年代不同落差很大，請挑選符合預算的產品。

價格：HK$80～

🏠 購自這裡GO！

顏奇香茶莊 → P.124
新星茶莊 → P.125

FOODS　包裝可愛令人開心

☐ ITEM 12　餅乾

最近蟬聯香港必買伴手禮的是餅乾。包裝印有泰迪熊圖案等設計精美，有很多人吃完餅乾後會留下鐵盒。

價格：HK$140～

🏠 購自這裡GO！

珍妮曲奇 → P.135
曲奇四重奏 → P.136

FOODS　具高級感的甜點

☐ ITEM 13　巧克力

高檔飯店的甜點舖，是方便挑選伴手禮的地方。以嚴選食材做成的巧克力滋味濃郁。最適合送給重要的人。

價格：HK$265～

🏠 購自這裡GO！

半島酒店 → P.138

FOODS　適合分送親友的伴手禮

☐ ITEM 14　漢方喉糖

小包裝的喉糖是香港藥廠京都念慈庵的產品，口感暢快無比！有檸檬和薄荷等口味。

價格：HK$6.9～

🏠 購自這裡GO！

頂好 → P.147

FOODS　只要一匙就好

☐ ITEM 15　XO醬

1980年代後半期在香港研發出的綜合調味料。以蝦米或干貝等為原料，除了烹調時加入少許提味外，也可以當下酒菜直接吃。

價格：HK$280～

🏠 購自這裡GO！

半島酒店 → P.139

COSME　觸感舒適的化妝水

☐ ITEM 16　花露水

使用薰衣草、佛手柑和肉桂等100%天然植物萃取精華製成，對肌膚溫和的萬用芳香水。當伴手禮的話可選攜帶式迷你包裝HK$10，相當方便。

價格：HK$50～

🏠 購自這裡GO！

雙妹嘜 → P.143

HONG KONG & MACAU NEWSPAPER

為你送上能滿足美食購物需求，香港最新最夯的消息。另外，陸續有新飯店和賭場開幕，開發中的澳門也值得注目！

HONG KONG

TOURISM 歷史古建築群變身為複合式文化設施

整修後的前中區警署及域多利監獄。

裡面設有多家咖啡館及藝術文化區。入場需事先上官網申請（免費）。

香港歷史和文化的發射基地

16座歷史建築整修為複合式文化設施，2018年5月開始對外開放。除了做為香港歷史文化的展示區外，也陸續有紀念品店、咖啡館等商店開幕。目前還有部分區域仍在興建，所以尚未全面開放。

位於半山手扶梯出口交通便捷

大館

⌂ 香港中環荷李活道10號　☎ 3559-2600
🕐 11:00～23:00　🏪 依店舖而異
💰 免費　🚇 從港鐵中環站D1出口步行10分鐘
www.taikwun.hk/zh
上環/中環　▶MAP P.16 B-3

TOURISM 打卡熱點壁畫街！

用色明亮拍照打卡◎

香取慎吾在2018年3月花費18小時繪製的作品「大口龍仔」。地點位於荷李活道和些利街交叉口的手扶梯牆面上。
上環/中環▶MAP P.16 B-3

陸續出現在中環荷李活道附近

荷李活道周邊壁畫街因為有香取慎吾的創作，在日本也引發話題。該區是拍照打卡熱點，在年輕人間迅速竄紅。數量增加的同時，種類也很豐富。找到「#香港香取慎吾アート」的簽名拍照打卡吧。

位於雜貨店G.O.D（→ P.118）牆面的人氣作品。

也有普普藝術！

位於荷李活道和卑利街轉角處的大型精采壁畫。

港鐵延伸&新線開通
擴大行動範圍

TOWN

南港島線海洋公園站。
多處區段位於地面上，
可欣賞沿途風景。

直達香港島南部

以往要到香港島南部的海洋公園或
outlet店聚集的海怡半島，必須搭公
車或計程車行駛山路間，隨著連接
金鐘和香港島南部的南港島線開
通，交通瞬時便捷無比。港島線則延
伸到保有老街風情的西營盤及知名
時尚街堅尼地城，擴大行動範圍。

堅尼地城站正上方是往香港仔
的小巴車站。

已在2018年10月24日通車！
連結香港–澳門–珠海的港珠澳大橋

不要忘記過橋時
需攜帶護照和台
胞證！

搭車或公車到澳門！

連接香港、珠海及澳門長約50km，由海上橋樑和海底隧道組成
的Y字型「港珠澳大橋」，已於2018年10月24日通車。24小時都
有接駁車或計程車往來橋梁兩端，澳門邊檢大樓也設有香港國
際機場的預辦登機櫃台。

國泰航空
新貴賓室開幕

在貴賓室度過優雅時刻

2018年3月，空間寬敞的國泰航
務貴賓室「玲瓏堂」在樞紐地香港國
際機場開幕。從環境舒適的貴賓室陽
台區，可以欣賞到機場全景。國泰航
空準備了包括「寰宇堂」、「玉衡
堂」、「逸連堂」等共4間各具特色的
離場貴賓室，讓提早到機場的乘客可
到此度過起飛前的愉快時光。

在舒適的空間度過極致的候機時刻。

尊榮搭乘體驗

在英國Skytrax公司進行的乘客滿意度
調查中，國泰航空獲頒最多次共4次
全球最佳航空公司。每天有超過20個
航班（包括聯營航班）從台灣2個城市
2座機場飛往香港。

獲選為全球最安全的20家航空公司，確保空中
旅行的安全及舒適。

國泰航空
☎ 0120-46-3838
（週一～六9:00～17:30 ㊡週日、假日）
www.cathaypacific.co.jp

MACAU

TOWN

在氹仔舊城區陸續登場的賣點

鄰近路氹城的IR備受矚目

氹仔舊城區保有葡萄牙統治時代興建的南歐風別墅及小巷，能感受到異國懷舊風情。鄰近大型綜合度假村（IR）聚集的路氹城，因此近年來頗受矚目，吸引許多觀光客前來。該區不斷地發展，陸續有高質感餐廳和藝術空間開張。

澳門全圖 ▶MAP P.23 B-2

🍴 美食

葡蕙園是老字號葡式餐廳主廚António經營的新形態餐廳。

1925年於里斯本創業的正宗葡式餐廳葡多利也在此開張，成為話題焦點。

新型態印度餐廳果阿之夜店內氣氛佳，並提供以海權時代為主題的雞尾酒。

📷 藝術

（上）也有定期展示當地藝術家作品的藝廊。
（下）小巷內繪有多處壁畫。

SHOPPING

在自動販賣機購買澳門伴手禮的時代!?

兼具澳門特色與高質感

當地年輕設計師集資開發的伴手禮自動販賣機成為吸睛焦點。主要販售以充滿澳門特色的世界遺產和季節活動為題材的商品，價格設定為MOP10～。質感也好。在澳門機場、澳門旅遊塔、飯店大廳等都看得到。

澳門旅遊塔設有2台自動販賣機，商品種類豐富。

送禮自用兩相宜。

HONG KONG & MACAU NEWS

20

超豪華大型休閒設施陸續登場！
路氹城必去&最新的5家度假村

澳門傲視全球的新觀光勝地

路氹城是氹仔和路環間的海埔新生地。邁入21世紀後，開始有多家涵蓋飯店、賭場等休閒娛樂設施的超豪華大型綜合娛樂度假村（IR）在此開發。當初規畫的多數度假村陸續完工，成為全球首屈一指的IR聚集地。希望能在有限的時間內多逛幾家各具特色的IR。

10周年

澳門威尼斯人

2007開幕，路氹城最早的度假村。占地規模、豪華度及設施多樣化獨占鰲頭，現在仍是路氹城的重心，有許多觀光客到訪。2017年迎來10周年，飯店周圍在整修中。

`澳門全圖` ▶MAP P.23 B-2

擴建中

澳門銀河

擁有全球最大的衝浪池及空中激流的超大型水上樂園等，豐富的娛樂元素是受歡迎的主因。2015年第2期擴建項目開張，規模增為2倍大。目前，正在進行第3和第4期工程。

`澳門全圖` ▶MAP P.23 B-2

2018年2月開幕

美獅美高梅

外觀造型搶眼，如同路氹城的珠寶盒般華麗燦爛。多元化動感劇院引進世界最大的4K液晶螢幕等最新設備，未來將有影音表演定期上映。

`澳門全圖` ▶MAP P.23 B-2

2016年開幕

澳門巴黎人

以巴黎為主題的設施。依照法國艾菲爾鐵塔一半比例建造的澳門巴黎鐵塔，每晚都有燈光秀。還有模擬巴黎街景的購物中心。和澳門威尼斯人（→P.199）有通道相連。

`澳門全圖` ▶MAP P.23 B-3

2016年開幕

永利皇宮

館內花藝裝飾和美術品林立，是座氣氛雅致的度假村。在室內表演湖進行的噴泉表演（→P.183）值得一看。餐廳品質也頗受好評。

`澳門全圖` ▶MAP P.23 B-2

澳門航空
持登機證享娛樂優惠

登機證不要扔掉！

澳門航空推出登機證優惠活動，持登機證可享有各項精采禮遇。有震撼十足的水舞間門票9折券、中國秀西遊記最低達5折的優惠價。持登機證還享有其他優惠禮遇。詳情請上澳門航空官網查詢。

※活動內容時有變更。

運用燈光和水帶來華麗表演的水舞間。

搭乘台灣-澳門間的直航班機，享受娛樂優惠！

澳門航空
代表號
☎ 02-2717-0377
（平日8:45～17:30）
www.airmacau.com.tw

> 這裡也值得注意！

澳門第一條鐵路
預計於2019年中開通

澳門的第一條鐵路澳門輕軌系統目前正在興建中。當中，先完工的氹仔線（9.3km，11站）預計在2019年開通。

① 機場快線就在入境大廳，沿路就有售票處，動線簡明易懂。　②只有搭場快線的旅客才能坐免費接駁公車。有多條路線請先在旅客服務櫃台確認清楚。　③香港的飯店不足，因土地昂貴導致客房狹窄且住宿費用高。

EAT

香港「美食」事件簿

要享受120%的美食城市香港，必須先了解以下小常識及飲食文化的差異。

事件 1

不知道港式飲茶的點餐方式

桌上沒放醬油或黃芥末，不知如何是好。晚上沒有早點到不能點港式飲茶……請告訴我港式飲茶的吃法～

解決！ 事先預習港式飲茶的禮儀

飲茶源自兩餐間邊喝茶邊吃點心（輕食、茶點）的習慣，是中國或香港等地的飲食文化。各店的飲茶禮儀不盡相同，但只要記得下列1到3的一般規則，就不用擔心。

HOW TO 點餐

1 | 有推車式和填單式兩種

推車式（→ P.32）只要指想吃的點心即可。填單式則是在菜單紙上寫出數量交給服務人員點餐。

---

2 | 記住基本關鍵字

蜜	汁	叉	燒	包
蜂蜜醬		叉燒		包子

就像添好運（→ P.26）研發出的如菠蘿麵包般的酥皮焗叉燒包。

水	晶	鮮	蝦	餃
半透明外皮		新鮮	蝦肉	餃子

指的是用透明外皮包住蝦肉的點心。蝦子是港點常見的食材。

◆飲茶常見關鍵字

◎ 揭＝進烤箱烤
◎ 菌＝菇類
◎ 菇＝菇類
◎ 片＝切片
◎ 撻＝塔類
◎ 堆＝圓球狀
◎ 脆＝爽口
◎ 糕＝番糕狀
◎ 酥＝派餅
◎ 腸＝腸粉
◎ 餃＝餃子

◎ 粵＝廣東
◎ 素＝素食
◎ 咸／鹹＝鹹味
◎ 椰＝椰子
◎ 奶＝牛奶、奶黃醬
◎ 鵪＝鵪鶉
◎ 蟶＝蟶蟶
◎ 豬＝豬
◎ 蠔＝牡蠣
◎ 炸＝油炸
◎ 㸆＝慢火熱煮

---

3 | 飲茶不是隨時都有

多數中餐廳的飲茶時段是中午到下午。港式飲茶店則是全天候提供。若有想去的餐廳，請事先查明供應時段。可參閱本書的飲茶DATA。

調味料隨港點附上
蒸點原則上不需調味料。需要調味的煎點、腸粉或蘿蔔糕等，調味料會隨著港點一起送上。

事件 2

想喝茶時
店員說要洗餐具

想拿放在桌上的碗喝茶，居然說要「洗一下」。難道洗餐具也要客人自己來？

解決！ 至今仍有餐具和茶葉
一起洗的「洗杯」習慣

早期認為熱茶可以洗掉餐具上的污垢，也可洗茶葉。現在衛生方面已無須擔心，但還是保有這個習慣。試著當個在地人洗洗看吧。

HOW TO 洗杯

① 湯匙放到碗內，
筷子也一起洗

湯匙放到清洗用的碗內，沿著立起的筷子倒茶。用茶洗淨湯匙和筷子後放到盤子上。

② 洗茶杯

直接把茶杯放進原本裝茶的碗內，用手邊旋轉邊洗。洗淨杯口即可。

③ 碗洗好後倒掉茶

邊轉動碗內的茶邊洗碗，最後把茶倒進盆內即完成。順帶一提，洗杯在女士優先的香港，通常是男性的工作。

◎ 必知的用餐禮儀

夾到碗內吃

港點要夾到碗內吃。骨頭等垃圾就放在盤子上。

添茶時半開壺蓋

熱水沒有時稍微打開壺蓋，表示請加熱水。

到櫃台結帳

高級餐廳才會在位子上結帳。拿著帳單到櫃台結帳吧。

事件 3

在茶餐廳
只點咖啡會惹人厭

茶餐廳在香港就是很家常的簡餐館，進去後只點咖啡會被店員生氣地念幾句。結果咖啡也沒點成就離開了，為什麼？

解決！ 也要點招牌菜或甜點

部分店家有「低消HK$00」的最低消費規定。只點咖啡是不夠的。也品嘗一下種類豐富的甜點或餐點吧。

◆ 茶餐廳的甜點&菜色

蛋塔是香港的代表性甜點。和奶茶很速配。

法式土司。甜食可以消除疲勞。還放了大量奶油。

也有淋上大量白醬的焗飯等西式餐點。

有的店也提供「出前一丁」的速食麵。

全球最便宜的米其林店&香港NO.1飲茶

在添好運品嘗超美味飲茶

這裡是香港人推薦No.1並掛保證的港點店。食材品質好，口味道地，價格實惠。
體驗一下排隊也要吃的美味吧。

物超所值的滿意度
沒有吃到這樣不能回家！！

每樣都是在店內
手工製作。

添好運受歡迎的理由　　用佛心價就能大啖多道優質港點

[1] 米其林認證
2009年開幕。位於旺角的連鎖店隨即在2010年獲得《米其林指南香港・澳門》的一星肯定，人氣直升。北角店直到2017年連續4年都保持在一顆星評價。

[2] 性價比高
看到菜單不由得微笑。一整排的港點選項每道是HK$14～HK$29，茶資每人HK$3，非常便宜，而且全日價格都相同。不收服務費。

[3] 開放式廚房充滿都會感
採用飲茶餐廳少見的開放式廚房，從座位上就能看到點心師傅製作點心的情景。店內氣氛輕鬆。

[4] 叉燒麵包的始祖
幾乎每家店都有，以麵包體包住濕潤叉燒餡的「酥皮焗叉燒包」源自該餐廳。甜潤的叉燒搭配口感如波蘿麵包般的麵包體，吃一次絕對會愛上。

裡面是香甜的
叉燒餡。

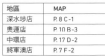

[5] 香港有5家分店
進駐熱門地段。所有餐廳都在店內廚房手工製作。2009年3月在旺角創立第一家店。

地區	MAP
深水埗店	P. 8 C-1
奧運店	P. 10 B-3
中環店	P. 17 D-2
將軍澳店	P. 7 F-2

EAT

飲茶

粥

飯

麵

煲仔飯

火鍋

中國菜

素食

咖啡&甜點

B級美食

夜景酒吧

添好運的10道人氣餐點

價格毫無例外都是佛心價，點餐時不用再意預算。

蒸

鮮蝦菜苗餃
HK$24

塞滿彈牙蝦肉及菜苗的蒸餃。

第1名

鮮蝦燒賣皇
HK$28

加了大量鮮蝦的正宗人氣港點。

潮州蒸粉果
HK$14

透明軟糯的外皮內包了蔬菜和花生。

陳皮牛肉球
HK$18

添加知名中藥食材陳皮，特色是風味清爽。

蜜味叉燒腸
HK$25

放了叉燒餡的蒸腸粉。口感滑順。

炸

香脆牛肉餅
HK$22

酥脆爽口的外皮配上多汁內餡，搭配得恰到好處。

煎

煎辣味羅白糕
HK$16

表面以鐵板煎得香脆的蘿蔔糕。口感像芋薯。

芋絲雞肉春捲
HK$20

香脆外皮和濃郁內餡在舌尖上融為一體，形成絕妙滋味。

飯

蓮藕土魷肉餅飯
HK$27

豬絞肉和花枝泥做成的肉餅放在飯上。

甜

酥皮焗叉燒包
HK$21

內餡是濕潤的叉燒肉。微甜的滋味在口中彌漫開來。

高品質和便宜價格完美並立

添好運點心專門店

擁有高CP值光環的人氣餐廳，午餐及晚餐的尖峰時刻必定大排長龍。氣氛輕鬆自在，當地人也常來。

🔺 香港北角和富道2-8號嘉洋大廈地下
B,C及D鋪
☎ 2979-5608
🕙 10:00〜21:30　㊡ 全年無休
🚇 港鐵砲台山站B出口步行10分鐘

香港市中心　▶MAP P.9 D-3

飲茶DATA

供餐形式	點單式
飲茶時間	10:00〜21:30
點心	約30種
酒精飲料	無

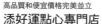

右圖10道人氣單品加上「古法精米雞（加了雞肉的粽子）」HK$29，共11道菜就擺滿桌子了。

🔸 添好運的點心主廚是前四季酒店的點心師傅。其信念是就算沒有高級食材也要用優質食材。

EAT 02

剛做好的喔～

好好吃！果真不負期待！

必 令人感動的飲茶好味道

從令人讚嘆「不愧是香港當地！」的店家，嚴選出3家印象深刻的餐廳。
菜色特別、食材高檔……帶給視覺和味覺特別的感動！

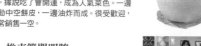

翠園 必 令人感動的理由

豪華內裝和穿梭的推車
交織出熱鬧氣氛

1. 吃到超大煎堆王運氣UP

該店引以為傲直徑約25cm的煎堆王，外觀驚人。據說吃了會開運，成為人氣菜色。一邊滾動中空餅皮，一邊油炸而成。很受歡迎，經常銷售一空。

2. 推車簡單明瞭

推車正面用大字寫上菜色名稱，方便找到想吃的餐點。價格分成小中大點3種，不用在意價格就能挑選也是魅力之一。也有附液晶螢幕的推車。

3. 店內寬敞充滿香港風

店內宴會廳也可做為結婚喜宴會場，空間寬敞，洋溢著華麗氛圍。居然能容納600人。

4. 菜單簡明易懂

推薦菜色還有照片介紹，用手比也能輕鬆點餐。

5. 多樣經典菜色

該店的宗旨是誠實可靠，聽到飲茶或港點就會浮現在腦海的經典菜色幾乎都有提供。

翠園的10道人氣餐點

熟悉的招牌菜單，
每項都是以傳統技法烹調而成。

炸

大煎堆皇

這道煎堆可說是標新立異的獨家菜色。味道微甜。
※左圖為示意圖

第1名

雞絲脆春捲
HK$27

用薄餅皮包住滋味濃郁的雞絞肉炸至酥脆。

蒸

水晶鮮蝦餃
HK$39

如水晶般澄澈的外皮包滿新鮮蝦肉。

蟹籽滑燒賣
HK$38

在豬絞肉餡的燒賣上點綴蟹黃。

山竹牛肉球
HK$33

加了口感清脆的竹筍一起蒸熟的肉球。

飯

荷香珍珠雞
HK$38

用荷葉包住餡料乾蒸而成的糯米飯。清香宜人。

28

EAT

飲茶

粥

飯

麵

煲仔飯

火鍋

中國菜

素食

咖啡&甜點

B級美食

夜景酒吧

必吃超大煎堆王。

開運港點!?

各種港點菜色。平日的早茶（→P.38）和下午茶時間價格便宜，週六、日、假日全時段的單價會貴HK$1左右。

 甜

蠔黃叉燒包
HK$33

鬆軟的包子皮包著甜度恰到好處的叉燒餡。

流沙奶皇包
HK$33

甜品類港點，內餡是熱騰騰的香濃奶黃醬。

煎

鮮蝦腐皮卷
HK$38

用豆皮捲起包起蝦肉和蔬菜後煎熟的港點。

香煎蘿蔔糕
HK$27

蘿蔔糕是經典菜色。剛煎好的蘿蔔糕香脆燙口最好吃。

位於直通港鐵車站的大型商場內

翠園
JADE GARDEN

香港餐飲大王美心食品集團最早經營的粵菜餐廳，1971年開幕。點心師傅堅守傳統滋味。

🏠 九龍旺角新世紀廣場6F 603-603A號 ☎ 2628-9668
🕐 7:30～16:00、17:30～23:30
休 全年無休
🚇 港鐵旺角東站步行1分鐘

太子/旺角　▶MAP P.11 E-1

飲茶DATA

供餐形式	推車式、點單式
飲茶時間	7:30～16:00
點心	約40種
酒精飲料	有

翠園的經營者是香港最大的食品公司，美心食品。陸續推出的新菜色也很令人期待。

在香港老店
享用高級飲茶

該店的獨家菜色是大量使用
高級食材製成的奢侈港點。

必 感動的理由

1. 使用高級食材

提供多道以高級食材
製成的菜色。這些又名
「貴族點心」，在菜單
上另外劃分出來。

2. 裝潢復古的空間

彷彿誤入早期香港
電影中的場景。裝
潢獨特，充滿懷舊
風。

3. 季節菜色

提供廣式和京式點
心。依季節更換菜單，
不管來幾次都開心。

人氣點心BEST5

鮑魚！！

原隻鮑魚雞粒酥
HK$65

酥脆的雞肉派上放了一整顆大
鮑魚。

鮑魚！！

原隻BB鮑燒賣
HK$120

在包了豬肉和蝦肉餡的燒賣上
放了小隻鮑魚。

第1名　燕窩

翡翠官燕鮮蝦餃
HK$120

淺綠色的餃子皮內塞滿新鮮蝦
肉和燕窩。

杞子雪耳馬蹄糕

使用多種漢方食材做成
有益身體的果凍狀熱甜
品。
※參考菜色

竹筒土魷肉餅飯
HK$90

店內招牌菜，在竹筒蒸
飯上放了花枝泥和豬絞
肉製成的肉餅。

飲茶DATA

供餐形式	點單式
飲茶時間	整天
點心	約70種
酒精飲料	有

在高級住宅區
度過奢侈的飲茶時光

譽滿坊

位於離囂的閑靜住宅區內。店
內有不少外國顧客，英語交談
聲此起彼落，充滿國際氛圍。

♠ 香港跑馬地成和道63號地下
☎ 2834-8893
⊘ 11:00～16:30、18:00～22:30
㊡ 假日
⊗ 在往跑馬地的香港電車終點站下車，
步行10分鐘

香港全圖 ▶MAP P.7 E-2

EAT

飲茶

粥

飯

麵

煲仔飯

火鍋

中國菜

素食

咖啡&甜點

B級美食

夜景酒吧

以新感覺點心
備受矚目的餐廳

新世代點心就在這裡
點心師傅也關注的

隨時推出新菜色。有各種創意
十足的現代創作點心。

必 感動的理由

1. 充滿現代感的開放式廚房

店內裝潢宛如時髦咖啡館。從座位上就能看到師傅製作點心的情景。

2. 積極推出新菜色

不停有新菜色登場。講究口感的雞排也做成符合點心要求的清爽滋味。

3. 玩心十足的餐具

致力讓擺盤美味又有趣。精緻餐點的呈現方式與可愛餐具令人眼睛一亮。

還有畫上螞蟻圖案的盤子。

人氣點心 BEST5

第1名

松露香菇
HK$49

不是香菇是可可風味的松露蘑菇包。

玫瑰饅頭
HK$29

洋溢淡淡玫瑰香的玫瑰饅頭頗受女性顧客歡迎。

多菜蟹餃
HK$49

內餡塞滿蟹肉和蔬菜的蒸餃。

翠玉小花
HK$48

用冷凍櫛瓜條編成的美麗單品。附上獨家醬汁。

柚子蝦餃
HK$49

做成柚子造型的蝦餃。黃色外皮的原料是葡萄柚汁。

飲茶DATA

供餐形式	點單式
飲茶時間	整天
點心	約15種
酒精飲料	有

滿足視覺味覺的創意點心
唐宮小聚

模仿桌球台的餐桌等，店內裝潢也充滿玩心。不添加化學調味料，提供健康飲食。

🏠 香港中環皇后大道中139號The L.Place 2F
☎ 3568-9666
🕐 11:30～15:00（14:45LO）、18:00～22:30（21:45LO）
🈺 全年無休
🚇 港鐵中環站D2出口步行5分鐘、上環站A2出口步行3分鐘

上環／中環　▶MAP P.16 B-2

堆疊起來的熱騰騰點心
每道都想吃的推車式飲茶

推車服務是香港特有的飲茶型態。只要指出想吃的食物即可,所以顧客也能放心地
大快朵頤。盡情享受熱騰騰的港點吧。

How to 推車式飲茶

1
廚房人員將剛做好的
點心交給推車服務生

做好囉～ 　來了!

把剛做好的點心放在推車上,在大廳間穿梭。
推車服務生大多為女性。

2
推著推車在店內繞行

我走囉!

午餐時段會有數台推車同時繞
行,因此走道經常塞車。

叫住推車服務生

讓您久等了～

5
熱騰騰的點心放到桌上

提供各式調味料。

CHECK! 隨點心附上調味料

味道清爽的薑醋
汁是小籠包沾
醬。

提味用的辣椒
醬。

常見的醬油廣東
話念作豉油。

濃稠微甜的甜
醬。

蒸點已經調好味,所以不需要調
味料,但若要求還是會給。

因為很燙,入口時小心不要燙到。

6
也可以直接走到推車旁

有想吃的點心可以直接走
到推車旁看!
只看不點也OK。

每樣看起來都
好好吃——

要帶點心卡
過來喔。

7
整桌美食好幸福

東點西點就擺滿桌子了!
開始享受幸福的飲茶時刻～

區分推車的方法

推車依菜色種類而異,找出想吃的港點吧。

蒸 蒸籠就是標誌

因為有高高堆起
的蒸籠,一看就
懂。

粥 看到鍋子

裝著鍋子和分裝
用小碗。

煎 重點是不會堆出
食物。

只看得到醬料
罐。點心放在裡
面保溫。

甜 櫥窗推車

看得到裡面的推
車主要是裝甜
品。

((What is

推車式飲茶

推車裝上港點的推車在座位區繞行，是香港傳統的吃法。因為人力成本考量加上費時，最近逐漸被點單式取代。

名都酒樓的

人氣點心 BEST 5

該店招牌菜，廣受粉絲愛戴。

第1名

👆 **蝦餃**
HK$43

使用大量新鮮蝦仁製成。彈牙扎實的口感令人一顆接一顆。

③ **有想吃的食物就舉手示意**

當看中的推車過來時，說聲「不好意思」並舉手示意。

不好意思！　好的～

看不到的話請探頭看。

若提出要求，服務生會打開蓋子露出食物讓客人看。

第2名

◀ **蟹籽燒賣黃**
HK$40

在內餡為豬肉和蝦仁的燒賣上，再撒上蝦黃和蟹黃。

第3名

◀ **雲南野菌包**
HK$36

塞滿竹筍和蔬菜餡的小籠包。味道溫和適合當清口小品。

④ **告知數量檢查點心卡**

可以用手指點餐喔！

服務生會在桌上的點心卡上蓋章。買單時出示點心卡在座位上結帳。

第4名

◀ **豉汁蒸排骨**
HK$40

以豆豉調味的排骨。放到嘴中吸食骨頭邊的肉。

橫濱中華街聘珍樓旗下的餐廳

名都酒樓

以香港島規模最大的推車式港式飲茶餐廳而自居。點心種類多達100種以上，非常豐富。

🏠 香港中環金鐘道95號統一中心4F
☎ 2865-1988
🕐 8:00～24:00（23:30LO）
休 全年無休
🚇 港鐵金鐘站D出口步行1分鐘

金鐘/灣仔 ▶ MAP P.18 B-2

飲茶DATA	
供餐形式	推車式、點單式
飲茶時間	8:00～14:30
點心	約100種
酒精飲料	有

第5名

◀ **芋角**
HK$36

包了芋泥餡的炸餅。網眼狀麵衣相當酥脆。

👣 名都酒樓相當寬敞，但午餐時段也要排隊。大廳中間有製作甜品或單點菜色的櫃台。

EAT

飲茶 / 粥 / 飯 / 麵 / 煲仔飯 / 火鍋 / 中國菜 / 素食 / 咖啡&甜點 / B級美食 / 夜景酒吧

其他備受歡迎的推車式飲茶餐廳 ＝ 人氣菜單BEST5

	第**1**名	第**2**名	第**3**名

知名老店蓮香樓（今改名蓮香茶室→P.38）的姊妹店。

不用在座位上靜靜地等，請帶著點心卡到推車旁。

享受熱呼呼的彈牙快感

↰ **鮮蝦餃**
HK$30

蝦餃是必吃人氣港點。正因為食材新鮮及剛出籠才有令人感動的口感。

↰ **蓮葉糯米雞**
HK$28

包了蝦米和雞肉餡的糯米飯。荷葉清新的香氣令人食指大動。

↰ **蘿蔔糕**
HK$18

蘿蔔糕內加了炒過的蝦米和臘腸末，入鍋煎香。

面對彌敦道，立有招牌很好找。

不光是廣式，還有各種京式、上海點心！

口感獨特多汁充滿魅力

↰ **蠔油鮮竹卷**
HK$24

用豆皮捲包起蝦仁餡蒸熟的廣式傳統菜色。

↰ **水晶蝦餃**
HK$27

這道蝦餃的特色是如水晶般半透明的外皮，價格適中。

入口滿嘴香甜

↰ **香芒糯米糍**
HK$31

撒滿椰子粉的糯米丸子內包了芒果餡。

看，都很好吃喔。種類也很多，多點一些吧。

沒有想吃的不點也沒關係。

當天6:00現包，相當新鮮

↰ **瑤柱韭菜餃**
HK$47

這道蒸餃的內餡較少見，是干貝和韭菜的組合。

↰ **水晶鮮蝦餃**
HK$54

該店招牌菜之一。內餡包了大量蝦肉。

↰ **蜜汁叉燒包**
HK$47

沾滿甜醬的叉燒肉餡和鬆軟包子皮，相當對味。

第4名	第5名

干蒸燒賣
HK$26

塞滿豬肉和蝦仁的燒賣，做成一口大小，內餡飽滿多汁。

寬約12cm，令人驚訝的大尺寸

香滑馬拉糕
HK$18

中式蒸蛋糕，口感鬆軟迷人。不會太甜。

洋溢市井氣氛的老街人氣餐廳

蓮香居

位於上環海鮮批發街一隅。附近店家老闆等都是熟客。人多時須併桌，卻不減用餐樂趣。

♠ 香港上環德輔道西46-50號2～3F
☎ 2156-9328
🕐 6:00～23:00
🈺 全年無休
🚇 港鐵西營盤站A2出口步行5分鐘

`香港市中心` ▶MAP P.8 B-3

大都要併桌。週末常坐滿熟客和觀光客，人聲鼎沸。

飲茶DATA

供餐形式	推車式
飲茶時間	6:00～16:00
點心	約30種
酒精飲料	有

豆沙煎鍋餅
HK$31

用餅皮捲包起豆沙餡入鍋煎熟，是傳統上海甜點。

酥皮雞蛋撻
HK$24

身為澳門名產的知名蛋塔，是港式飲茶的經典菜色。

旺角區的本地餐廳

倫敦大酒樓

位於旺角區中心，地理位置優越。常客多為附近居民，充滿在地氛圍。店員都很親切。

♠ 九龍旺角彌敦道612號好望角大廈
☎ 2771-8018
🕐 7：00～23：00
🈺 全年無休
🚇 港鐵旺角站E2出口步行3分鐘

`太子／旺角` ▶MAP P.11 D-3

觀光客較少，寬敞的大廳廣東話此起彼落。

飲茶DATA

供餐形式	推車式、點單式
飲茶時間	7:00～16:00
點心	約50種
酒精飲料	有

蜂巢炸芋角
HK$39

芋頭餡炸餅。蜂巢般的外皮成為命名由來。

香港代表性甜點

香芒凍布甸
HK$47

冰涼的芒果布丁。果肉口感扎實，味道濃郁。

裝潢華麗寬敞的大廳

大會堂美心皇宮

位於金融街附近，店內有很多穿著西裝的上班族。建議預定可眺望維多利亞港的靠窗座位。

♠ 香港中區大會堂低座2F
☎ 2521-1303
🕐 11:00～15:00（週日、假日9:00～）、17:30～23:30
🈺 全年無休
🚇 港鐵中環站J3出口步行5分鐘

`上環／中環` ▶MAP P.17 F-3

裝潢明亮豪華。也有不少歐美客人，充滿國際化氛圍。

飲茶DATA

供餐形式	推車式、點單式
飲茶時間	11:00～15:00
點心	約80種
酒精飲料	有

北京和上海的點心菜色不同。順帶一提，小籠包是上海式點心。北京式點心則是韭菜水煎包等。

EAT
04

太可愛下不了口
一見鍾情的動物點心

最近港式飲茶創意點心漸增。當中的動物點心頗受遊客青睞。
都是捨不得吃掉的可愛食物。

老虎

🡐 王老虎
HK$42（3個）

塞滿新鮮蝦仁的蒸餃。外
皮厚實有嚼勁。**A**

貓熊

🡐 貓熊包
HK$26（2個）

白臉是包子皮。裡面塞滿
香甜紅豆餡。**A**

獅子

🡐 獅子王
HK$28（2個）

放了芒果醬的蒸麵包。
鬃毛部分是餅乾。**A**

刺蝟

🡐 箭豬奶皇飽
HK$31（3個）

外皮上的刺脆硬，內部鬆
軟的奶皇包。沾煉乳食
用。**D**

兔子

🡐 龍鬚小白兔
HK$36（3個）

椰香棉花糖。以椰子粉作
出毛茸茸的感覺。**B**

豬

🡐 金沙肥豬仔
HK$23（3個）

以在中國象徵富裕繁榮的豬為造
型。內餡為奶黃醬的甜包子。**C**

點心動物園

水晶金魚餃
HK$44（3個）

以吉祥金魚為造型的蝦餃。以紅蘿蔔汁染出橘色部位。**B**

金魚

企鵝

企鵝餃
HK$39（3個）

罕見的直立式蝦餃。彷彿就要跨出步履蹣跚的腳步。**A**

連章魚腳都如實呈現。是包了紅豆餡的港式甜點。**B**

豆沙墨魚仔
HK$42（3個）

章魚

東星斑

東星斑魚餃
HK$44（3個）

內餡是廣東菜不可欠缺的高級魚種東星斑（石斑）和蝦泥的蒸餃。**B**

石頭魚

石頭魚餃
HK$42（3個）

外表奇特而聞名的石頭魚做成可愛的蒸餃。**A**

蜜蜂

奶黃小蜜蜂
HK$39（3個）

內餡放了香甜奶黃醬的一口泡芙。**A**

動物點心的始祖

A 鴻星中菜尖沙咀店

擁有數家分店，以石頭魚料理而聞名的人氣餐廳。1989年創立後便率先同業推出動物點心，品質也是箇中翹楚。

🏠 九龍尖沙咀堪富利士道8號格蘭中心3F
☎ 2628-0698 　⏰ 10:00～23:00（週日9:00～）
🈺 全年無休 　🚇 港鐵尖沙咀站A2出口步行1分鐘
尖沙咀 ▶ MAP P.15 E-2

飲茶DATA	
供餐形式	點單式
飲茶時間	開門～16:00
點心	約50種
酒精飲料	有

同時眺望維多利亞港的美景

B 翠韻軒

在美景與雅致裝潢下品嘗優質港點，廣受香港人和觀光客歡迎。動物點心的種類也很豐富。

🏠 九龍尖沙咀香港文化中心餐廳大樓1～2F
☎ 2722-0932 　⏰ 9:00～16:00、17:30～23:30
🈺 全年無休 　🚇 港鐵尖沙咀站L6出口步行3分鐘
尖沙咀 ▶ MAP P.15 D-3

飲茶DATA	
供餐形式	點單式
飲茶時間	9:00～16:00
點心	約60種
酒精飲料	有

價格適中氣氛輕鬆

C 點點心 → P.41

便宜的平民餐廳，頗受香港人歡迎。營業到深夜，隨時都吃得到飲茶。

推車穿梭於寬敞的大廳內

D 倫敦大酒樓 → P.34

位於旺角區中心，地理位置優越。帶有懷舊感廣受當地人喜愛。

製作企鵝　職人創意與技術的結晶，採訪動物點心的製作後台！

用平匙挖取餡料抹在餃子皮中間的工序都和普通蝦餃一樣。

包住餡料後，拿剪刀修剪突出的摺皮部位。

蓋上用章魚墨汁染色的披風狀餃子皮並點綴。

做出企鵝造型。調整嘴喙形狀，黏上腳就大功告成了。

Penguin

🍽 **EAT**

飲茶

粥

飯

麵

煲仔飯

火鍋

中國菜

素食

咖啡&甜點

B級美食

夜景酒吧

🍴 裝飾點心最早是做能提升財運的金魚造型。大家相信吃了就能開運。

晨間飲茶終日快活

6:00am～開始「早茶」

週末和假日從一早起就很忙。

早餐就到附近的飲茶店吃，在香港是很普遍的習慣。
吃早茶還能偷得更多時間觀光。排滿行程度過充實的一天吧！

6:00～

晨間飲茶

和當地人併桌
享受香港早晨

剛做好的點心放在
推車上送出來囉～

坐滿當地常客和觀光客。併桌時打聲招呼道早安。

保持傳統型態的老店

蓮香茶室

舊名蓮香樓，創業於1926年歷史
悠久的老店，店內隨處可見懷舊
氣氛。知名度也是數一數二。在
上環批發街工作的人、附近鄰居
或上班族坐滿店內，平日從早上
到中午都客滿。2019年2月底歇
業，後由老夥計們易名接手經
營。

人多時拿著點心卡到推車出口附近
等是比較聰明的做法。

🏠 香港中環威靈頓街160-164號
☎ 2544-4556
🕐 6:00～23:00　⊙ 全年無休
🚇 港鐵上環站E2出口步行6分鐘
上環/中環 ▶ MAP P.16 B-2

飲茶DATA	
供餐形式	推車式
飲茶時間	6:00～16:00
點心	約30種
酒精飲料	有

吃完早茶的晨遊經典路線		
7:00	搭港鐵從上環到堅尼地域	
7:30	搭首班香港電車GO！	
9:00	到銅鑼灣購物	
11:00	搭香港電車到中環	趁中午前沒人時採購
11:30	盡情地逛PMQ元創方	

椰撻
HK$24

香甜的椰子塔。
適合當茶食。

菇粒雞包仔
HK$24

干蒸燒賣
HK$28

包了豬肉和蝦泥的正宗
燒賣。

塞滿雞肉和蔬菜等
餡料的大包子。

What is

我喜歡包子和糯米飯～

早茶 早茶指的是早上一邊喝茶一邊享用點心的習慣。等待時間短，能快速拿到想吃的食物也有益於身體，有不少通勤族會在上班途中過來用餐。菜色大致和飲茶一樣，不過糯米飯等飯類較受歡迎。

晨間飲茶 TIME **7:00～**

👉 蛋黃蔴蓉包 HK$48
傳統中式芝麻包。

👉 北菰糯米雞 HK$98
以荷葉包住糯米和雞肉的傳統中式荷葉飯

荷葉清香宜人。

滑雞球大包 ▶ HK$48
超大包子。內館塞滿肉和蔬菜。

滑雞絲春捲 ▶ HK$48
經典港點雞肉餡春捲。口感不同的外皮和餡料令人樂在其中。

1933年創業的老店。餐廳走格調高雅、價格偏高的路線。2～3樓的氣氛比1樓更沉靜。

晨遊路線 8:00 到上環渡輪碼頭
9:00 前往澳門GO！
因為離渡輪碼頭很近，時間充裕可以來趟遠行。

傳承至今的舊香港老文化
陸羽茶室

早茶時刻，服務生端著裝滿點心的大托盤在店內繞行，宛如火車便當的販售方式，相當特別。裝潢充滿復古風。

🏠 香港中環士丹利街24號
☎ 2523-5464
🕐 7:00～22:00 　休 全年無休
🚇 港鐵中環站D2出口步行5分鐘
上環/中環 ▶ MAP P.16 C-3

飲茶DATA	
供餐形式	推車式、點單式
飲茶時間	7:00～18:00
點心	約40種
酒精飲料	有

晨間飲茶 TIME **7:00～**

豆沙煎堆仔 ▶ HK$26
一口大小甜度適中的炸紅豆芝麻球。

粵廚蝦餃皇 ▶ HK$42
冠上店名的招牌菜蝦餃。內館飽滿多汁。

內餡飽滿！！

拿這張紙點餐。

裝潢雖簡單，卻不負點心專門店店名，是現點現做的道地港點店。

在店內廚房一個個手工製作
粵廚點心專門店

一般傳統點心品項齊全。現點現做，等待時間較長，但新鮮出爐的美味不同凡響。

🏠 九龍尖沙咀堪富利士道11號地庫
☎ 2332-7122
🕐 7:00～22:30 　休 全年無休
🚇 港鐵尖沙咀站A2出口步行1分鐘
尖沙咀 ▶ MAP P.15 E-2

飲茶DATA	
供餐形式	點單式
飲茶時間	7:00～22:30
點心	約50種
酒精飲料	有

晨遊路線 8:00 登太平山賞美景
10:00 上天際100飽覽360度景致
空氣清新的上午是欣賞美景的最佳時段。

EAT 06 晚餐也想吃飲茶！
以飲茶晚餐為一天畫下句點

一般都認為晚才吃飲茶！但飲茶基本上都在白天，晚間很多地方都不提供。
以下介紹3間提供全天候飲茶的寶貴餐廳。實現「晚上也飲茶」的願望。

TIME

8:00～22:30

晚間飲茶

海港城的人氣點心店

離港區很近。
看完夜景也OK

點心專門店才有的創意品項。

POINT
- 邊喝酒邊享用
- 白天晚上價格相同
- 位於海港城內相當方便

點一龍

位於海港城一隅，店內裝潢時尚，以玻璃窗呈現開放感。點心種類豐富，從基本品項到以高級食材製作的都有。還有當季動物點心。

⌂ 九龍尖沙咀廣東道17號海港城港威商場地下G103店
☎ 2175-3100
⏰ 8:00～22:30　⊗ 無休
🚇 港鐵尖沙咀站A1出口步行8分鐘

尖沙咀　▶MAP P.14 B-1

飲茶DATA

供餐形式	點單式
飲茶時間	8:00～22:30
點心	約50種
酒精飲料	有

黑蒜鮮蝦燒賣
HK$44

在豬肉和蝦仁餡的燒賣上放了黑蒜提味。

掛爐叉燒包
HK$30

鬆軟的包子皮裏住沾滿微甜醬汁的叉燒餡。

原雙鮑魚雞粒酥
HK$53（1個）

主廚推薦菜色，奢侈地放上整顆大鮑魚的雞肉派。

香芋流沙包
HK$36

芋泥風味的甜點心。內餡是濃郁的奶黃醬。

烏賊
HK$38

花枝蒸餃。外觀做成烏賊造型，相當可愛。

脆網皮海皇腸粉
HK$58

用炸至香酥的米漿皮捲包起海鮮料的中式腸粉。

40

 What is

晚間飲茶

飲茶指的是邊喝茶邊享用點心的餐點。通常是當午餐或下午輕食。因此除了飲茶專門店外，很少有餐廳在晚上提供飲茶。就算菜單上有點心，大多無法做飲茶消費。所以晚上有供應飲茶的店家是很珍貴的。

便宜美味大獲好評

一點心

因價格便宜和餐點榮獲米其林一星肯定，成為排隊名店。營業到深夜，方便用餐。

🏠 九龍太子運動場道15號京華大廈地下1-2號
☎ 2789-2280　🕐 10:30～凌晨0:30（週六、日、假日10:00～）
㊡ 全年無休　🚇 港鐵太子站A出口步行3分鐘

太子/旺角 ▶ MAP P.11 D-1

晚間飲茶
TIME
10:30～凌晨0:30

🥢 香芒奶皇卷
HK$26

撒上椰粉的麻糬內塞滿芒果。

🥢 鮮蝦腐皮卷
HK$24

豆皮包蝦泥的炸點。

🥢 精製馬拉糕
HK$16

微甜的中式蒸蛋糕。一口咬下甜蜜滋味在嘴內擴散開來。

POINT
● 營業到深夜
● 2011年榮獲米其林一星肯定
● 甜點超美味

尖峰時段大排長龍，但翻桌率高。在門口拿號碼牌，等待叫號。

飲茶DATA	
供餐形式	點單式
飲茶時間	10:30～凌晨0:30
點心	約50種
酒精飲料	無

晚間飲茶
TIME
10:00～24:00

傳統中式蒸蛋糕。剛出籠熱呼呼的鬆軟糕點十分美味

🥢 古法馬拉糕
HK$18

煎蛋牛肉飯
HK$28

白飯上放了荷包蛋、牛肉餅和燙青菜。

🥢 鮮蝦脆雲吞
HK$21

螺旋狀的炸餛飩，食用時可沾辣醬。

POINT
● 提供填飽肚子的飯類
● 點心專賣連鎖店
● 價格便宜頗受年輕人歡迎

氣氛輕鬆如茶餐廳

點點心

在香港擁有4家分店的點心專賣店，裝潢簡單樸實沒有壓迫感。兼具佛心價和高品質。

🏠 香港灣仔天樂里7號地下
☎ 2891-7677
🕐 10:00～24:00　㊡ 全年無休
🚇 港鐵銅鑼灣站A出口步行5分鐘

銅鑼灣 ▶ MAP P.20 B-2

飲茶DATA	
供餐形式	點單式
飲茶時間	10:00～24:00
點心	約40種
酒精飲料	有

排隊時請拿號碼牌依序等待。2樓也有座位。

EAT
飲茶
粥
飯
麵
煲仔飯
火鍋
中國菜
素食
咖啡&甜點
B級美食
夜景酒吧

☀ 很多家店飲茶時段沒有供應酒精飲料，晚上卻會提供。或許點心搭配酒類的組合也很過癮！

優雅小奢華

高級飲茶午餐

美食城市香港擁有多家世界知名餐廳。價格昂貴令人卻步的高檔餐廳也有平易近人的午餐，享受一下美味與氣氛兼具的飲茶午餐吧。

享受港灣美景與高級飲茶

高級飲茶

絕景高級飲茶

挑高天花板及面對港灣的落地窗。

楊枝甘露
HK$60

芒果雪酪搭配新鮮芒果的組合。

金絲脆腰果
HK$90

主廚以芋頭絲展現卓越技術。香脆口感令人陶醉。

豉油皇炒腸粉
HK$92

腸粉淋豆瓣醬煎香。

優雅地品味廣東菜

滿福樓

道地的粵菜餐廳。精緻又充滿特色的調味，吸引不少來自日本的食客。店內空間復古雅致。

♠ 香港灣仔港灣道1號萬麗海景酒店3F ☎ 2802-8888
🕐 12:00～15:00（週日、假日11:30～）、18:00～22:30
🚫 全年無休 🚇 港鐵灣仔站A1出口步行10分鐘
需預約

`金鐘／灣仔` ▶MAP P.19 E-1

MENU PRICE

前菜
+
點心
+
甜點
=
HK$550

至尊焗釀蟹蓋
HK$198

蟹肉和蟹黃拌勻放入殼內烤熟的前菜。

What is

維多利亞港

位於香港島和九龍半島間的港灣，也是香港的海運基地。昔日曾是漁民聚集的村落，自從成為海運主要據點後便轉型成國際貿易中心。從港灣可看到摩天大樓群的美麗夜景，又譽為「價值百萬美元的夜景」，全球各地的觀光客為之著迷。

面積約42km2。可搭港鐵、渡輪或公車往來，交通便捷。

絕景高級飲茶

店內隨處可見中國風擺飾，挑高的天花板氣勢逼人。

潮州粉果石榴球
HK$58

傳統潮州粉粿用石榴染成粉紅色並做成圓球狀的可愛點心。

清晨和傍晚的美景皆盡收眼底的海景座位區頗受歡迎。接受訂位要求。

屢獲美食獎肯定的2位主廚。右邊是負責點心的副主廚。

在奢華的空間品嘗廣東菜
君綽軒

港島海逸君綽酒店的餐廳。重視傳統手法的創意廣東菜頗受好評。假日經常有家族聚餐飲茶，相當熱鬧。

🏠香港北角油街23號 港島海逸君綽酒店5F
☎2121-2691
🕐 12:00～14:30（週六、日、假日11:00～15:00）、18:30～22:30
🈳 全年無休
🚇 港鐵砲台山站A出口步行2分鐘

香港市中心 ▶MAP P.9 D-3

MENU PRICE

前菜
＋
點心
＋
甜點
＝
HK$250～晚餐
HK$330

XO醬黑松露龍蝦燒賣皇
HK$88

芳香松露和彈牙的龍蝦組成口感新穎的燒賣。

松露影雲龍
HK$2500
（4人份）

龍蝦切片淋上松露醬的主餐菜色。

🍴 EAT

飲茶

粥

飯

麵

煲仔飯

火鍋

中國菜

素食

咖啡＆甜點

B級美食

夜景酒吧

未來的點心

重視傳統與規矩
飯店的代表性餐廳

請品嘗
珍藏食材。

（左）以健康為取向，
使用有機食材入菜的
黃主廚。（上）美麗的
店內。

點心匯聚
周末之「醉」
HK$498
（香檳喝到飽＋HK$150）

點心搭配當季水
果甜點的套餐。
周六的早午餐限
定菜色。

五色寶盒
HK$228

這道菜集結眾多高級食材製
成的點心，是顏受歡迎的點
心盤。

松露龍蝦湯
燴西班牙紅蝦
HK$338

使用高級食材西班牙紅蝦
（Carabinero）製作的奢華菜色。

承襲傳統的時尚中國菜

國金軒

年輕主廚創立的餐廳。使用有機食材，精心擺
盤，提供符合現代人需求的餐點。

♠ 九龍尖沙咀彌敦道118號 美麗華酒店 3F
☎ 2315-5222
⊛ 11:30〜14:30（週日、假日10:30〜15:30）、
18:00〜22:30
㉭ 全年無休
⊗ 港鐵尖沙咀站B2出口步行4分鐘
需預約

尖沙咀 ▶ MAP P.15 D-1

MENU PRICE

前菜
＋
點心
＋
甜點
＝
HK$350

朱古力小籠包三重奏
HK$88

採用法國素材，加了巧克力的甜點
心。

EAT

飲茶

粥

飯

麵

煲仔飯

火鍋

中國菜

素食

咖啡&甜點

B級美食

夜景酒吧

設有包廂及寬敞的用餐區，店內裝滿高檔。

烹飪大賽奪獎點心。

店內統一採暗紅與金色系裝潢，打造奢華氣氛。

香港銀行員推薦

👍 楊枝甘露
HK$98

冰芒果加冰淇淋結合成最受歡迎的甜點。

我在這裡服務超過15年了。

保留傳統，經常推出新菜色的羅主廚。

👍 椰皇鮑魚灌湯餃
HK$120

椰殼內裝了鮑魚和餃子的湯品。

西米露加新鮮芒果汁。

👍 香芒楊枝甘露
HK$70

👍 極品三式海鮮餃
HK$168

👍 腿茸白玉蒸鮮蟹拑
HK$320

3種特選蒸餃。有干貝、黑松露、燕窩及加了金箔的龍蝦肉！

人氣前菜。蒸蟹腳淋上蛋白冬瓜羹。

五星級飯店的高級廣東菜
欣圖軒

品嘗獲得米其林2星評等，品質穩定度高的廣東菜。同時欣賞美麗海景，度過幸福時光。

🏠 九龍尖沙咀梳士巴利道18號
香港洲際酒店地下一樓
☎ 2313-2323
🕐 12:00～14:30（週日、假日11:30～15:00）、18:00～23:00
🈺 全年無休
🚇 港鐵尖沙咀站J2出口步行3分鐘
需預約

尖沙咀 ▶MAP P.15 E-3

MENU PRICE
前菜
＋
點心
＋
甜點
＝
HK$300

屢獲미其林肯定的實力派
夏宮

奢侈地使用當季食材烹調傳統廣東菜。必點每月更新的主廚推薦單點菜色！

🏠 香港金鐘法院道太古廣場二座
港島香格里拉大酒店5F
☎ 2820-8552
🕐 11:30～15:00（週日、假日11:00～）、18:00～22:30
🈺 全年無休
🚇 港鐵金鐘站F出口步行10分鐘

金鐘／灣仔 ▶MAP P.18 B-2

MENU PRICE
前菜
＋
點心
＋
甜點
＝
HK$400

一提到香港的早晨就是這個！
該區No.1的粥品早餐

配料多、份量十足又好消化，相當健康。
粥是香港市民最常吃的早餐。一早就到鬧區的人氣小店吃粥吧。

在鍋中咕嚕沸騰
新鮮大塊的配料

尖沙咀
No.1

家常配方的粥底
極具特色

旺角
No.1

👉 **魚腩粥**
HK$42

把新鮮配料放入鍋中和熱好的白粥一起煮滾就叫生滾法。

👉 **魚腩及第粥**
HK$46

花了6小時熬煮的白粥、新鮮白肉魚和豬肝一起放入鍋中燉煮而成。

🥣 **No.1的證明**

餡料新鮮大塊
淡水白肉魚。沒有腥味，口感軟嫩。

配麵吃

加份時菜炒麵
HK$17。

粥底鮮美
雞骨高湯的濃郁風味在口中擴散開來。

從早到晚都吃得到粥
洪利粥店茶餐廳

餐點主要是粥和炒麵等簡單中國菜。也有茶餐廳在賣的土司或三明治等早點套餐。

🏠 九龍尖沙咀厚福街2號A
☎ 2721-6606
🕗 7:00～凌晨2:00
㊡ 全年無休
🚇 港鐵尖沙咀站B2出口步行5分鐘

尖沙咀　▶MAP P.15 E-1

🥣 **No.1的證明**

持續30年以上的家常配方

1970年代開業以來，家族經營傳承獨門配方。

配料新鮮！
占地利之便，位於所有食材齊全的公立菜市場內。

人氣油條
HK$11

攤販式小吃店
妹記生滾粥品

位於名為街市的公立菜市場。是充滿古早味的攤販小店。粥比別家都大碗。

🏠 九龍旺角花園街市政大廈4F
熟食中心11-12舖
☎ 2789-0198
🕗 7:00～15:00　㊡ 週二
🚇 港鐵旺角站B3出口步行3分鐘

太子/旺角　▶MAP P.11 E-2

EAT

飲茶

粥

飯

麵

煲仔飯

火鍋

中國菜

素食

咖啡&甜點

B級美食

夜景酒吧

What is

粥

白米煮到軟爛的食物。平日常吃的餐點。種類多樣，就算每天吃也不會膩。

和日本粥的相異之處！

香港	用肉類或乾干貝熬出的湯頭來煮米飯。	烹調法	粥的正式煮法是生米加較多的水一起煮。	日本
	多為生魚或肉類等顏具份量的配料。	配料	大多是酸梅或鮭魚等日本早餐常見食材。	
	除了早餐外，也是午餐或肚子有點餓時常吃的餐點。	用餐時機	多在沒有食慾或腸胃不好時吃。	
	基本上都是油條。	配菜	以配料當配菜。	

費時慢燉而成的溫潤白粥

上環 No.1

👉 皮蛋瘦肉粥
HK$32

加了皮蛋和豬瘦肉的經典粥品。有大小碗之分，圖中雖是小碗卻份量十足。

米其林星級粥麵名店

銅鑼灣 No.1

👉 順德佬鯪魚球粥
HK$64

加了用河魚魚漿蒸熟的魚丸。是廣東省南方的順德名菜。

 No.1的證明

放了大量薑絲
爽口的薑絲讓味道更清爽。

美味皮蛋
為濃郁湯底增添豐厚滋味。

自製油條
口感酥脆的油條。

 No.1的證明

這道也頗受歡迎。

加了配粥超對味的皮蛋。
皮蛋瘦肉粥HK$64

手工魚丸
魚漿加桑葉混合製成，沒有討厭的魚腥味！

巷弄內的粥品專賣店
生記粥品專家

這家店隱身於兩座大樓間的小巷內。濃郁的粥底讓很多常客一吃就上癮。狹窄的店內總是客滿，人聲鼎沸。

🏠 香港上環畢街7-9號
☎ 2541-1099
🕐 6:30〜21:00
🈵 週日
🚇 港鐵上環站A2出口步行3分鐘

上環／中環 ▶MAP P.16 A-2

在時髦店內品嘗老店滋味
何洪記粥麵專家

連續4年榮獲米其林一星的老店。和知名餛飩麵一樣耗費3小時熬煮的粥品也頗受好評。

🏠 香港銅鑼灣軒尼詩道500號希慎廣場12F1204舖
☎ 2577-6028
🕐 11:00〜24:00
🈺 全年無休
🚇 港鐵銅鑼灣站D2出口步行2分鐘

銅鑼灣 ▶MAP P.21 D-2

一般都先把配料放進碗底，再倒入白粥。避免忙碌時沒有放料！

EAT 09

外皮酥脆，裡面多汁

放滿肉的美味飯食！

烤豬肉或雞肉等放在飯上淋入鹹甜醬汁享用。
是讓肉類格外可口的香港日常飯食。推薦給想大口扒飯吃肉的人！

便宜又美味，是香港人
的速食。

豬肉

慢火細烤的
濃厚滋味

\ 鹹甜醬汁
超下飯～ /

再興燒臘飯店

跟契作農民買入一整頭豬細火慢烤。
多汁豬肉和略微鹹甜的醬料配白飯相
當對味。除了豬肉外，鵝肉也很受歡
迎。

🏠 香港灣仔軒尼詩道265-267號地下C座
☎ 2519-6639
🕗 9:30～22:00
㊡ 週日、假日
🚇 港鐵灣仔站A4出口步行5分鐘

`金鐘／灣仔` ▶ MAP P.19 F-2

Other Menu
- 燒鴨飯　HK$32
- 油雞飯　HK$32
- 三寶飯　HK$42

 叉燒飯
HK$32

淋上濃稠鹹甜醬汁，香味撲鼻
且多汁的叉燒肉和米飯真是
絕配。

EAT

飲茶

粥

飯

麵

煲仔飯

火鍋

中國菜

素食

咖啡＆甜點

B級美食

夜景酒吧

What is

叉燒飯

叉燒是香港的靈魂美食。豬肉、鵝肉或雞肉細火慢烤至熟透後，切片放在飯上享用。各家的祕製醬料，微甜帶有提味效果。此外，放了水煮雞肉的健康飯食也頗受女性歡迎。

輕鬆享用叉燒飯

接單後，切好1人份的肉片。 → 白飯主要是黏性低的泰國米。 → 鹹甜醬汁和多汁烤肉超對味。

豬肉

蜜汁叉燒飯
HK$37

肉類表面刷上蜂蜜，用爐灶細火慢烤成多汁叉燒肉。

肉質軟嫩深具信心！
斗記燒味之家

位於中環的小路上，以簡餐方式提供烤豬肉或雞肉等。地點因素有很多人外帶。

🏠 香港中環昭隆街15-25號
☎ 2973-6610
🕐 7:00～19:00　🈺 週日
🚇 港鐵中環站C出口步行3分鐘
上環／中環　▶ MAP P.16 C-2

以香港為中心，上海也設有分店，是新斗記集團旗下一員。

適合單身女性用餐
宏發燒臘飯店

除了豬肉外，也有雞肉或鵝肉等多種燒臘菜色。最棒的是菜單附照片，可手指點餐。

🏠 九龍旺角通菜街108號地下
☎ 2787-6339
🕐 11:00～23:30
🈺 全年無休
🚇 港鐵旺角站D1出口步行3分鐘
太子／旺角　▶ MAP P.11 E-2

在這條街上開業近30年。有許多常客。店內環境整潔，單身女性也能自在用餐。

叉燒飯
HK$42

必點的招牌菜叉燒飯。肉類大塊份量十足。醬汁爽口。

豬肉

雞肉

海南雞飯
HK$98

清爽的新加坡風味蒸雞肉，附配菜、甜點的套餐。

提供多種東南亞菜
海南少爺

主要提供新加坡或馬來西亞菜。肉質軟嫩的雞肉堪稱絕品。飯加了雞汁一起煮。

🏠 九龍尖沙咀廣東道17號海港城海運大廈地下G16號鋪
☎ 2110-3533
🕐 11:30～23:00
🈺 全年無休
🚇 港鐵尖沙咀站L5出口步行5分鐘
尖沙咀　▶ MAP P.14 B-3

如咖啡館般的時尚裝潢吸引不少女性顧客，也可外帶。

富含膠原蛋白！！

Other Menu
- 大蝦喇沙炒飯　HK$98
- 印尼炒飯　HK$98
- 新加坡福建燴麵　HK$88

滿滿的餛飩、牛肉、鮮蝦

來碗華麗的最強麵點

符合迅速、美味、便宜三要素，說到香港的速食就是麵點。
雖然簡單，小碗中卻裝滿店家精華食材。吃一口就知道最強的理由！

說到香港就是 餛飩麵

用料簡單美味，咬勁十足的麵條，吸飽充滿海鮮香氣的湯頭，令人上癮。通常搭配鮮蝦餛飩。

自製
軟彈麵皮

彈牙餛飩和
爽口湯頭的絕佳組合

這就是最強的理由！！

麵條
麵粉加蛋揉製成的捲麵。利用鹼水做出獨特咬勁。

湯頭
香濃爽口。重點是不添加化學調味料。

餛飩
蝦肉飽飽清晰可見，餛飩用料扎實。

鮮蝦雲吞麵
HK$40

湯頭、麵條、餛飩搭配得宜。韭黃帶有提味作用。

正宗餛飩麵就在這裡
池記

大顆鮮蝦餛飩加上等湯頭，廣受女性好評。菜單附餐點照片無須擔心。也有套餐選項，任選一道麵或粥附飲料HK$76～（午餐時段。超過15點則是HK$90～）。

🏠 香港中環干諾道中21-22號華商會所大廈地下至1～2F
☎ 2522-0786　🕐 11:00～22:30
🅗 全年無休
🚇 港鐵中環站A出口步行1分鐘
上環／中環 ▶MAP P.17 D-2

（左）位於購物商場IFC的步行範圍內，地點優越。（右）店內環境清潔共2層樓，2樓可供多人使用的圓桌。

Other Menu
・牛腩麵　HK$40
・擔擔麵　HK$40
・蠔油撈麵　HK$40

📖 What is

香港麵

香港麵無論配料或麵條種類都很豐富。湯頭主要由魚乾或雞汁熬製而成。味道清爽，能凸顯出配料滋味。

麵條種類	沒湯？有湯？	配料？
有麵粉製成的麵條、米麵粉製成的米粉、扁平的河粉等。	以湯麵為主。此外還有拌麵或炒麵。烹調方式不外乎這3種。	除了餛飩，還有肉球、魚漿製品、肉類等依店家而異。每天吃也不會膩。

大塊配料加佛心價廣受歡迎

沾仔記

即便位於物價高昂的市中心，仍舊以佛心價提供擺滿大塊配料的各種麵食。是排隊名店。

🏠 香港中環威靈頓街98號地下
☎ 2850-6471
🕘 9:00～22:00
㊡ 全年無休
🚇 港鐵中環站D2出口步行8分鐘

`上環／中環` ▶MAP P.16 B-2

入選米其林指南中必比登推介的物美價廉餐廳。

彈牙的蝦仁餡

使用大量新鮮彈牙的蝦仁製成。有3種麵條可供選擇。

👉 招牌雲吞麵
HK$30

湯頭
以蝦米等熬製成的湯頭風味爽口，色澤清澈。

有3顆大餛飩，碗內的麵條多到蓋住湯。

Other Menu
- 鮮鯪魚球麵　HK$30
- 鮮牛肉麵　HK$30
- 郊外油菜（燙青菜）　HK$16

吃得到各種香港美食

何洪記粥麵專家

1946年創業的老店。搬遷到人氣購物商場，裝潢時髦頗受歡迎。全日供應的菜色除了麵和粥外，還有點心。

→ P.47

→ P.47

餛飩

餡料不但有蝦仁，還放了蝦黃，頗具特色。

店內裝潢時尚宛如咖啡館。有不少情侶來此約會。

餘韻爽口的湯頭

獲得肯定的滋味　米其林一星

👉 正斗鮮蝦雲吞麵（大）
HK$58

充滿海鮮香氣的湯頭，配上蝦仁餡料飽滿的餛飩！

湯頭
以海鮮和豬骨熬製成清澈湯頭，既爽口又濃郁。

Other Menu
- 雙拼粥　HK$64
- 原汁柱候炆牛腩　HK$95
- 爽脆蔥薑鯇魚皮　HK$60

🐾 請注意餛飩常會藏在麵底下！香港人常會加辣油食用。　51

EAT

飲茶

粥

飯

麵

煲仔飯

火鍋

中國菜

素食

咖啡&甜點

B級美食

夜景酒吧

軟爛入味的
牛筋麵

麵條上放了花上數小時燉煮的牛筋。湯頭是牛骨高湯，麵則多為米麵條。富含膠原蛋白讓隔天的肌膚飽滿有彈性。

麵條
提供4種麵條。圖中是河粉的扁平米麵條。

咖哩牛筋腩撈河粉
HK$68

燉煮入味的牛筋乾麵。是咖哩香料風味。

花6小時燉煮
肉質軟嫩入口即化

就算排隊也要吃
九記牛腩

開業超過40年，原是路邊攤的知名牛筋麵店。尚未開門就在排隊可見其受歡迎的程度，每天花6小時燉煮的牛肉香濃軟爛。

⌂ 香港中環歌賦街21號
☎ 無
🕐 12：30～22：30
🛑 週日、假日
🚇 港鐵中環站D2出口步行10分鐘

上環／中環 ▶MAP P.16 B-2

Other Menu
・上湯牛腩伊麵　HK$51
・上湯油菜　HK$25
・上湯牛腩米粉　HK$48

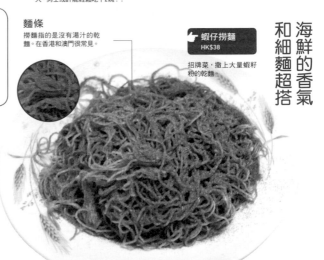

位於時髦小店林立的SOHO區，擁有許多年輕的女性顧客。排隊名店幾乎都要和人併桌。因為份量不大，男士或許能輕鬆吃下2碗！？

這個超稀有！
蝦卵麵

撒上大量蝦籽粉的乾拌麵。香港當地的吃法是先吃一半，剩下的沾附贈的湯吃完。

麵條
撈麵指的是沒有湯汁的乾麵。在香港和澳門很常見。

蝦仔撈麵
HK$38

招牌菜，撒上大量蝦籽粉的乾麵。

海鮮的香氣和細麵超搭

想要吃撒滿蝦卵的麵！
劉森記麵家

中午開始營業，當地人常光顧的麵店。這裡的麵使用略硬富彈性的香港麵，每道都是值得一嘗的好味道。

⌂ 九龍深水埗桂林街48號地下
☎ 2386-3533
🕐 12:00～22:00
🛑 全年無休
🚇 港鐵深水埗站D2出口步行5分鐘

香港市中心 ▶MAP P.8 B-1

Other Menu
・鮮蝦雲吞麵　HK$32
・蝦仔浮雲吞　HK$38
・牛腩牛筋麵　HK$32

從車站走路就到。經常坐滿當地人和遊客。這裡的餐點份量大於其他家，很有飽足感。

燒臘

以獨門配方製作的燒臘肉,搭配湯頭麵條格外對味。

揚名國內外的排隊名店。

又鵝瀨
HK$56

燒臘雙拼放在廣東米製成的瀨粉麵上。

燒鵝
外皮酥脆,肉質厚實柔軟。放了很多肉超讚。

米其林一星的本地店
一樂燒鵝

位於高樓林立的中環小巷內。不僅是當地人,國外觀光客也讚賞有加,總是高朋滿座。

♠ 香港士丹利街34-38號地舖
☎ 2524-3882
🕐 10:00～21:00(週六～17:30)
🚫 週三
🚇 港鐵中環站D2出口步行4分鐘
上環/中環 ▶MAP別P.16 C-2

Other Menu
・又燒飯　HK$58
・水餃　HK$50
・例牌(燒臘拼盤)　HK$165

上海風

特色是麵條如烏龍麵般略粗,Q彈有咬勁。

從一早營業到深夜,深受當地人歡迎。

雲吞水餃麵
HK$40

配料是大顆餛飩和水餃。份量十足的餐點。

餛飩
湯頭柔和,和用料扎實的餛飩相當對味。

餐點種類豐富
新唯一麵家

該店走輕鬆的茶餐廳風格。餐點品項齊全,上海風湯麵、炒麵、飯類都有。

♠ 九龍尖沙咀厚福街5-6號地下6號舖
☎ 2422-6555
🕐 8:00～23:00　🚫 全年無休
🚇 港鐵尖沙咀站D2出口步行5分鐘
尖沙咀 ▶MAP P.15 E-1

Other Menu
・雲吞麵　HK$38
・上海粗炒　HK$48
・炸醬麵　HK$40

墨魚丸麵

以特殊咬勁令人上癮的墨魚漿,配上紫菜做成墨魚丸。

以日文寫上「頗受當地好評的潮州食堂」。

紫菜墨魚丸麵
HK$33

清爽的湯頭和細麵上,放了墨魚丸的簡單麵食。

魚丸
加了百合根做出爽脆口感。

以海鮮聞名的廣東省沿岸家常味
雞記潮州麵食

菜色以麵類為主。墨魚丸、魚餅、餛飩等海鮮配料種類豐富。

♠ 九龍尖沙咀加拿芬道15號C地下
☎ 2301-2099
🕐 7:00～凌晨1:00(週日、假日～24:00)　🚫 全年無休
🚇 港鐵尖沙咀站D2出口步行1分鐘
尖沙咀 ▶MAP P.15 E-2

Other Menu
・鮮蝦雲吞麵　HK$33
・生煎墨魚餅　HK$40
・炸魚片頭　HK$38

🍽 EAT
飲茶
粥
飯
麵
煲仔飯
火鍋
中國菜
素食
咖啡&甜點
B級美食
夜景酒吧

燙青菜淋上蠔油的小菜叫油菜。香港人經常點來當配菜吃。　53

特產鍋巴也好吃

熱騰騰的煲仔飯

香港名產煲仔飯，指的是以冬季代表性炊具砂鍋煮的飯。
到了名店則是全年提供的菜色。夏季時邊揮汗邊吹涼地吃也別具風味。
端上桌時請淋上醬油趁熱享用吧！

中式臘腸
香氣特殊的

值得特地來排隊的名店

坤記煲仔小菜

在香港美食網頁總是名列前茅的餐館。成為排隊名店的原因是菜單種類多達25種，配料豐富且米飯鹹香夠味。還有煮魚或排骨等各種配菜。

⌂ 香港西環皇后大道西263號和益大廈地下1號舖 ☎2803-7209
⏱ 11:00～14:30、18:00～22:30（週日、假日18:00～）
㊡ 全年無休
Ⓜ 港鐵西營盤站A1出口步行5分鐘
香港市中心 ▶MAP P.8 A-3

臘味排骨飯
HK$90

中式臘腸和豬肉。是香港才有的變化款菜色。

【配料】
・中式臘腸
・豬肉
・青菜

鰻魚
清淡鮮美的

【配料】
・白鱔
・蔥

蒜蓉炒時蔬・菜芯
HK$60

來份蔬食配菜吧。

白鱔飯
HK$100

白鱔（又稱河鰻）淋上大量鹹甜醬汁的絕妙單品。

Other Menu
・豆腐魚雲湯　HK$90
・茄子魚頭煲　HK$90
・京都牛仔骨（北京風味牛小排）　HK$105

What is

煲仔飯

白米放入素燒砂鍋中，鋪上肉類等配料炊煮。吸飽配料滋味的米飯和香脆鍋巴美味無比。

香港米用的是什麼米？
在香港主要用泰國米。比起日本米口感較鬆散，能帶出配料滋味，因此適合做煲仔飯。吸飽配料鮮美味的米飯堪稱絕品。

煲仔飯是什麼？
❶ 接單後才煮飯鍋中放入白米和水，先用大火一口氣煮滾。再放入配料蓋上鍋蓋轉小火炊煮。

❷ 燜熟形成鍋巴燜熟相當重要。因此要有下單後等20分鐘以上的心理準備。

午餐時段也提供煲仔飯

永合成馳名煲仔飯

不限季節時段隨時提供煲仔飯的專賣店。從窗戶可看到香港電車來往穿梭的景致。

🏠香港西營盤德輔道西360號地下
☎2850-5723　🕐7:00～16:00
🗓週日、假日
🚇港鐵香港大學（HKU）站B1出口步行約3分鐘

`香港市中心` ▶MAP P.8 A-3

Other Menu
・豉油排骨飯　HK$65
・肉絲炒麵　HK$65
・招牌炒飯　HK$70

牛絞肉和雞蛋

肉汁四溢

👉 **窩蛋牛肉飯**
HK$70

煮得鹹甜入味的牛絞肉配白飯超對味。

【配料】
牛絞肉
生蛋

懷舊氣息濃厚的夜市小吃

四季煲仔飯

從傍晚營業到深夜。廣受當地年輕人歡迎，排隊人龍不斷。不提供飲料，可自備。

🏠九龍油麻地鴉打街46-58號
☎無　🕐16:30～凌晨0:30　🗓全年無休
🚇港鐵油麻地站C出口步行1分鐘

`油麻地/佐敦` ▶MAP P.13 E-1

Other Menu
・雙拼煲仔飯　HK$59
・細蟻餅（炸牡蠣）　HK$42
・金銀蛋芥菜湯　HK$52

豬肉

胡椒香氣撲鼻

👉 **排骨飯**
HK$57

淋入醬料，稍等片刻再享用。

【配料】
薑
豬小排

🍚 煲是「鍋子」，仔是「小東西」的意思。基本上都做單人份。也有不少女性獨自前往小吃店用餐。　55

EAT
飲茶
粥
飯
麵
煲仔飯
火鍋
中國菜
素食
咖啡＆甜點
B級美食
夜景酒吧

品嘗各式湯底

冒著熱氣食材豐富的火鍋

火鍋指的是什錦鍋＋香港風味涮涮鍋。
店家自傲的鍋底是在台灣不曾見過的特色高湯。
調製自己喜歡的醬料品嘗香港鍋吧。

嗆辣強烈的四川鍋底
味道濃厚後勁十足

👆 正宗四川麻辣火鍋
HK$148

選用多種中國當地的辣椒炒香
後製成鍋底。風味佳，辛辣且香
氣十足。

有肉、魚、蔬菜等約100種火鍋料。

👆 頂級手切肥牛肉
HK$298（大）

霜降牛肉放到麻辣鍋中涮一
涮～

說到正宗四川風味就是這裡

三希樓

專營四川菜的餐廳，四川菜特有的麻辣鍋底是
人氣No.1。也有魚和豬骨提煉的鍋底。備有包
廂，裝潢華麗高級，價格卻相對平價。

🏠 香港中環半山花園道51號科達中心7F
☎ 2838-8811　🕚 11:00～23:00　🈺 全年無休
🚇 港鐵金鐘站B出口步行25分鐘

`香港市中心` ▶ MAP P.8 B-3

🐼 **What is**

火鍋

據說源自中國，把食材放進辣椒調味的鍋底中燙熟食用。利用附隔板
的鍋子可嘗到2種以上的湯底。

為什麼香港會有火鍋？
除了受到中國飲食文化的影響
外，也是對吃感興趣。天熱時就
待在冷氣房享用火鍋。據說可透
過飲食來調整體質。

和台灣一樣最後以主食收尾？
最後大多會額外加點米粉、烏龍
麵、白飯等主食。不少店家提供
的麵是出前一丁泡麵。和鍋底意
外的合拍對味。

有益美容？
鍋中加了漢方香辛料，聽說具
有美膚或健康療效。而均衡攝取
肉類和蔬菜有益美容，是最有力
的原因。

人數少也OK？
開一鍋不限人頭數。不過若想吃
到各種配料，最好有3人以上共
鍋。也有提供單人鍋的店家。另
外最近也有個人火鍋專賣店。

How to 點餐

香港火鍋的特色是鍋底種類豐富而且可自選配料。點餐方式很簡單。

❶ 挑選鍋底

鍋底的廣東話稱湯底。除了基本的麻辣鍋或白湯外,各店也推出特色鍋底。問問店家的推薦鍋底是什麼吧。

❷ 挑選火鍋料

A5和牛沙朗HK$468

火鍋料的點菜方式有3種。跟店員點、自行畫單、自取等依店家而異。

蔬菜拼盤HK$138

XO醬帕瑪火腿球HK$98

彩虹花枝丸 HK$98

❸ 調製醬料

店員會端來好幾種佐料放桌上,或是自行到店內放置調味料的地方調製,各店做法不一。

❹ 煮火鍋料

鍋底煮滾後放入火鍋料。火鍋料是生的,煮熟後再品嘗。

蔚為話題的創意鍋底 品嘗時髦火鍋

↖ 冬蔭功 Cappuccino湯底
HK$188

香辛料味道濃烈,辣度令人上癮。

依季節推出新菜色。

擁有14種特色鍋底

美味廚

日本名人也踏足的名店。帕瑪火腿湯、冬瓜湯、豆腐味噌湯等特色鍋底成為話題。也提供個人小火鍋。

🏠 香港灣仔灣仔道165至171號樂基中心5F　☎ 2866-8305
🕐 12:00～15:00、18:00～23:30
㊡ 全年無休
🚇 港鐵灣仔站A3出口步行8分鐘

金鐘/灣仔　▶MAP P.19 F-3

走在流行尖端的 新潮時尚火鍋店

↖ 酒火入鍋
HK$328

可品嘗到5種鍋底的招牌鍋底。

↖ 頂級手切肥牛
HK$298

肉、海鮮、蔬菜等火鍋料,每樣都優質。

年輕女老闆出眾的經營品味

酒鍋

標新立異的時髦&休閒火鍋專賣店。以高品質高CP值的新潮火鍋成為熱門話題。

🏠 九龍尖沙咀天文臺道8號2F1號舖
☎ 2321-9038
🕐 12:00～15:00、18:00～凌晨2:00(週日～24:00)　㊡ 全年無休
🚇 港鐵尖沙咀站P4出口步行7分鐘

尖沙咀　▶MAPP.15 F-1

EAT

飲茶

粥

飯

麵

煲仔飯

火鍋

中國菜

素食

咖啡&甜點

B級美食

夜景酒吧

來自全國集結於香港
征服中國四大菜系

中國地大物博，擁有各具特色的地方菜系。
香港集結了代表四大菜系的名店。在香港實現中國美食之旅。

What is

中國四大菜系
北京、上海、廣東、四川四地
的菜色。調味各自不同，呈
現出中國菜的精深奧妙。

四川菜

味道刺激辛辣
使用大量辣椒，

四川省位於盆地，氣候潮濕，為了促進食欲，辛辣菜色應運而生。特色是麻辣味。大量使用辣椒或花椒等香辛料。代表菜色是麻婆豆腐。

霸王辣子雞
HK$258

炸好的雞肉或花
生被堆積如山的
辣椒淹沒。

辣度暢快
不殘留口中。

水煮野生黑珍味
HK$ 398

辛辣美味不容忽視
三希樓

位於花園道山頂纜車站附近，在觀光
客間頗有名氣。菜單上有一整排具代
表性的四川菜色，如火鍋或麻婆豆腐
等。務必要有超辣的覺悟！

→ P.56

魚或肉類放入加了辣椒和花椒的
油湯中煮熟，味道超辣。

廣東菜

從中國各地移民到海外的華僑遍及全球，在中國以外的國家最常吃到
的就是廣東菜。特色是味道清爽，活用素材本身風味。代表菜色有魚
翅湯、叉燒或糖醋豬肉等。廣東菜→P.60

點心、餛飩、細麵等
食材多樣別具魅力

醬汁鹹甜的燒鵝飯
（→P.61）。

名為禮云子金龍的炸蝦HK$108、加了燒鵝
的極品鮑粒鵝汁炒飯HK$248。

吃得到正宗燒鵝！
甘飯館

榮獲米其林推薦的餐廳。招牌菜
是肉汁豐富的燒鵝。

🏠 香港天后水星街5號海興大廈地
下　☎ 3568-2832
🕐 11:30～15:00、18:00～23:00
🈺 全年無休
🚇 港鐵砲台山站A出口步行10分鐘

香港市中心　▶MAP P.9 D-3

四川

中國菜時令食物曆

春	茼蒿、韭菜
夏	冬瓜、鮑魚、棱子蟹（公）
秋	大閘蟹11月～12月、杏鮑菇、竹蟶
冬	棱子蟹（母）、竹筍2月～4月

EAT

飲茶

粥

飯

麵

煲仔飯

火鍋

中國菜

素食

咖啡&甜點

B級美食

夜景酒吧

北京菜

保有宮廷菜傳統的 豪華菜系

北京烤鴨是知名的代表性豪華菜色。北京位於北部寒冷地帶，因此有很多使用大蔥、生薑或大蒜等讓身體溫暖的菜。

用抹上醬料的薄餅包起來吃。

鴨肉鮮美多汁。

頗受市民和觀光客喜愛的老店

鹿鳴春

1969年開業。除了鴨肉肥美、餅皮酥脆的絕妙菜色北京烤鴨外，也吃得到水餃等家常菜。

♠ 九龍尖沙咀麼地道42號1F
☎ 2366-5839　⏰ 12:00～15:00、18:00～22:00　㊡ 全年無休
🚇 港鐵尖沙咀站P2出口步行1分鐘

尖沙咀　▶ MAP P.15 E-2

烤北京填鴨
HK$420

肥美的北京烤鴨，師傅會在桌邊做片鴨服務。

上海菜

醇厚甘甜 調味濃郁

江南地方菜系的總稱。特色是使用當地特產醬油和黑醋調出濃厚滋味。食材多為海鮮，代表菜是大閘蟹。其他還有小籠包及紅燒肉等。

鹹鹹甜甜的炸鱔魚相當美味。

樓溪脆鱔
HK$138

炸黃鱔佐薑汁醬油。

北京

上海

廣東

🌺 香港

水煮桂魚片
HK$298
魚片放入辣醬汁煮熟，是該店招牌菜。

中環的人氣餐廳

霞飛會館

吃得到保有傳統手法，同時賦予如法國菜等變化的新感覺菜色。擺盤也很美麗。

♠ 香港中環德己立街1-13號世紀廣場4F
☎ 2522-7611　⏰ 11:30～15:30、18:00～23:00　㊡ 全年無休　🚇 港鐵中環站D1出口步行2分鐘

上環/中環　▶ MAP P.16 C-3

漢方甜湯，可當飯後甜點。
滋補潤喉羹
HK$52

🍲 四大菜系是日本的分法，在中國則分成山東、江蘇、浙江、四川、湖南、廣東、福建、安徽等八種，稱為八大菜系。

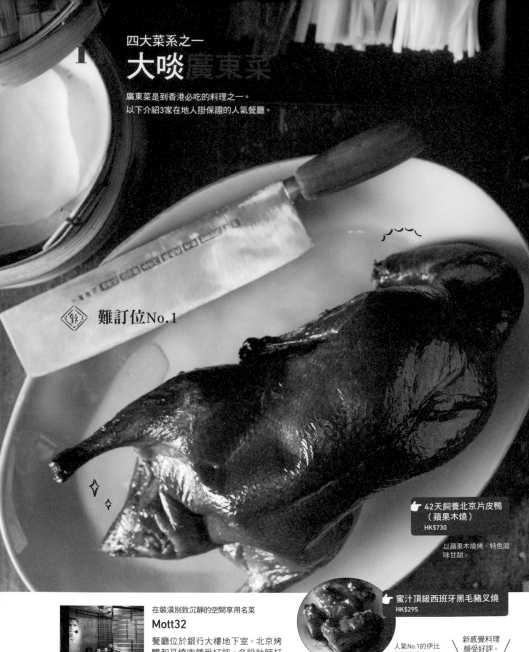

四大菜系之一

大啖廣東菜

廣東菜是到香港必吃的料理之一。
以下介紹3家在地人掛保證的人氣餐廳。

難訂位No.1

42天飼養北京片皮鴨（蘋果木燒）
HK$730

以蘋果木燒烤。特色滋味甘甜。

蜜汁頂級西班牙黑毛豬叉燒
HK$295

人氣No.1的伊比利豬叉燒肉。

新感覺料理頗受好評。

在裝潢別致沉靜的空間享用名菜

Mott32

餐廳位於銀行大樓地下室。北京烤鴨和叉燒肉頗受好評。名設計師打造的紐約中國風別具魅力。

🏠 香港中環德輔道中4-4A號 渣打銀行大廈地庫　☎ 2885-8688
🕐 12:00～14:30、18:00～22:30
🈺 全年無休
🚇 港鐵中環站K出口步行2分鐘
需預約

上環/中環　▶MAP P.17 E-3

Other Menu
• 蟹肉魚子醬小籠包　HK$95
• 醬烤三弄澳洲安格斯牛肋骨　HK$480

🍀 What is

烤鴨和燒鵝

烤過的鴨和鵝外形看起來都差不多，但味道卻不相同。燒鵝脂肪含量高，肉味豐腴。外皮烤得酥脆，鵝肉配飯一起食用。烤鴨一般做成北京烤鴨享用，重視外皮的口感。

講究擺盤的新潮技法 蔚為話題

釀焗蟹鮮蓋
HK$138

把蟹肉和蘑菇等料塞進蟹殼焗烤。

在各料理大賽奪獎的餐廳
粵

米其林餐廳，吃得到採用新感覺手法製作的廣東菜。氣氛輕鬆，白天的港式飲茶也頗具好評。

🏠 香港北角城市花園道9號城市花園酒店1FF　☎ 2806-4918
🕚 11:30～15:00、18:00～22:30
🈺 全年無休
🚇 港鐵砲台山站B出口步行4分鐘
需預約

香港市中心 ▶MAP P.9 D-3

雪嶺紅梅映松露
HK$148（1人份）

白肉魚膾佐松露醬。

也歡迎品嘗HK$22～的港式飲茶。

Other Menu
・柚子脆蝦球　HK$228
・江南百花雞　HK$148/1人

行政主廚是知名餐廳創辦人的兒子
家全七福

源自廣東菜知名餐廳「福臨門」。這家是七子徐維均先生擔任行政主廚的新概念店。

🏠 香港灣仔駱克道57-73號香港華美粵海酒店3F
☎ 2892-2888
🕚 11:30～15:00、18:00～23:00
🈺 全年無休
🚇 港鐵灣仔站C出口步行3分鐘
需預約

金鐘／灣仔 ▶MAP 別P.19 D-2

七福脆皮雞
HK$480

鮮美的雞肉和脆皮口感令人上癮。

Other Menu
・釀焗鮮蓋蟹　HK$220
・XO醬炒蝦球　HK$400

關東遼參
HK$450

以廣東風味烹調高級食材。

重視傳統的 名門滋味

上湯燴官燕
HK$550
（1人份）

最高等級的燕窩湯。

🍵 很多粵菜餐廳午餐時段會提供點心單式飲茶。大部分的高級餐廳需事先訂位。

EAT / 飲茶 / 粥 / 飯 / 麵 / 煲仔飯 / 火鍋 / 中國菜 / 素食 / 咖啡&甜點 / B級美食 / 夜景酒吧

61

犒賞自己的晚餐

蜜燒西班牙黑豬肉叉燒
HK$356

遼闊的天際美食空間

★ 米其林餐廳

使用伊比利豬稀有部位製成的叉燒肉。

在102樓品味美景美食
天龍軒

獲得米其林二星評等的高級中餐廳。推薦用伊比利豬稀有部位肩胛肉製成的軟嫩叉燒肉。102樓眺望到的視野也是人氣祕密。

🏠 九龍柯士甸道西1號 環球貿易廣場香港102F
☎ 2263-2270 🕐 12:00～14:30（週六、日、假日11:30～15:00）、18:00～22:30
🈺 全年無休 🚇 港鐵九龍站C1出口出站即達
需預約

油麻地 / 佐敦 ▶MAP P.12 B-3

原個椰皇花膠燉雞
HK$412

椰汁湯中加了魚鰾，吃得到膠原蛋白。

┌─ **Other Menu** ─┐
• 晚間套餐
HK$1928～

1969年創立的魚翅專賣店
新同樂魚翅酒家

前身是魚翅批發商。對魚翅、鮑魚等乾貨、海鮮為主的食材深具信心。也積極推出無國界料理，連續7年獲得米其林二星肯定。

🏠九龍尖沙咀彌敦道132號 美麗華商場4F D舖
☎2152-1417
🕐11:00～15:00、18:00～23:00
🈺全年無休
🚇 港鐵尖沙咀站B1出口步行5分鐘
需預約

尖沙咀 ▶MAP P.15 D-1

┌─ **Other Menu** ─┐
• 晚間套餐
HK$1980～
• 午間套餐
HK$438～

說到魚翅就是這裡

★ 米其林餐廳

紅燒大鮑翅
HK$598（1人份）

滋味濃郁的紅燒排翅。

金包銀絲腸粉
HK$85

放了白蘿蔔、金針菇、火腿的蒸腸粉。

在美食之都香港，體驗極致美味。
以下介紹獲得米其林星級評等或香港烹飪大賽的餐廳，
挑選一家做為旅行紀念。
盡情享受世界頂級美味吧。

How to

高級餐廳TPO

穿著要求時尚休閒裝。男性不可穿短褲或無領上衣。女性不要過於暴露。避免休閒涼鞋。無論男女都不要穿牛仔服裝。

EAT

飲茶

粥

飯

麵

煲仔飯

火鍋

中國菜

素食

咖啡&甜點

B級美食

夜景酒吧

綠萼紅梅鴛鴦菌
（照片前方）
HK$248

香菇造型的菌菇餡包。

雙生金魚餃伴鮑魚燒賣
HK$98

使用蝦泥等餡料做成的可愛金魚餃。

頂級正宗廣東菜

香港亨飪大賽得獎餐廳

恰到好處的新潮時尚頗受歡迎

怡東軒

香港怡東酒店的粵菜餐廳。店內充滿高級時尚感。入口附近設有中國茶專區，販售來自中國各地的茶葉。

♠ 香港銅鑼灣告士打道281號香港怡東酒店2F
☎ 2837-6790
🕐 12:00～14:30（週日、假日10:30～15:00）、18:00～22:30
🈺 全年無休
🚇 港鐵銅鑼灣站D2出口步行1分鐘

`銅鑼灣` ▶MAP P.21 E-1

Other Menu
・豉油皇或黃金香煎大蝦
　HK$128/1個

設計感空間

都爹利會館

提供創意精緻粵菜。在氣氛雅致的店內，附設閱覽室和庭院。

♠ 香港中環都爹利街1號上海灘3至4F
☎ 2525-9191
🕐 12:00～15:00、18:00～23:00（週日～22:00）
🈺 全年無休
🚇 港鐵中環站D1出口步行5分鐘

`上環/中環` ▶MAPP.17 D-3

宛如藝廊的櫃台。

Other Menu
・行政套餐　HK$380～

精緻道地粵菜

★米其林餐廳

芹香鮮百合雲耳炒星斑球
HK$680

選用知名高級食材東星斑，以雅致的手法做成熱炒菜色。

必看明朝時代的複製品

明閣

香港康得思酒店（→ P.197）的中菜餐廳。提供的餐點採西式擺盤及食材豐富多樣，與傳統中國菜的味道相當匹配。

♠ 九龍旺角上海街555號香港康得思酒店6F　☎ 3552-3028
🕐 11:00～14:30、18:00～22:30
🈺 全年無休
🚇 港鐵旺角站C3出口步行1分鐘

`太子/旺角` ▶MAP P.11 D-3

Other Menu
・濃湯花膠雞絲羹（加了8種配料的湯品）　HK$208～

綠野仙蹤
HK$168（1人份）

加了文旦或羅勒等的黑醋炒時蔬。

自製XO醬頗受好評

★米其林餐廳

香港亨飪大賽得獎餐廳

彩虹仙子
HK$138（1人份）

這道菜在番茄中塞入松茸、蓮子等食材蒸熟。

從身體內部開始養生
香港特有的素食

齋食

外觀和口感都像肉

以醬油烹煮入味，頗受年輕人歡迎。

金孢繡球
豆腐煲

炸豆腐加冬蟲夏草、秀
珍菇一起燉煮。

ᛦ **What is**

齋食（**Buddhist Vegetarian**）
特色是完全不使用動物性食材，活用素材本身風味調味。
接受乳製品所以和純素主義不同。也不加大蒜、蔥等。

顛覆素菜印象
龍門樓-志蓮素齋

位於唐風庭院中的齋食餐廳。提供
單點和套餐。最低金額HK$120。

🏠 九龍鑽石山鳳德道60號南蓮園池
龍門樓 ☎ 3658-9388
🕐 12:00～15:00（14:30LO）、
18:00～21:00（20:30LO）、週六日
15:30～17:00也有營業
🚫 全年無休
🚇 港鐵鑽石山站C出口步行5分鐘
需預約

香港市中心 ▶MAP P.9 E-1

五福拼盤
（大）

使用茄子或菇類等5種
菜色組成冷盤前菜。

扣燉傳統大齋

香菇和竹笙加醬油煮軟。

瀑布背面
居然有餐廳！！

※依季節更換菜色內容。參考價格HK$120～

不使用肉類或魚類的素食料理。
因為有益健康頗受當地女性歡迎。
來份美味不減的健康餐點吧。

EAT

飲茶

粥

飯

麵

煲仔飯

火鍋

中國菜

素食

咖啡＆甜點

B級美食

夜景酒吧

精進料理

以鮮菇精華做出醇厚滋味

吃不出只有蔬菜的濃郁滋味，頗受歡迎。

What is

精進料理

做給因宗教理由不吃葷食者的料理。食材以蔬菜、穀物、豆腐為主。也有用豆類做出外觀如肉品的「素肉」料理。也會減少調味料用量。

油雞菌雜錦煲仔飯
HK$108

用杏鮑菇或香菇等數種菇類做成的煲仔飯。

適合多人或家庭用餐

功德林上海素食

開店至今近30年，是中式素食的先行者。不添加化學調味料的菜色，祕訣在於使用數種菇類精華提味。也有不少團體客或家族前來聚餐。

🏠 香港銅鑼灣世貿中心10F
☎ 2881-9966
🕐 11:00〜23:00
🚫 全年無休
🚇 港鐵銅鑼灣站D2出口步行1分鐘

銅鑼灣　▶MAP P.21 D-1

咕嚕肉
HK$108

放了素肉的糖醋肉，無論味道或口感都令人滿意。

砂窩獅子頭
HK$148

無肉也能做出代表上海菜的肉丸子。

英國殖民時代的文化
保留至今！

下午茶是英國的茶文化。直到1997年政權回歸中國為止，香港長期以來在英國的統治下，接受英國文化的洗禮。至今在咖啡館、茶館或飯店都能一品茶文化。英國人開始喝紅茶，始於清朝時代從中國進口茶葉。同時喝紅茶使用的陶瓷器具也在歐洲廣為流傳。換言之，是中國孕育出英國的茶文化，下午茶則是逆進口的產物。

三層點心配上美麗的琥珀色紅茶。再加上精美餐具與茶館裝潢。不單是享用茶飲，並任由思緒馳騁到東西方文化混合的英國殖民時代，來場下午茶之約，如何？

伴隨英國殖民時代的氣息。

何謂下午茶

暫離香港街道的喧囂，到茶館靜靜地度過閒適時刻。喝口香氣怡人的紅茶，享受香港貴婦的優雅心境。

🫖 源自於？

開始於中世紀的英國貴族聚會。當時的晚餐在晚會結束或看完歌劇後很晚才吃，所以盛裝打扮的女士們會先吃些點心充飢，便形成下午茶的習慣並流傳開來。那時準備的是司康等點心，就算穿著禮服也能用手方便拿取入口。

🫖 有下午茶禮儀嗎？

現在沒有太嚴謹的餐桌禮儀，不過喝茶時只拿起茶杯，茶盤放在桌上不動，點心的食用順序是三明治、司康、蛋糕。有附刀叉時就以刀叉進食，沒有的話用手拿也OK。司康不要整顆入口，用手撕取小塊享用。

🫖 和高茶（High Tea）有什麼不同？

高茶源自勞工階級的晚餐方式。名稱由來是在高桌上享用餐點和紅茶。雖說和下午茶（Afternoon Tea）不同，但英國移民將喝紅茶的習慣帶到美國後便混淆成同樣意思了。

原本是上流階級的社交活動。

📖 記住實用單字 冷知識

● 鹹點（savory）
泛指下午茶點心中，如三明治或肉派等鹹味小點。

● 凝乳（curd）
加了奶油和雞蛋的蛋奶醬，可搭配司康沾取食用。當中以檸檬凝乳最有名。

🏠 必去的3家下午茶餐廳

一邊感受古老美好的香港一邊優雅喝茶

Heritage Parlour

位於前水警總部改建成的購物中心，名為海利公館的飯店內。在高格調的氣氛中享受別致的下午茶。

🏠 九龍尖沙咀廣東道2A號海利公館內　☎ 3988-0101
🕐 14:30～17:30（下午茶時段）　◎ 全年無休
🚇 港鐵尖沙咀站L5或L6出口步行1分鐘　需預約
尖沙咀　▶ MAP P.14 C-3

EAT

飲茶

粥

飯

麵

煲仔飯

火鍋

中國菜

素食

咖啡&甜點

B級美食

夜景酒吧

在豪華沙龍享用的下午茶就像這樣

為什麼要擺成高塔狀？

下午茶的用餐地點多在客廳或起居室，所以使用2～3層高的點心架。在面積狹窄的咖啡桌上提升擺放效率的設計。

第一層
鹹點。基本上是一口大小的三明治，最近也有不少如迷你漢堡等精心製作的小點。

第二層
說到英國，一定有司康。可依喜好塗抹凝乳、果醬或凝脂奶油食用。

下午茶
HK$720（2人份）

Sevva的下午茶套餐。有紅茶或咖啡可選。

第三層
蛋糕或甜點等。因為尺寸小，可以吃到好幾種，是甜點愛好者的福音。

托盤以外的點心架

不用銀色托盤，改放在時髦盤子上，或是用竹籠盛裝展現東方風情，現代的下午茶風格多樣。

What is

香港風格

香港的下午茶份量多，可當豐富的晚餐享用。還有各店精心製作的迷你漢堡或點心。

自製餐點顏受好評
Sevva

號稱設計風格香港第一。下午茶以小漢堡為首，擺滿各式特色輕食和甜點。

🏠 香港中環遮打道10號太子大廈25F　☎ 2537-1388
🕐 14:30～17:00（週六15:00～17:30）
📅 週日　🚇 港鐵中環站K出口步行2分鐘　需預約

上環/中環 ▶ MAP P.17 E-3

必去的半島酒店茶座
大堂茶座

香港半島酒店大廳的經典下午茶。人氣歷久不衰。享用飯店自製的司康等度過午茶時光。

🏠 九龍尖沙咀梳士巴利道22香港半島酒店
☎ 2696-6772　🕐 14:00～17:00（下午茶時段）　📅 全年無休
🚇 港鐵尖沙咀站L3出口步行1分鐘

尖沙咀 ▶ MAP P.15 D-3

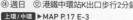
因為餐點份量多，可以3個人點2人份共享。這時，需再加點1人份飲料。

必吃招牌餐點

善用街頭咖啡館

結合餐館、家庭餐廳、咖啡館為一體的茶餐廳或冰室。
也提供簡單的香港餐點,頗受觀光客歡迎。盡情享受香港咖啡館吧!

茶餐廳
特有的
懷舊氛圍!

奶醬多士
HK$13

人氣餐點煉乳花生醬
土司。

復古風2樓座位區。

蘇打冰
HK$17

紅荳冰
HK$25

右邊是不過於甜膩的紅豆
牛奶。左邊是氣泡水。

美都湯麵
HK$48

創業60餘年的老店

美都餐室

希望社區成為美麗都市並以此為名。牆壁、
地板及柱子都漆成美麗的懷舊色調,打造
沉穩空間感。

🏠 九龍油麻地廟街63號地下　☎ 2384-6402
🕐 9:00〜21:00　🚫 週三
🚇 港鐵油麻地站C出口步行1分鐘

油麻地 / 佐敦　▶MAP P.13 E-1

焗芝士雞絲飯
HK$68

加白醬下去烤的
焗飯。

泡麵風味的湯麵。

必逛老字號
餅店

👆 碎牛蛋三文治
HK$28

加了醃牛肉的雞蛋三明治。

說到冰室
這家浪潮！

👆 鴛鴦茶
HK$16

咖啡加奶茶的綜合飲料。

1940年代創業的咖啡館　　　　　　平民餐館。
檀島咖啡餅店
蛋塔很有名。多達192層的塔皮非常酥脆。也提供餐點或輕食，嘴饞時可以來坐坐。

🏠 香港灣仔軒尼詩道176-178號地下　☎ 2575-1823
🕐 6:00〜24:00　　🈳 全年無休
🚇 港鐵灣仔站A4出口步行2分鐘

`金鐘 / 灣仔` ▶ MAP P.19 E-2

Other Menu
・凍檸茶　HK$22
・公司三文治　HK$53

🍮 蛋撻
HK$10（1個）

味道香濃的蛋塔。

鳥籠也是裝潢之一。

走時尚復古風的店
南龍冰室
1961年成立。2013年遷到現址。座位區有2層樓。從天花板垂掛下來的鳥籠家飾令人印象深刻。

🏠 香港銅鑼灣敬誠街1-3號地舖及1〜2F
☎ 3106-0820/3106-0822　🕐 7:00〜22:00　🈳 全年無休
🚇 港鐵銅鑼灣站D2出口步行8分鐘

`銅鑼灣` ▶ MAP P.21 F-2

Other Menu
・各式三文治　HK$19〜
・熱狗　HK$19

🥖 菠蘿包
HK$7

香港吃法是包著奶油吃。

＼ 這裡不同！／
在香港常見的**3**種街頭咖啡館

茶餐廳	餅店	冰室
餐館式咖啡館	**主要販售中式甜點茶餐廳**	**原本是冷飲專賣店**
飯和麵等正餐菜色種類豐富，而且從早上營業到晚上，算是餐館屬性的咖啡館。用餐喝茶皆宜，相當方便。	和茶餐廳型態相同，也提供正餐菜色和飲料。另外，蛋塔或月餅等中式糕點頗受好評，也是餅店的特色。	1960年代提供輕食和茶飲的茶館。最近改變型態增加了正餐菜色，和茶餐廳漸趨一致。

EAT

飲茶

粥

飯

麵

煲仔飯

火鍋

中國菜

素食

咖啡 & 甜點

B級美食

夜景酒吧

也有椰子
甜點！

EAT
18

水果甜品=許留山

12道熱門甜品

香港最有名的甜品店許留山。
份量足價格實惠，甚至有女性顧客天天來報到。
挑戰一下9款人氣甜品與3款飲料吧！

 椰汁雪蛤官燕撈
No.1 HK$66

椰汁中加了冰淇淋。

還吃得下
用熟透水果做的甜點

最大的連鎖甜點專賣店
許留山

提供超過50種以芒果為主的水果甜品！在交
通方便的地點擁有40家以上的分店，利用散
步空檔過去歇息片刻吧。

🏠 九龍旺角鼓油街60號　☎ 2388-9633
🕐 12:00～凌晨0:30（週五、六、假日前一天～
凌晨1:00）　休 全年無休
🚇 港鐵旺角站E2出口步行6分鐘

太子/旺角 ▶MAP P.11 E-3

OTHER SHOP

銅鑼灣店
🏠 銅鑼灣怡和街2-6號地下3號舖　銅鑼灣　MAP P.21 E-1
🏠 銅鑼灣利園山道19號地下　銅鑼灣　MAP P.21 D-2
灣仔店
🏠 香港灣仔軒尼詩道163號D舖　金鐘/灣仔　MAP P.19 E-2
尖沙咀店
🏠 加拿分道49號地下C舖　尖沙咀　MAP P.15 E-1
🏠 金馬倫道58-60號國鈀大廈B舖
尖沙咀　MAP 別P.15 F-1
油麻地店
🏠 油麻地上海街263號地舖　油麻地/佐敦　MAP P.13 E-1
在香港還有40家分店

What is

香港水果

香港土地面積狹窄，沒有什麼特別的農產品。但是，這裡是世界貿易港。可從泰國、台灣或菲律賓等鄰近國家進口多種當季水果。

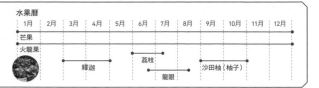

水果曆

	1月	2月	3月	4月	5月	6月	7月	8月	9月	10月	11月	12月
芒果												
火龍果												

釋迦　　荔枝　　龍眼　　沙田柚（柚子）

 ## 口感豐富！

在街上逛累的話，來份用大量新鮮水果做的甜品休息一下吧！

No.2
滿足欲望的3種芒果甜點組合

 芒之戀
HK$49

三小份人氣甜點組成的拼盤。

No.3
糯米丸子和芒果的新鮮組合

 多芒・小丸子
HK$47

芒果汁中放了糯米丸子和芒果塊。

No.4
看一眼內心就融化了

 鮮果芒果布甸
HK$49

芒果布丁加綜合水果拼盤。

No.5
美味的美膚聖品!?

 燕窩鮮果楊枝金撈
HK$58

加了燕窩、芒果珍珠&水果。

No.6
Q彈水果味

芒果凍餅
HK$19

類似蕨餅的芒果冰淇淋。

No.7
鬆軟彈牙的口感令人上癮

芒果糯米糍
HK$23

加了芒果汁製成的麻糬再撒上椰子粉。

No.8
基本中的基本款！滑嫩布丁

 芒果布甸
HK$21

芒果布丁加淡奶的基本組合。

No.9
美容效果令人期待的單品

椰皇燉燕窩雪蛤
HK$68

椰奶中放了高級食材雪蛤和燕窩。

---

drink

最受歡迎的3種飲料！外帶的話，買2杯第2杯半價，超划算～

No.1
 芒椰蘆薈爽
HK$34

蘆薈果凍、芒果汁、椰奶三層飲料。

No.2
超多芒水晶杯
HK$34

芒果&椰奶加上大量珍珠。

No.3
西瓜蘆薈爽
HK$34

有益喉嚨的西瓜汁加蘆薈粒。

許留山雖是甜品店，也提供滷魚丸HK$10或蘿蔔糕HK$16等止飢輕食。

EAT
飲茶
粥
飯
麵
煲仔飯
火鍋
中國菜
素食
咖啡&甜點
B級美食
夜景酒吧

深夜解饞甜點

香港人超愛吃甜點。有很多店開到深夜，可以當來當消夜。
來份美味又健康的甜品吧！

桂花酒釀湯圓
HK$28
桂花蜜裡放了彩色湯圓。

鴛鴦湯圓
HK$24
薑汁加大顆白湯圓的組合。

紅豆沙湯丸
HK$28
少糖的中式紅豆湯。放了很多紅豆。

湯圓類 健康組合
放在漢方湯品裡，或是和台灣一樣加進紅豆湯。在香港也吃得到口感軟糯的湯圓。

What is

香港甜點

香港甜點的特色是使用紅豆或中藥食材等健康素材製作。

營業到深夜？
有不少店營業到深夜。香港人習慣餐後到甜品店吃份喜歡的甜品再回家。男性顧客多也是其特色之一。

湯品也是甜點？
薑汁是基本款甜點。這裡會加進芝麻湯圓吃。他們常喝的甜湯還有放了魚鰾的漢方湯品。

健康配料顏受歡迎？
有很多加了水果、紅豆或椰子等的品項。香港甜點不加奶油或鮮奶油，熱量低且健康。

Ⓐ 附近的男女老少都是常客

福元湯圓

中式甜品店。座位只有4桌，經常一開店就客滿。如店名所示湯圓必吃。糯米皮內包著芝麻餡，風味絕佳。

🏠 香港炮台山福元街7號 利都樓地下1-1舖
☎ 3106-0129
🕙 16:00～凌晨1:00　休 全年無休
🚇 港鐵砲台山站B出口步行3分鐘

香港市中心 ▶MAP P.9 D-3

Ⓑ 今天也要排隊買牛奶布丁！

澳洲牛奶公司

口感滑順的布丁有牛奶和雞蛋2種口味。吃得到鬆軟炒蛋的早餐也頗受歡迎。雖然常要排隊，但翻桌率高。

🏠 九龍佐敦白加士街47-49號
☎ 2730-1356
🕙 7:30～23:00　休週四
🚇 港鐵佐敦站C2出口步行2分鐘

油麻地/佐敦 ▶MAP P.13 E-3

豆花類
健康甜品的代表

糖漿加水果、豆花的組合。有飽足感卻低熱量。

👆 紅豆粒＋豆腐花
(D) HK$24

放了紅豆。據說有益血液循環。冷熱皆宜。

👆 芒果豆腐花
(E) HK$40

加了大量芒果。也適合肚子有點餓時吃。

布丁類
口感滑順

有凍（冷）、熱可選。冷布丁比較好入口。

從前面起是蛋白燉鮮奶（牛奶布丁）、杏汁燉雞蛋（雞蛋布丁）各HK$30 (D)

健康甜品
食材珍貴的

加了魚鰾等中藥食材的甜點，也是香港常見的品項。

👆 花膠蓮子燉椰皇
(C) HK$69

熱椰奶中放了蓮子和椰肉。

熱甜點
溫暖內心的

湯圓甜湯或豆花等炎夏時節也頗受歡迎的熱甜點。

👆 花膠芒果布甸
(C) HK$52

享受椰肉加黑糖珍珠的口感。

慕斯類
滿足嗜甜者的

在台灣也很常見。頗受女性歡迎的慕斯甜點。

👆 雪糕紅豆綠茶布甸
(C) HK$40

抹茶冰淇淋加慕斯的日式組合。

👆 蛋白杏仁茶
(D) HK$37

杏仁富含植物纖維，據說對美白也有效。

以養生為主旨的中式甜品
227甜棧
提供種類豐富的中式甜點品項。大多是富含膠原蛋白的魚鰾，或據說能降低血壓的蓮子等養生食材。

🏠 九龍太子花園街246號地下B舖
☎ 3117-1223 　15:00～凌晨0:30
㊡ 全年無休
🚇 港鐵太子站C1出口步行5分鐘
太子/旺角 ▶MAP P.11 D-1

經營25年以上的傳統甜品店
綠林甜品
擁有多種芒果製成的品項。紅豆湯圓頗受好評，也有用當季食材如栗子、南瓜等做的期間限定甜點。菜單附照片說明易懂。

🏠 九龍深水埗元州街77-79號地下
☎ 2361-4205 　14:00～凌晨1:00
㊡ 全年無休
🚇 港鐵深水埗站A出口步行2分鐘
香港市中心 ▶MAP P.8 B-1

有機豆花甜點
夢想豆花
提供豆花淋上糖漿或搭配水果吃的20多種豆花常態性菜單。也有季節限定品。因為現點現做，需等5～10分鐘。

🏠 香港中環擺花街1號地下6號舖
☎ 2346-8889
　11:00～22:30（週日、假日12:00～）
㊡ 全年無休
🚇 港鐵中環站D2出口步行6分鐘
上環/中環 ▶MAP P.16 C-2

藥膳茶？龜苓膏？

到街頭補品店做健康管理

在香港隨處可見販售生藥煎煮的藥膳茶或龜苓膏的店。很多香港市民覺得身體不適時就會買來吃。要不要試試藥膳茶或龜苓膏。

在中藥深入民間生活的香港，藥膳茶或漢方甜品相當常見。品嘗一下健康美味的食物吧。

藥膳茶

必須配合症狀挑選

在街頭中藥店或藥膳店輕鬆補充體力。

放鬆和美膚

👉 燕窩蓮子蛋白奶露
HK$28

牛奶飲品

燕窩和蓮子等加蛋白及牛奶調製成的飲品。不太有腥味，口感香濃。

滋養補給和美膚

👉 花膠竹絲雞湯
HK$53

雞湯

湯色清澈卻味道濃郁的雞湯。無腥味好入口。加了魚鰾，擁有豐富的膠原蛋白。

補充肌膚營養

👉 花膠冰糖雪耳甘露
HK$28

椰汁飲品

椰奶中加了滋養成分高的生藥及富含膠原蛋白的魚鰾，調製成的飲品。香氣怡人。

在香港有近100家分店

鴻福堂

藥膳茶和湯品的大型連鎖店。灣仔店以舊香港為主題，氣氛沉靜的裝潢頗具特色。可以坐在店內吧台邊休息邊喝飲料。

🏠 香港灣仔茂蘿街7號動漫基地地下5號舖
☎ 2896-7978 ⏰ 8:45〜21:00 ㊡ 全年無休
🚇 港鐵灣仔站A2出口步行2分鐘

金鐘／灣仔 ▶MAP P.19 F-2

可以喝這些藥膳茶

藥膳茶名稱	功效	味道
甘四味	解毒、口臭、便秘	中藥特有的味道明顯，喝起來濃烈苦澀。
咸冒茶	流鼻涕、頭痛、肩痠	藥材味濃郁。而且很苦不好入口。
五花茶	解熱、所有感冒症狀	以五種藥材熬煮而成，帶有甜味易入口。
夏枯草	目眩、頭痛、高血壓	以羅漢果做甘味藥引，味道爽口。
雞骨草	胃痛、提高免疫力	苦味不明顯，帶有黑糖般的甜味。
花旗參茶	解熱、鎮靜	發燒或頭痛時喝。很苦。

EAT

飲茶

粥

飯

麵

煲仔飯

火鍋

中國菜

素食

咖啡&甜點

B級美食

夜景酒吧

龜苓膏

加糖漿調整特殊苦味

龜苓膏呈黑色不是因為龜板，而是來自仙草等黑色生藥。

龜苓膏HK$55。微苦帶有中藥味。據說對身體很好！

淋上糖漿調整苦味。冷熱兩種都有。

也可以外帶。

方便迅速的保健飲品。梨茶、五花茶等藥膳茶都是HK$12。

營業超過100年的龜苓膏老店

恭和堂

1904年創立。在充滿歷史文化氣息的店內喝下一碗清涼解毒的龜苓膏。食欲不振或中暑時可以試試。

🏠 九龍油麻地吳松街15號地下　☎ 2388-7635
🕐 10:30～23:30　🗓 全年無休
🚇 港鐵佐敦站A出口步行5分鐘

油麻地／佐敦　▶MAP P.13 E-2

矗立在入口處的黃銅窯相當吸睛。

🐼 What is

藥膳茶&龜苓膏

藥膳茶是利用中藥療效調整身體狀況。另外，龜苓膏是將龜的腹甲板曬乾磨成粉後，加入數十種中藥材煎煉製成。據說是清朝時代流傳下來的祕方。是具有清熱解毒效果的藥膳甜品。在潮濕的香港，普遍認為祛除體內濕氣相當重要，至今仍有很多人當成保健食品來吃。據說也有提高免疫力的效果。

全部在HK$20以下！
輕鬆享用B級散步小吃

香港B級美食

香港人的小吃就在街頭路邊攤。從零嘴到甜點應有盡有，像是黑輪等魚漿食品、炸海鮮、鬆餅等。每區都有，但在港鐵出口附近、商店、麵店、粥店一帶能見率超高！從中午開到21:00左右。

可在這附近吃到！

太子
旺角
油麻地
佐敦
尖沙咀
西環　　　金鐘
中環　　　銅鑼灣
上環　　　灣仔

太子～旺角

從旺角站走到女人街一帶很多。傍晚以後以女人街為主。

油麻地～佐敦

男人街是B級美食的寶庫。佐敦站出口附近也有很多家路邊攤。

尖沙咀

彌敦道一代幾乎看不到。港鐵出口附近有幾家。

西環

有多家乾貨店、叉燒店，B級美食店較少。有甜點店。

上環

多是果汁店、中藥茶飲鋪和甜點店等。

中環

主街道上的是甜點類。彎入一條小巷後才有當地B級美食。

金鐘

在擁有飯店和購物中心的金鐘站附近很少見。

灣仔

在香港電車經過的莊士敦道或彎進裡面的小巷有很多家。

銅鑼灣

集中在有香港澀谷之稱的銅鑼灣交叉路口附近。是散步小吃的密集區。

哎勁十足

雖然語言不通，但可以用手比出想吃的。

牛肉球
HK$12
因為很燙小心不要燙傷。

和做成雞蛋外型的雞蛋仔一樣，都是常見的小吃。

格仔餅
HK$17

被街上傳來的香味吸引，買了邊走邊吃。

生前鍋貼
HK$20（5個）

歡迎光臨，想吃什麼？

現榨果汁和臭豆腐很有名。

街頭隨處可見的小吃攤。除了甜點類外，
還有炸物或像日本關東煮的燉菜!?
價格便宜適合解饞。
盡情享受種類多樣的香港散步美食吧。

每個季節
都有開！

EAT

飲茶

粥

飯

麵

煲仔飯

火鍋

中國菜

素食

咖啡&甜點

B級美食

夜景酒吧

超過40年備受喜愛的人氣
甜點。

香脆甜筒軟雪糕
HK$10

菜單附有圖片，一目瞭然。

淋上大量醬料。可依喜好
調整味道濃淡。

剪成一口大小

腸粉
HK$10

以乳牛圖案為標誌的香港
淡奶罐。

鮮榨椰汁（S）
HK$17

招牌擁有數家分店的人氣
連鎖店「椰汁大王」。

B級美食神出鬼沒。還有依季節或流行趨勢端出的隱藏版菜單。不期而遇時就會很開心。　　77

盡享美酒和夜景
在絕景酒吧度過美好夜晚

九龍半島　絕景BEST 2

令人興奮的
世界最高酒吧

從
30
樓
一
覽
香
港
島
景
色

時尚激情（左）、蘋果
桑格利亞（右）·各
HK$110

餐廳包廂。晚餐菜色也
頗受好評

還有氣氛一流的室內酒吧。

週末需訂位的熱門地點。

開放式的露天座位區。

坐在沙發區休息一下。

購物後方便就近休息的露天酒吧。
Eyebar
中式餐廳「南海一號」的酒吧區。不僅有種類豐富的時髦調酒，還提供上百種葡萄酒。可以在「南海一號」點餐，送到酒吧區享用。

🏠 九龍尖沙咀彌敦道63號iSquare 30F
☎ 2487-3988　🕚 11:30～凌晨1:00（露天座位區15:00～）
㊡ 全年無休　🚇 港鐵尖沙咀站H出口出站即達
需預約

尖沙咀　▶MAP P.15 D-2

從118樓看出去的迷人景致
Ozone
酒吧高490m，可俯瞰維多利亞港和香港島，由片山正通先生擔任室內設計師。服裝要求為時尚休閒裝。調酒類約HK$200。

🏠 九龍柯士甸道西香港麗思卡爾頓酒店118F　☎ 2263-2270
🕔 17:00～凌晨1:00（週五～凌晨2:00、週六15:00～凌晨2:00、週日12:00～24:00）　㊡ 全年無休
🚇 港鐵九龍站C1出口出站即達

油麻地/佐敦　▶MAP P.12 B-3

香港有不少家夜景超棒的酒吧。
以下挑選九龍半島和香港島值得推薦的酒吧。
以美酒佐絕景，為旅行乾一杯吧

What is

香港的飲酒情況

其實很多香港人不喝酒。在餐館等場所幾乎看不到酒精飲料。除了宴席外，在不同的地方吃飯喝酒是香港人普遍的想法。

香港島 絕景BEST 2

品味空間

中環頂樓酒吧的

邊喝調酒
邊等待夕陽

伯爵馬丁尼HK$98，結合紅茶和柳橙。

近距離欣賞香港上海銀行和中國銀行大樓燈景的好地方。

如夢似幻的酒吧入口。

雅致成熟的氣氛。

用花裝飾整片天花板。

大廳的整面綠牆。

享受浪漫夜景
Tott's and Roof Terrace

位於香港怡東酒店34樓的酒吧&餐廳。以提供優質葡萄酒而聞名。除了能飽覽夜景的露天座位區外，店內的情人雅座也頗受歡迎。

🏠 香港銅鑼灣告士打道281號　☎ 2837-6786
🕐 12:00～14:30（週六休息、週日、假日～17:00）、17:00～24:00（週五、六～凌晨1:00）　📅 全年無休
🚇 港鐵銅鑼灣站D2出口步行1分鐘

`銅鑼灣` ▶MAP P.21 E-1

眺望維多利亞港的社交場所
Sevva

在2040m²的超大空間內，採用藝術裝潢的酒吧。調酒約HK$150左右，餐點約HK$400。

🏠 香港中環遮打道10號太子大廈25F　☎ 2537-1388
🕐 12:00～17:00、18:00～24:00（週四、五～凌晨2:00、週六11:00～凌晨2:00）　📅 週日
🚇 港鐵中環站K出口步行2分鐘

`上環／中環` ▶MAP P.17 E-3

EAT

飲茶

粥

飯

麵

煲仔飯

火鍋

中國菜

素食

咖啡&甜點

B級美食

夜景酒吧

① 不僅是香港，在中國早上通常吃飲茶或粥。餐點種類十分豐富。　② 香港不像日本或西方，幾乎沒有邊用餐邊喝酒的習慣。　③ 最近也有很多人獨自用餐，但中國菜基本上都是多人共餐。一個人的話經常要與人併桌。

TOURISM

香港「觀光」事件簿

觀光前先了解當地狀況。以下介紹交通資訊和英式規則小常識。讀完就能放心出發！

事件 1

事件 1

地鐵車站內部超大～ 不小心迷路了！

在目的地車站下車了，繞來繞去卻找不到出口。就算上到地面也不清楚這裡是哪裡。請告訴我駕輕就熟遊香港的訣竅！

解決！ 善用香港交通網 提高觀光效率！

車站內路線複雜，若能善用地下道，遇到多雨的夏季就會很方便。但是，一旦弄錯出口，到了地面上出站後便不知身在何方。事先確認好出口再離開吧。

主要交通工具

MTR港鐵
連結香港和九龍主要城市的便捷地鐵。運行班次多，觀光搭地鐵是首選。

香港電車
東西向穿梭香港島北側的主街道。車速和腳踏車一樣，但頗有觀光氣氛。

公車
路線多，便捷性廣受市民喜愛。欲坐公車觀光，請事先查清路線號碼。

計程車
車資便宜又方便。在島間移動需付過海隧道通行費（往返）。很多司機只聽得懂廣東話。

主要觀光景點

推薦給 城市族	推薦給 亞洲風情族
ICC 天際100 →P.84 從100樓360度俯瞰香港一圈的觀景台。設有咖啡館或禮品店。	**黃大仙** →P.96 香港最大的寺廟，市民祈願、還願時必去的地方，據說卜卦很靈。也有求姻緣的神明。
太平山 →P.86  必去的香港絕景。風水佳氣流通暢。	**文武廟** →P.158 位於中環香港最早的道教寺廟。從天花板吊掛下來的遊渦狀塔香相當有名。
SOHO →P.162 時髦咖啡館及雜貨用品店聚集地。是香港的流行發射站。	**女人街** →P.150 傍晚開始活絡的露天市集。可買到中國風物品或服飾。還能享受殺價樂趣。
海港城 →P.155 從高級精品到香港品牌應有盡有，是香港的購物殿堂。也有多家餐廳。	**九龍公園** →P.155 據說這座公園是氣流通暢的風水寶地。在池塘或噴水池吸收能量吧。還有人打太極拳。

國泰航空空服員推薦的觀光景點是？

接觸大自然
特別推薦南丫島（→P.169）。這座島禁止汽車進入，因此空氣清新。在這裡健行、騎腳踏車環島都很舒服。另外，南丫島從以前就是漁村，也吃得到美味海鮮。

前往南丫島從中環搭渡輪約20分鐘。

子吉利枝女士

100萬美元的夜景
幻彩詠香江（→P.87）相當有名，但從香港島看向尖沙咀也不錯。從位於金鐘的飯店高樓層客房或餐廳眺望的景致很棒。中環或金鐘地區有大型商場，因此看完夜景再購物也很方便。

香港島遠端也有不少購物中心。

事件 2

原本以為是1樓卻在2樓。 是地址弄錯了嗎？

在購物大樓詢問廁所位置時，回答說1樓。可是去到那邊一看發現是餐廳。結果廁所是在上一層樓。是對方說錯了嗎？

解決！ 樓層採用英國式算法

香港曾被英國統治，樓層算法採用英式標記。香港的1樓叫地面樓（Ground Floor），電梯內的標示為「G」。

隨處可見的英式規則

☑ **1樓是地面樓，2樓是1樓**

地面樓不算是1樓，所以台灣的2樓就成為1樓。另外，電梯（elevator）叫lift。

☑ **手扶梯左側通行**

一般搭手扶梯時，會空出單邊走道。在香港跟英國一樣，左側通行，靠右站立。

地址寫法

九龍旺角	上海街	555號	香港康得思酒店	6F
島和地區	路名	號碼	飯店名稱	樓層

事件 3

搭計程車英語不通。 該如何告知目的地？

搭計程車時，想告訴司機目的地卻語言不通。本來想去中環的香港車站，卻開往香港機場……該怎麼說明確說出目的地呢？

解決！ 帶著用當地語言註記的地圖小抄

很多司機只懂廣東話。搭計程車時出示地圖或小抄就很清楚。也可以讓司機看本書的附錄或地圖。

搭計程車時會用到的廣東話

「請載我去中環車站」	唔該，去中環站
「（出示地圖或小抄）請載我去這裡」	唔該，點去呢度？
「在這裡下車」	呢度落車
「多少錢？」	幾多錢呀？
「請開空調」	唔該，開冷氣
「請給我收據」	唔該，我要收據

也可以自己寫好小抄！

我想去嚟到

香港半島酒店
九龍尖沙咀
梳士巴利道

先列出想去的店或地點，再標註上廣東話也行。

360度全景無死角！

上天際100眺望絕景

說到香港觀光亮點之一，就是摩天大樓的觀景視野。
機會難得就從天空俯瞰周遭景色。
到香港最高的環球貿易廣場（ICC大樓）100樓觀景台實現夢想吧！！

需時
約60分鐘

維多利亞港

九龍半島

484m
香港麗思
卡爾頓酒店

393m
100樓
觀景台

從北側起的
Best Time

可看到九龍城區對面一
望無際的中國大陸

高度發展的九龍
車站周邊。大樓
直通車站。

從地表100樓俯看香港島

ICC 天際100

位於100樓的室內觀景台。可以360度一覽
香港島或九龍半島的景致。還有最新多媒
體展示等各項娛樂設施。

🏠 九龍柯士甸道西1號 環球貿易廣場100F
☎ 2613-3888　🕐 10:00～21:00（週五、
六～22:30、最後入場時間各為30分鐘前）
🈳 全年無休　💰 HK$188
🚇 港鐵九龍站C出口直達圓方商場

油麻地 / 佐敦　▶MAP P.12 B-3

 How to

前往觀景台

買票
在1樓售票處買票。螢
幕上播放著觀景台看
出去的美景！

搭電梯
上到觀景台約60秒。
電梯天花板會顯示倒
數秒數。

天花板走出
剩下的秒數！

只要1分鐘

到達
觀景台設有展示板寫
上大樓名稱等資訊，提
供遊客參考。

1F
圓方商場
從高級精品到休
閒品牌、超市等
都有。

🚆 直達九龍車站

TOURISM

天際100
太平山
電車
遊船
電影
開運景點
SPA・腳底按摩
賽馬
香港迪士尼樂園

從九龍半島南端 望向香港島

觀景台上可欣賞360度全景，依時段各有最佳觀賞區。先從東側眺望香港島吧。

從東側起的
Best Time

K11

香港島

香港會議展覽中心

中央廣場

天星小輪碼頭

從西側起的
Best Time

欣賞香港落日及大樓暮色。

從南側起的
Best Time

從高空俯瞰如寶石般絢麗的迷人夜景。

不光是美景！
100樓還有各項遊樂設施

最新的3D紙雕藝術
觀景台的走廊玻璃下有重現香港街景的3D紙雕。就像在雲端漫步！

LIGHT MODEL
EXQUISITE PAPER ART

HK$158

購買伴手禮！
在禮品店購買香港才有的紀念品。別忘了天際100原創商品。

適合當家飾品的天際100燈光模型。

哈呀～

壁畫藝術
如實畫出街道和香港咖啡館的壁畫。是人氣拍照景點。

趣味相片
下載APP在指定地點拍照，就能合成趣味相片！

連上觀景台的免費網路就可以免費下載影片導覽APP。影片長度約2～4分鐘。

踏上香港島最高峰頂端
登太平山一覽美景

太平山是香港的代表性觀景名勝。可從這裡飽覽摩天大樓的絢爛夜景。
搭山頂纜車上太平山山頂吧。

因為纜車行駛到深夜，可安排為
晚餐後的散步行程。盡情欣賞香
港島到九龍半島的夜景。

俯瞰眼下一望無際的珠寶盒

從標高552m俯瞰的美景

太平山頂
（Victoria Peak）

太平山頂是香港島最高峰太平山的
頂端。從這裡俯瞰的絕景，是來到
香港必看的風景。還有多處美食、
購物地點，是隨時能滿足旅客需求
的香港必去觀光景點。

⊗ 從中環花園道站搭山頂纜車到山
頂約需8分鐘

`香港市中心` ▶MAP P.8 A-3

前往遊客中心
電車造型建築物是遊客中心。可以在
這裡索取暢遊太平山頂的資料！

前往太平山頂的交通

搭乘纜車一邊欣賞窗外風景，一邊抵達396m高的山頂車站！

搭山頂纜車

山頂纜車是開往山頂，車廂造型復古的纜車。1888
年由時任香港總督的英國人宣布啟用。到山頂站
約1.4km費時8分鐘。從車窗往外賞景也是樂趣之
一。

☎ 2522-0922
⊗ 7:00~24:00
（10~15分鐘一班）
💲 單程HK$37、來回
HK$52

買票	搭乘纜車	抵達山頂站

在山腳下的花園道站售票處	**朝前靠右**	**享受絕景**
週末中午前人很多，若想在山頂悠哉閒逛，建議提早出發。	若想欣賞車窗外的風景，站在面向山頂站的右側。可以清楚看到高樓群。	山頂站直通凌霄閣。頂樓也有飽覽360度景致的觀景台。

前往山頂纜車花園道站的交通方式

🚌
公車
在位於中環的中環渡輪碼頭6號碼
頭（MAP P.17 E-1）前搭「15C」
公車。每15~20分鐘一班。
💲 HK$4.20。

🚶
步行
港鐵中環站J2出口往遮打花園
（MAP P.17 F-3）走。穿過公園沿著
皇后大道中上坡前行。從中環站約
走15分鐘。

在山頂的玩法

☼ Daytime

眼前就是香港島的高樓群。

先從觀景台俯瞰香港島。在這裡欣賞香港才有的景致。

連離島都看得清楚。

從凌霄閣對面的山頂廣場還能看見離島。

中式涼亭觀景台。

立於斷崖上的獅子亭觀景台。可以看到高樓群、九龍美景及山頂纜車上下山的情景。

有通往山頂約1小時的登山步道。充滿負離子。

適合健行。

☾ Night

呈現在眼前的絕景

熱門賞夜景方式是上凌霄閣的觀景台「摩天台428」HK\$52。也有搭配乘山頂纜車來回的套票。另外，上述的獅子亭觀景台視野也很棒，相當推薦。

從九龍半島看香港島。每天20點都會舉辦燈光音樂匯演「幻彩詠香江」。當然從太平山頂可看到不同角度的表演。

賞完絕景後的推薦去處

欣賞完風景後也要滿足美食和購物需求。徹底暢遊香港第一的人氣觀光景點吧。

Gourmet

獨棟石造餐廳

以榕樹遮蔭的露天座位。

單點菜色約HK\$180。

The Peak Lookout（太平山餐廳）

以1901年建造的建築物為餐廳主體。設有露天座位區，可在大自然中品嘗無國界料理。

🏠 香港山頂道121　☎ 2849-1000
🕙 10:30～23:30（週六、日～凌晨1:00）
🚋 山頂纜車山頂站出站即達

`香港市中心` ▶MAP P.8 B-3

Shopping

頂樓是360度觀景台。

也有很多原創商品。

香港杜莎夫人蠟像館。

集結購物和美食

凌霄閣

英國建築師設計，造型獨特的建築。頂樓是360度視野的觀景台。

🏠 香港山頂道128　☎ 2849-0668
🕙 10:30～23:00（週六、日、假日8:00～）
㊡ 觀景台全年無休　🚋 山頂纜車山頂站出站即達

`香港市中心` ▶MAP P.8 B-3

TOURISM

天際100

太平山

電車

遊船

電影

開運景點

SPA‧腳底按摩

賽馬

香港迪士尼樂園

小巧可愛的路面電車
搭電車來趟街頭懷舊之旅

說到香港知名的交通工具就是路面電車。
在高樓群或老街間穿梭的身影，充滿懷舊感，也是現役的平民交通工具。
搭電車悠哉地上街頭探索吧！

復古風電車

橫越殖民地建築

経過灣仔的和昌大押大樓。當地稱作「電車」。

What is

香港電車

1904年通車，歷史悠久。全球只剩香港和英國黑潭（Blackpool）還保有雙層路面電車，十分珍貴。每天約有170輛電車通行。除了採開閉式窗戶的雙層電車外，還有包車專用的開篷電車。

¥ 一律HK$2.60

營運時間
5:00～24:00左右
（依路線而異）

班次間隔
2～10分鐘
（依路線而異）

How to　乘車方式

乘車方式很簡單。每200～300m就有站牌，在該處等候即可。電車前寫有目的地，確認好後再上車。原則上就是往西或往東，不會太難。通勤時段擁擠，最好避開。

①

從後方上車
上車後就坐。可坐在1樓或2樓。上2樓的樓梯狹窄，勿忙間請注意腳步。

2樓也OK！

②

就坐
1樓座位是板凳式，2樓則是椅子。若想優閒地看風景，可以坐到2樓最前排。

刷八達通卡

③

下車
每站都停。在1樓付錢。不會找零，請自備零錢或八達通卡（→P.206）。

TOURISM

天際100

太平山

電車

遊船

電影

開運景點

SPA‧腳底按摩

賽馬

香港迪士尼樂園

香港電車路線圖

西營盤　中環　銅鑼灣

石塘咀　上環　金鐘　灣仔　跑馬地　北角　太古　西灣河　筲箕灣

堅尼地城

電車穿梭香港島北部東西向。

街區電車快照

穿過市場的電車和人群擦身而過！

北角市場 香港市中心 ▶MAP P.9 D-3

五顏六色的廣告～

在北角發現的懷舊電車。

在堅尼地城 香港全圖 ▶MAP P.7 D-2

在堅尼地城 香港全圖 ▶MAP P.7 D-2

在灣仔 灣仔 ▶MAP P.19 E-2

在北角 香港市中心 ▶MAP P.9 D-3

香港電車的結構

試著解剖懷舊電車。上車前先觀察一下吧。

集電弓
香港電車是電氣化公車。有長形集電弓連接架空電纜。

2樓座位
天花板很高，也有乘客站立其間。窗戶是上下開放式。

翠華 TSUI WAH　祝猴年事事 快人一步

司機座位
是沒有電車掌的一人服務車。位於1樓正前方，座位狹窄。

車體
電車自1961起成為廣告車輛。看車體廣告也很有趣。

入口
從電車後方上車。從前方下車時再付錢。

香港電車冷知識

搭到紅色車體很幸運的都市傳說

中國人認為紅色是吉利色，相信紅色代表幸運。紅色電車數量頗多。

120是幸運數字

1949年製造的現存電車中最老的就是120號車。車體珍貴卻不起眼，試著找找看吧。

只有新型車才有冷氣

2000年引進新型車輛。是具備冷氣空調的車體。其他電車都沒有冷氣。今後會討論是否該引進。

跑馬地馬場在9月～隔年6月的週三晚上舉辦夜間賽事，香港電車經常大爆滿。要有到銅鑼灣附近會誤點的心理準備。

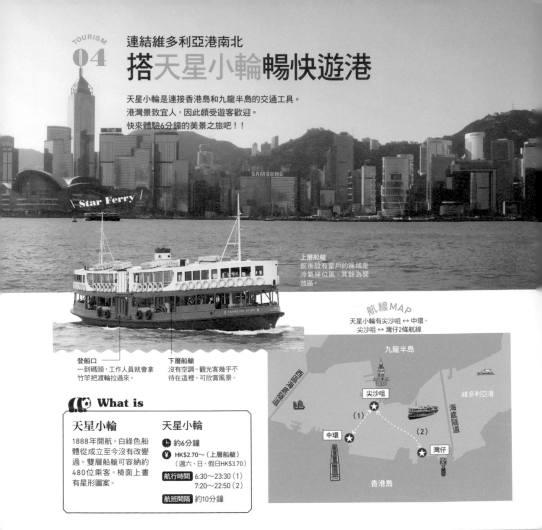

連結維多利亞港南北
搭天星小輪暢快遊港

天星小輪是連接香港島和九龍半島的交通工具。
港灣景致宜人，因此頗受遊客歡迎。
快來體驗6分鐘的美景之旅吧！！

Star Ferry

上層船艙
前後設有窗戶的區域是
冷氣座位區，其餘為開
放區。

航線MAP
天星小輪有尖沙咀 ↔ 中環、
尖沙咀 ↔ 灣仔2條航線

九龍半島

昂船洲公路沿線

尖沙咀

維多利亞港

(1)

中環

(2)

灣仔

海底隧道

香港島

登船口
一到碼頭，工作人員就會拿
竹竿把渡輪拉過來。

下層船艙
沒有空調。觀光客幾乎不
待在這裡。可欣賞風景。

What is

天星小輪

1888年開航。白綠色船
體從成立至今沒有改變
過。雙層船艙可容納約
480位乘客。椅面上畫
有星形圖案。

天星小輪

🕐 約6分鐘

💰 HK$2.70～（上層船艙）
HK$3.70）
（週六、日、假日HK$3.70）

航行時間 6:30～23:30（1）
7:20～22:50（2）

航班間隔 約10分鐘

日落美景很值得推薦！！

看著夕陽沉入維多利亞港
相當浪漫。

從船上看到這般風景！

TOURISM
天際100
太平山
電車
遊船
電影
開運景點
SPA・腳底按摩
賽馬
香港迪士尼樂園

國際金融中心IFC

中國銀行

太平山

維多利亞港

從九龍半島和香港島間的維多利亞港輕鬆眺望摩天大樓的遊船行程。

那麼，上船吧！！

買票
付現的話可在驗票口前的售票機購買塑膠代幣。也可到窗口購票。

 也可以刷八達通卡

前往驗票口
請注意上下層船艙的驗票口位置不同。持八達通卡者在此感應刷卡。

上船
閘口打開後上船。工作人員的制服上也有星形圖案。

裡面像這樣

星形圖座椅。　　　　　　　上層船艙內部。

馬上就到中環
渡輪一靠近碼頭就會慢慢減速。到岸後等閘口打開再下船。

下船
經由通道下船。下船時沒有驗票口直接走出去即可。

必拍攝影景點

搭乘天星小輪近距離欣賞令人讚嘆的百萬夜景。

夜景超讚！！

從中環的渡輪碼頭到地鐵站有段距離，但公車站就在旁邊，搭公車到目的地就很方便。

細究香港電影

香港明星的代表作

李小龍
1940～1973。出生於舊金山唐人街。兼任編劇、電影製作，是功夫電影演員的先鋒。

《猛龍過江》
李小龍擔任導演、編劇及主角。以羅馬為舞台，唐龍（李小龍飾）與幫派間的鬥爭。發行商：TWIN，販售商：NBC環球娛樂。

成龍
1954～。將喜劇帶入以復仇元素為主的武打動作片的重要演員。並打入好萊塢。

《警察故事》
成龍擔任編劇、導演、主角及武術指導。香港警察陳家駒（成龍飾）追捕犯下殺人案的販毒集團首腦……發行商：TWIN，販售商：NBC環球娛樂。

梁朝偉
1962～。電視演員出身。2000年的坎城影展以《花樣年華》奪下華人首座最佳男主角獎。在國際上的評價頗高。

《無間道III：終極無間》
《無間道》系列第三集。香港黑色電影代表作。梁朝偉和劉德華兩大巨星主演，描述黑社會與警方的故事。發行商：Culture Publishers，販售商：波麗佳音。

從功夫電影到愛情電影

香港最早的電影製作公司成立於1922年。之後，在默片走到有聲電影的時代，製作了許多功夫電影或武打片等作品。70年代李小龍登場，接著是成龍。並陸續推出許冠文的《半斤八兩》等喜劇電影，香港電影在日本相當受歡迎。到了80年代以後，隨著吳宇森導演的《英雄本色》上映，拍攝了許多描寫黑社會或幫派的懸疑驚悚片（香港黑色電影）。另外，1980～90年代簡直是香港巨星的時代。郭富城等人受封為「四大天王」，相當活躍。梁朝偉、張國榮等也在亞洲各地擁有高人氣。

最近郭富城是目光焦點。演出的作品《踏血尋梅》熱映，並獲頒香港電影金像獎，成為名利雙收的頂尖演員。

亞洲電影的代表城市香港，至今仍不斷推出動作片、愛情片、歷史片等各項作品。旅行前找出來看看也不錯。

 走訪外景地！

《無間道》的取景地

砵典乍街
梁朝偉邊講手機邊走路的石板階梯。
上環／中環
▶MAP P.16 C-2

《重慶森林》的取景地

右：重慶大廈
在充滿危險混雜的氣氛中，真實演出販毒場景。
左：半山手扶梯（→P.160）
飾演警官的梁朝偉住在手扶梯旁的公寓。

TOURISM

天際100

太平山

電車

遊船

電影

開運景點

SPA・腳底按摩

賽馬

香港迪士尼樂園

從刺激緊張的功夫電影，到苦澀無奈的愛情片，以下是旅行前必看的作品！不知不覺就被巨星的男性魅力所吸引。

© 2010 Fortune Star Media Limited. All Rights Reserved.

許冠文

1942～。香港的代表性喜劇演員。也是知名電影導演及劇作家。是活躍於香港演藝界許氏四兄弟的大哥。

《半斤八兩》

諷刺喜劇片。主角是接任何委託都失敗的廢柴社長，發生一連串令人捧腹大笑的事件。發行商：TWIN，販售商：NBC環球娛樂。

©2014 Mega-Vision Project Work shop Limited All Rights Reserved

謝霆鋒

1980～。16歲以歌手身分出道，後來成為演員。也擅長做菜，並經營餅乾店（→P.137）。

《賭城風雲》

動作喜劇片。主角是周潤發。和年輕演員謝霆鋒的對手戲是本劇看點之一。發行商：TWIN，販售商：NBC環球娛樂。

張國榮

1956～2003。知名國際演員，2003年從香港東方文華酒店跳樓自殺。得年46歲。

《霸王別姬》

和中國合作的電影。以絕美影像描述歷經中日戰爭、文化大革命的2位京劇演員間的愛恨情仇。發行商：Asmik Ace，販售商：KADOKAWA。

©2006 Media Asia Films (BVI) Ltd. All Rights Reserved.

金城武

1973～。生於台北。父親是日本人，母親是台灣人，國籍為日本。活躍於日本為首的東亞地區。

《傷城》

刑警丘健邦（金城武飾）和劉正熙（梁朝偉飾）一起追緝殺人犯，邱建邦女友的屍體被發現，劉正熙的岳父也遭殺害。販售商：愛貝克思影業。

日本人擔綱演出的香港電影

其實有不少日本人參與演出香港電影。最有名的是木村拓哉和梁朝偉合演，王家衛導演的《2046》。另外，創作歌手藤岡靛進入演藝圈的契機就是被香港星探挖掘。在電影《八月的故事》中出道。

※封面照有時可能會無預告更換，尚請見諒。

《2046》
木村拓哉（2004年）

《八月的故事》
藤岡靛（2005年）

《2046特別版》
販售商：Culture Publishers
©2004 Block2pictures.Inc.

香港電影年表
※發行年份皆是在香港上映的日期

功夫電影全盛期	1949年 1966年 1971年 1972年 1973年	描述傳說中的武術家《黃飛鴻傳上集之鞭風滅燭》上映。揭開功夫電影的序幕。 胡金銓導演的《大醉俠》上映。 李小龍主演的《唐山大兄》上映。 王羽導演、主演的《龍虎鬥》上映。 李小龍的《龍爭虎鬥》上映	1960～70年代打造香港電影黃金時期的邵氏兄弟電影公司放棄國語電影，轉而發展武打片或功夫電影。其中，橙天嘉禾電影公司全力捧起李小龍，帶起風潮。建立起功夫電影的全盛時期，然而李小龍卻在1973年過世。他死後不久，功夫電影便走下坡。
第二次功夫熱潮	1976年 1978年 1982年 1983年 1994年	許冠文主演的《半斤八兩》上映，之後的「新半斤八兩」在日本也頗受歡迎。 《蛇形刁手》、《醉拳》上映。開啟成龍的巨星之路。 李連杰主演的《少林寺》上映。 《A計劃》上映。 李連杰主演的《武狀元黃飛鴻》上映。	1970年代後半，譽為李小龍繼承人卻尚未嶄露頭角的成龍，轉往喜劇路線發展。隨著《蛇形刁手》和《醉拳》接連上映而走紅。和合演多部電影的洪金寶、元彪一起以幽默演技、異想天開的內容拍攝扣人心弦的動作片，大受歡迎。之後，他進軍好萊塢，打造劃時代的新功夫電影。
香港黑色電影	1986年 1994年 1999年 2002年 2006年	吳宇森導演的《英雄本色》上映。 王家衛導演的《重慶森林》上映。 杜琪峯導演的《鎗火》上映。 梁朝偉主演的《無間道》上映。 梁朝偉、金城武主演的《傷城》上映。	1986年吳宇森導演的《英雄本色》上映，為香港電影帶來新轉機。以暗色調影像描寫幫派角頭的故事，頗時大受歡迎。這一連串的電影和走喜劇路線或大快人心的動作片截然不同，在日本稱作香港黑色電影。另外，愛情電影方面有梁朝偉、金城武、王菲主演的《重慶森林》等，頗受歡迎。

電影或電視劇都在這座城市取景。最常出現的外景地在中環、旺角或太子一帶。碰到明星的機率相當高！

去開運景點提升運氣

What is

香港和風水

風水是來自中國古代的思想，認為氣流左右事物的吉凶，屬於
環境學。自然界分成金、木、水、火、土，再細分為陰陽屬性
的陰陽五行說最常見。在香港，風水是和生活息息相關的大
事。摩天大樓也要參考陰陽五行說進行規畫、設計。

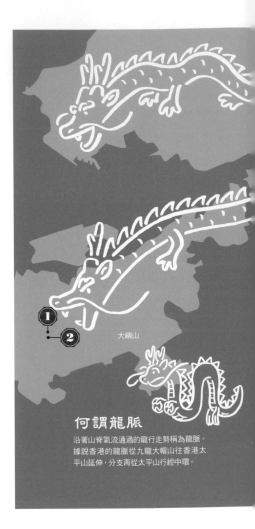

何謂龍脈

沿著山脊氣流通過的龍行走勢稱為龍脈。
據說香港的龍脈從九龍大幅山往香港太
平山延伸，分支再從太平山行經中環。

大嶼山

祈福充電

❶ 寶蓮寺

搭乘大嶼山的昂坪360纜車才
能抵達寶蓮寺。以世界最大的
戶外佛像，天壇大佛而聞名，
前來許願的訪客絡繹不絕。

香港全圖 ▶MAP P.6 B-3

充電冥想

❷ 心經簡林

位於大嶼山的心靈景點。從寶
蓮寺約走15分鐘。在仰望群山
的原野上晶立多根寫有《般
若波羅蜜多心經》的木柱。光
是站在這裡就能感受到神祕
氣氛。

香港全圖 ▶MAP P.6 B-3

事業運　比賽運　祈求金榜題名

❸ 文武廟
（→P.158）

建於1847年，是香港最古老的
道教寺廟，顧名思義，供奉掌
管學問的文昌帝君和武帝關
聖帝君。許多人前來祈願。抽
籤占卜也頗受觀光客歡迎。

上環／中環 ▶MAP P.16 A-2

充電

❹ 太平山頂
（→P.86）

太平山頂也是欣賞香港夜景
的人氣景點。就風水而言，是
龍脈的起點，當地人視其為開
運景點。

香港市中心 ▶MAP P.8 A-3

充電

❺ 香港公園
（→P.164）

位於龍脈上的公園。香港島高
樓環繞下的休憩地點。規畫時
依風水而設計，據說只要來到
這裡就能吸取正氣。

金鐘／灣仔 ▶MAP P.18 A-3

香港一直以來都很重視風水。
即便是現代化大樓也參考風水概念設計興建。
接著走訪香港的開運景點及相關風水地點吧。

TOURISM

天際100

太平山

電車

遊船

電影

開運景點

SPA・腳底按摩

賽馬

香港迪士尼樂園

⑦ 天后廟

位於淺水灣的中國寺廟。供奉掌管錢財、長壽、姻緣等多位神明而聞名。並販售多樣開運商品，適合當伴手禮。

`香港全圖` ▶MAP P.7 E-3

⑧ ICC天際100
（→P.84）

位於香港最高的環球貿易廣場100樓的絕佳觀景台。若是登高一覽西九龍到對岸的香港島等依風水而建的街景，總覺得好運就會降臨。

`油麻地/佐敦` ▶MAP P.12 B-3

⑨ 九龍公園
（→P.155）

位於尖沙咀綠意盎然的公園。境內有亞熱帶樹林、中式庭園及池塘，適合當血拼的中繼休息站。據說此處位於氣流平衡之處，很多人在這裡打太極拳。

`尖沙咀` ▶MAP P.14 C-1

⑩ 黃大仙
（→P.96）

供奉仙人黃大仙，是香港最大的道教廟宇。境內也供奉掌管姻緣的月下老人。廟宇旁的卜卦處，也有以日文或英文進行占卜的店。

`香港市中心` ▶MAP P.9 D-1

⑥ 中國銀行

國際金融商場附近的三角形大樓。位於起自太平山的龍行通道上。大樓整體覆蓋著玻璃帷幕，是為了反射外來煞氣避免運勢走低。

`上環/中環` ▶MAP P.17 F-3

⑪ 車公廟

超過300年歷史的道教廟宇，長期來廣受香港人信賴。眾人相信邊許願邊轉動主殿中央神壇旁的銅製風車，就能實現願望。

`香港全圖` ▶MAP P.7 E-2

九龍的命名由來眾說紛紜。有一說是，九條龍脈通過的風水論。

供奉姻緣之神，香港最大的寺廟
參黃大仙拜占卜運勢

香港人非常喜歡卜卦。黃大仙是必去的上香&求籤地點。
從戀愛運到偏財運都很靈驗，實地體驗一下有求必應的靈籤吧。

前注求靈籤區

參拜前

參拜後

鮮豔的紅黃色燈籠。

道教特有的色彩，金色屋頂。

在香港參拜是日常生活常見的風景。主殿前總是擠滿人。

香港最有名的廟宇之一
黃大仙

調和道教、佛教和儒教的廟宇。主殿供奉的黃大仙，是得仙人傳授以砂為藥之神力與法術的行醫者。因此，傳說該廟宇求身體健康相當靈驗。廟內另外供奉觀世音菩薩、孔子。

🏠九龍黃大仙竹園村二號 ☎2327-8141
🕙7:00～17:00 休全年無休 💰免費
🚇港鐵觀塘線黃大仙站B2出口步行1分鐘

香港市中心 ▶MAP P.9 D-1

這裡必看！

鎮守大門的麒麟像
位於大門旁的麒麟像。是出現在神話中的神獸。據說摸麒麟像可解厄去病。

香港人上供品誠心祈願。

在依風水設計的庭院散步。

綁上紅線的神明
月下老人是姻緣神。手執園內紅線拍手印祈願後，將紅線繫在立於神像兩端的銅像上，據說就能與異性結緣。

「嗇色」是自省悟道之意
正式名稱是嗇色園黃大仙廟。「嗇」是少貴、「色」是欲望之意。嗇色指的是反省自我行為，克制欲望以悟道。

這有月下老人！

參拜

旅客上香就足以傳遞參拜之意。以下介紹參拜的順序。

〈一〉 買香

可跟大門旁的攤商或在伴手禮店購買。一把約HK$30。

〈二〉 進入廟內 投香油錢

一進門就有功德箱，參拜前在這裡投下香油錢以示誠心。

〈三〉 點香

路上設有玻璃箱或燭台。參拜前先在這裡點香。

到處可見造型獨特的燭台。

〈四〉 插香

拜完正殿或祠堂後各插上3支香。上香時3是基本數字。

〈五〉 到主殿參拜

遊客不用擺供品上香就足以傳達祈求之意。

求籤

廟內約有100家以上的解籤處。先求籤再到解籤處！解籤1次約HK$40～。

〈一〉 借籤筒

廟方提供放了竹籤的籤筒，借用後前往正殿。

〈二〉 在正殿祈願

面對正殿說出心中所求。念出祈求之事很重要。

〈三〉 搖籤筒求籤

搖晃籤筒掉出一支籤。如果掉出多支籤就要重搖到只掉出1支籤。

〈四〉 在紙上寫號碼

寫在竹籤上的號碼記到紙上。籤筒還給廟方。

〈五〉 前往解籤處

拿著寫上號碼的紙到解籤處吧。任選一家即可。

也有懂日文、英文的解籤師父。

〈六〉 聽解籤

解籤時間約10分鐘。聽完講解後付錢即可。

TOURISM

天際100

太平山

電車

遊船

電影

開運景點

SPA・腳底按摩

賽馬

香港迪士尼樂園

五感療癒
沉浸在豪華SPA中

到香港的指標性飯店SPA中心進行頂級護理。
以下嚴選幾家可享受以天然素材製成的特級保養品進行東方療程服務，
一邊賞景的SPA。充分消除日常疲勞。

位於116樓的空中SPA

賞美景同時放鬆身心

光是眺望維多利亞港就有放鬆效果。

居高臨下的SPA套房。

從高樓層一覽香港街景

The Ritz-Carlton Spa, Hong Kong

SPA中心位於俯瞰香港街景的116樓。露天按摩浴缸宛如飄浮在空中。先在豪華空間內舒適地進行三溫暖。再接受店家自豪的療程，享受極致幸福時刻。

🏠 九龍柯士甸道西1號環球貿易廣場 ☎ 2263-2040
🕘 9:00～23:00　㊡ 全年無休
🚇 港鐵九龍站C1出口出站即達
油麻地/佐敦 ▶MAP P.12 B-3

SPA DATA	
情侶套房	○
女士專用房	○
蒸氣室	○
泳池	○
接送服務	×

連浴袍和毛巾都是頂級品

Spa at Four Seasons

俯瞰維多利亞港的高樓層豪華SPA中心。天然素材製成的SPA產品與高超手法讓身體由內而外變美。休息室和浴室都很寬敞。

🏠 香港中環金融街8號
☎ 3196-8888（代表）
🕘 8:00～23:00　㊡ 全年無休
🚇 港鐵香港站E1出口出站即達
上環/中環 ▶MAP P.17 D-1

SPA DATA	
情侶套房	○
女士專用房	○
蒸氣室	○
泳池	○
接送服務	×

RECOMMEND MENU

● 熱岩貝殼護膚療程
80分鐘 HK$2100～
以溫熱貝殼進行按摩。

● 玉石煥彩美顏療程
90分鐘HK$1980～
使用翡翠進行臉部護膚。

● ESPA逆齡面部護膚療程
120分鐘HK$2600～
放鬆身心按摩與面部護理包套療程。

RECOMMEND MENU

● 華夏健康護理
150分鐘HK$3990～
品嘗中國茶藝，用米或人參活化全身經絡。

● 全方位有機排毒護理
180分鐘HK$4200～
使用有機栽培的香草和有機蜂蜜。

● 心靈回歸之旅
180分鐘HK$4520～
既有放鬆效果又能排毒。

How to

香港頂級飯店SPA

記住以下4點，就能度過舒適的放鬆時刻

Q 如何預約？
A 從台灣上官網預約也OK
基本上採預約制。盡量在1週前預約。可從台灣上網預約。

Q 有哪些療程？
A 以亞洲療程最具特色
使用亞洲天然素材製成的產品進行護膚的獨家療程或中式療程最受歡迎。

Q 當天的注意事項是？
A 提早到
因為會有美容諮詢，請提前約30分鐘到。若想使用按摩浴缸，建議提前1小時到。

Q 小費多少？
A 約是費用的10%
如果對服務滿意，可付療程費用的10～15%。有些地方的費用含服務費。

東方夢幻空間
提供一流貼心服務的傳統飯店。

提供亞洲特色療程
選用來自澳洲的護膚產品Sodashi。

融合傳統中國風貌與時尚

The Peninsula Spa

飯店引以為豪的SPA中心，空間奢侈寬敞，約1115m²大。提供導入最先進設備、技術和SPA產品的個人化護膚療程。也有生日禮遇或季節限定療程等。

九龍尖沙咀梳士巴利道22號
☎2696-6682
營 8:00～23:00　休 全年無休
交 港鐵尖沙咀站L3出口步行1分鐘
尖沙咀 ▶MAP P.15 D-3

SPA DATA

情侶套房	○
女士專用房	○
蒸氣室	○
泳池	○
接送服務	×

RECOMMEND MENU

- 睡眠療程
120分鐘HK$2700
包含全身精油按摩、頭皮&臉部按摩的套裝療程。
- 緊膚膠原面部護理
60分鐘 HK$2700
使用超高純度產品，恢復年輕緊緻肌膚。
- 煥彩美容面部護理
90分鐘HK$2100
提升肌膚活力。

設備齊全的SPA空間

The Oriental Spa Hong Kong

在2300m²寬的樓層中，設有中東或俄國式等東方三溫暖、SPA中心及泳池，全方位舒緩身心。在三溫暖泡暖身體後再進行療程。

香港中環皇后大道中15號置地廣場
☎2132-0011
營 8:00～23:00　休 全年無休
交 港鐵中環站G出口步行1分鐘
上環／中環 ▶MAP P.17 D-3

SPA DATA

情侶套房	○
女士專用房	○
蒸氣室	×
泳池	○
接送服務	○

RECOMMEND MENU

- 中國氣功按摩療程
60分鐘HK$1400～
改善全身經絡氣流。
- 東方精油按摩
60分鐘HK$1400～
使用生薑複方精油。具有紓壓效果。
- 電子排毒護理
90分鐘HK$1800～
消除頭部、眼周、頸部、雙肩、雙手和雙腳疲勞的療程。

療程中使用到的護膚產品大致上都買得到。喜歡的話就買回家吧。

逛累了就到
街頭腳底按摩店

What is

腳底穴道

據說腳底有和全身內臟對應的穴道。按摩穴道可以刺激內臟，促進血液循環，調整體質。

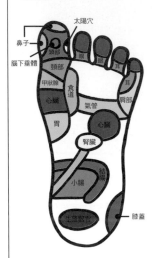

太陽穴
鼻子
腦下垂體
頸部
頸部
甲狀腺
食道
心臟
氣管
胃
心臟
腎臟
結腸
小腸
膝蓋

\ 放心享受按摩服務 /

實用 Q&A

Q 需預約嗎？
A 週末需預約。
大部分店家不用預約也OK，但週末或傍晚人潮較多，若有指定的店家，預約後再去比較放心。

Q 要付小費嗎？
A 約是10～15%。
依店家而異。若是療程費用包含服務費就不另付小費。若要付小費，請給按摩師療程費用的10～15%。

Q 分辨優良店家的方法是？
A 避開腳印有笑臉的招牌。
可以問飯店人員收集資料。請注意小巷內掛著笑臉腳印招牌的店，是風化場所。

不要被笑臉招牌騙了！

部分店家也有懂日文的按摩師。

香港島人氣 BEST 3

多集中於中環或灣仔等熱鬧地區。不少店家都能用英文溝通令人放心。

按摩時，會在肩膀上放熱敷綁帶促進血液循環。

位於交通便捷的市中心
古法足道

開在現代化辦公室大樓1樓的大型按摩店。老闆有中醫師執照，按摩師的技術和服務品質都很棒，值得信賴。

MENU
● 腳底按摩
50分鐘HK$218、65分鐘
HK$268、80分鐘HK$348
● 全身穴位按摩
50分鐘HK$268、65分鐘
HK$338、80分鐘HK$428

🏠 香港中環靈頓街1號荊威廣場17F ☎ 2810-9219
🕙 10:00～23:30 🈺 全年無休
🚇 港鐵中環站D1出口步行2分鐘
上環／中環 ▶ MAP P.16 C-3

九龍人氣 BEST 3

分布於香港最熱鬧的地區尖沙咀。有的店能提供美甲等多項服務。

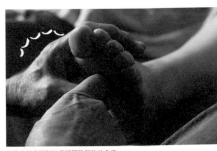

和多家飯店簽訂按摩師服務契約的名店。

近彌敦道的優越位置
華庭腳底反射理療中心

開業約20年的腳底按摩知名老店。簽下多位擁有專門知識和技術的按摩師。

MENU
● 腳部按摩
45分鐘腳底按摩+15分鐘
足浴HK$198
● 全身按摩&中式踩背
60分鐘HK$250

🏠 九龍尖沙咀海防道53-55號海防大廈1F12號室 ☎ 2367-1988
🕙 10:30～凌晨1:00 🈺 全年無休 🚇 港鐵尖沙咀站A1出口步行1分鐘
尖沙咀 ▶ MAP P.14 C-2

逛街逛累了就想到腳底按摩店按摩腳。
大部分都是不需預約就能輕鬆上門的一般店家，
不少家營業到深夜。
到香港島、九龍半島的人氣按摩店消除一日疲勞吧！

刺激腳底穴道
有助睡個好覺。

TOURISM

天際100

太平山

電車

遊船

電影

開運景點

SPA‧腳底按摩

賽馬

香港迪士尼樂園

泡完腳血液
循環更好。

有1位懂日文的按摩師。所有師傅都會說英文。

中藥足湯相當舒服

華夏保健

中醫師開的店。有許多運動選手常客。按摩前先泡在加了數種中藥材的足湯中，讓足部光滑。

MENU

● 腳底按摩
45分鐘HK$260、
60分鐘HK$300

● 全身油壓按摩
45分鐘HK$320、
60分鐘HK$400

⌂ 香港灣仔莊士敦道18號嘉寧大廈1F ☎ 2970-3228
🕐 10:00～21:00
🅷 全年無休
🚇 港鐵灣仔站A3出口步行5分鐘

金鐘/灣仔 ▶ MAP P.19 D-2

泡腳時還提供花草茶。

位於中環商業大樓1樓

朕足浴

泡在花瓣足湯中放鬆後再按摩。按摩中心相當乾淨。按摩師手法到位令人放心。工作人員都說英文。

MENU

● 腳部按摩
50分鐘HK$238

● 全身排毒按摩
75分鐘HK$558

● 上海式修甲
約15分鐘HK$228

⌂ 香港中環德己立街1-13號世紀廣場18室 ☎ 2116-3980
🕐 10:00～24:00（最後受理時間23:00）🅷 全年無休
🚇 港鐵中環站D1出口步行2分鐘

上環/中環 ▶ MAP P.16 C-3

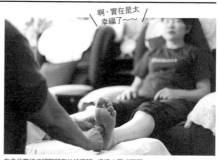

啊，實在是太
幸福了～～

位於1樓的店面寬敞乾淨。

香港明星也會到訪的人氣店

足藝舍

店內氣氛舒適，就算只有女賓也能輕鬆入內。按摩師的技術和專業意識都很高，頗受好評，以回頭客眾多聞名。

MENU

● 腳部按摩
40分鐘腳底按摩＋5分鐘
足浴HK$159

● 中式傳統全身按摩
50分鐘HK$239、75分鐘
HK$359、100分鐘HK$478

⌂ 九龍尖沙咀海防道38-40號中達大廈8F ☎ 2618-0681
🕐 10:00～24:00 🅷 全年無休
🚇 港鐵尖沙咀站A1出口步行1分鐘

尖沙咀 ▶ MAP P.15 D-2

有多位常接待國際顧客的按摩師，溝通上不成問題。

海港城近在眼前

惠康美容足部
治療護理中心

按摩學校校長經營的沙龍。按摩師技術佳，服務親切。

MENU

● 腳部按摩
35分鐘HK$120、35分鐘
腳底按摩＋15分鐘肩頸
腰按摩HK$180

● 腳底＋全身按摩
60分鐘HK$240

⌂ 九龍尖沙咀廣東道12號松鳳商業大廈7‧13F
☎ 2736-1008 🕐 9:00～24:00
🅷 全年無休 🚇 港鐵尖沙咀站
A1出口步行8分鐘

尖沙咀 ▶ MAP P.14 C-2

在名人社交場所
香港沙田馬場的賽馬初體驗

說到香港的運動娛樂，就是賽馬。
除了是備受歡迎的觀光勝地外，彩票種類豐富，其中竟有獎金超過3000萬台幣的比賽！？
還有多樣美食，絕對能玩上一整天！

一夜致富
不再是夢想！？
世界一流騎師在終點前的白熱化攻防戰。
體驗一下令人亢奮的賽馬吧。

neigh～

綠草如茵的新界賽馬場
沙田馬場

身為國際賽事的舉辦場地，可容納10萬人的大型賽馬場。以設備新穎，擁有上蓋天幕可開合的新沙圈而自豪。

🏇 新界沙區沙田馬場　☎無
🕐 第1場比賽12:30～（主要在週日）
🎫 非活動期間　🎟 一般座位區HK$10
🚇 港鐵馬場站出站即達

香港全圖 ▶MAP P.7 E-1

🏁 也可參加賽馬觀光團

從市內搭專車出發。入座貴賓室，從陽台就能將賽馬場盡收眼底。一邊享用國泰航空也採用的美味餐點，一邊看比賽。

進貴賓廂房觀賞賽事！在名人多的豪華空間享受非凡體驗。

SPLENDID TOURS & TRAVEL LTD
賽馬觀戰團
內容：最受賽馬新手歡迎的賽馬＋美食團
🕐 5～7.5小時
💰 HK$1120～（大型賽事期間費用另計）
治詢處
出發：從市內2家飯店搭專車
☎ 2366-3995（專線、英語）
Fax: 2312-2031 /mail: info@splendid.hk

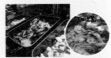

設有自助餐區，除了中國菜外，還提供西式、異國料理等菜色，相當齊全。

📣 **How to**

彩票買法

香港賽馬彩票的種類超過15種。想投注，但在香港買彩票很難？不不，除了售票窗口外，還有自動售票機，可畫押注卡或按觸控式螢幕，輕鬆就能下注。

❶ 買彩票
首先，到售票窗口買「現金券」。請視自身財力量力而為。

❷ 自動投注機
這裡是自動投注機。現金券插入前方票口，開始購票。

❸ 操作簡單
除了押注卡外，也可直接按觸碰式螢幕輕鬆投注。也有英文頁面。

❹ 購票完成！
買好後就會印出馬票。也可以用中獎的馬票購票。不要忘記拿找回的現金券！

What is

香港賽馬

Q 為什麼香港有賽馬？
A 受到英國文化影響。
香港長期受英國統治，賽馬運動在這段期間深植民間，也投香港人所好。

Q 賽事在哪裡進行？
A 香港有2處賽馬場。
新界區的沙田馬場和香港島的跑馬地馬場（MAP P.8 C-3）。

Q 何時舉辦？
A 每週2次。
每個週六、日其中一天，和星期三晚上，一週共2天。不過，7月中旬～8月放暑假不舉行賽事。

Q 遊客也能去嗎？
A 當然可以！還有遊客優惠活動。
有令觀光客心動的優惠活動。出示護照就能進入會員區（HK$130～190）。

和日本賽馬的差異！

賽馬全世界都相同。
不過，沙田馬場有很多這裡才體驗得到的娛樂活動！

國際性賽事多

日本馬也很活躍

2015年的香港盃由日本馬「榮進之光」獲勝！

在春季和年底會舉辦國際競賽，尤其是年底的「香港國際賽事」，為國際競賽總決賽，來自全球的賽馬齊聚一堂。並發行支持各國的彩票，場內也妝點得繽紛華麗。

帶領「榮進之光」奪得勝利的是日本知名騎師武豐先生。

國際賽事結束後的閉幕典禮會施放煙火，不可錯過。

美食多！

場內的餐廳、美食區或賣場，提供不亞於市區餐廳的優質餐點。跑馬地還會舉辦啤酒園活動。

自助餐廳提供自選2道當地菜色的套餐。　香港賽馬會的主廚人才濟濟！

打造19世紀英倫風格的餐廳區「喜馬當先」。

要來喔～

不僅是名人，普通座位區也擠滿喜愛賽馬的超級粉絲。

名人多

國際賽事當天，世界級VIP將以贊助商貴賓的身分蒞臨現場。或許還能看到馬主洪金寶或郭富城等超級巨星的身影。

看台區是名人的貴賓席。

在知名贊助商的彩繪馬雕像前拍張紀念照。

VIP專用看台

跑馬地馬場於19世紀在跑馬地開幕。主要活動是週三晚上的夜賽。　103

TOURISM
天際100
太平山
電車
遊船
電影
開運景點
SPA‧腳底按摩
賽馬
香港迪士尼樂園

必逛從未玩過的區域

暢遊香港迪士尼樂園

香港迪士尼樂園度假區是亞洲第2座迪士尼主題樂園。
位於大嶼山交通方便。必玩日本迪士尼沒有的遊樂設施。

在香港的夢想國度
體驗未曾去過的地區

WELCOME
HONG KONG
DISNEYLAND Resort
歡迎蒞臨
香港迪士尼樂園度假區

2 **Mystic Point**
迷離莊園

1 **Grizzly Gulch**
灰熊山谷

Toy Story Land
反斗奇兵大本營

Fantasyland
幻想世界

重點放在當地專屬區域

香港迪士尼樂園度假區

中心是睡美人城堡。在劃分為7個主題樂園
的園區，有世界首座及亞洲唯一的遊樂設
施。

🏠 香港迪士尼樂園度假區，大嶼山
☎ 3550-3388　⏰ 依日期而異　請上官網確認
㊡ 全年無休　💰 1日票HK$619
🚇 港鐵迪士尼線迪士尼（欣澳）站步行1分
鐘，中環站出發約32分鐘
www.hongkongdisneyland.jp

　香港全圖　▶MAP P.6 C-2

3 **Adventureland**
探險世界

Tomorrowland
明日世界

香港迪士尼樂園MAP

①②③是必玩區域。先到
這裡體驗日本沒有的設施
吧！

Main Street, U.S.A.
美國小鎮大街

TOURISM

天際100

太平山

電車

遊船

電影

開運景點

SPA・腳底按摩

賽馬

香港迪士尼樂園

征服人氣3園區！！

香港有日本尚未引進的設施。
盡情享受這裡才有的表演和遊樂設施！

1 大灰熊居住的金礦小鎮

灰熊山谷
Grizzly Gulch

主題是大灰熊居住的西部採礦小鎮。灰熊山極速礦車的雲霄飛車最受歡迎。

> **STORY** 建於1888年尋金潮的挖礦小鎮。蓋在間歇泉上，街上很容易淹水！灰熊山附近也發現過金礦。

高速穿梭礦山

灰熊山極速礦車
Big Grizzly Mountain Runaway Mine Cars

高速穿梭礦山。

有燭光和老舊工廠等充滿礦坑氣息。

繞行灰熊山一圈的礦車，是橫衝直撞的飛車遊樂設施。穿過漆黑的隧道和乾涸的溪谷，就在急速爬上斜坡後突然下降，驚險萬分。大灰熊也在這裡出現，真令人捏把冷汗。

利用間歇泉的噴泉玩水

噴泉山谷
Geyser Gulch

狂野的採礦小鎮。從指標建築水塔到走道都被水淹沒。小鎮中央的幸運噴泉爆發，願望就會成真？加入鐵匠店和乾貨店的水戰大賽也不錯。

高度驚人的間歇噴泉。

在香港也能見到米奇、米妮，享受這夢幻的時刻。

What is

香港迪士尼樂園

全球第5座迪士尼樂園度假區，2005年開幕。距離香港國際機場很近，從市中心過來可搭港鐵或接駁車，交通方便。和東京迪士尼度假區一樣，發放快速通行卡，更有效率地暢玩園區。

必看畫出光影藝術的夜間遊行

CHECK

在美國小鎮大街也有遊行可看。目前晚上舉辦的是「迪士尼光影匯」，全園籠罩在繽紛光彩下。當然還有米奇帶領奇妙仙子等迪士尼人氣角色加入同歡。

② 展示亨利爵士的收藏品

迷離莊園
Mystic Point

香港迪士尼樂園的獨家主題園區。以迷離大宅為中心的藝術區。既神祕又充滿異國色彩，還有許多不可思議的現象。

> **STORY** The Society of Explorers and Adventures會員亨利爵士是世界級的探險家。這裡有他蒐集的各種骨董……到處都有3D機關。

不可思議的神祕住宅
迷離大宅
Mystic Manor

搭乘電磁車繞行亨利爵士的博物館。圖畫、巴黎音樂盒、埃及骨董等跳動、閃耀，展開一連串驚奇之旅。

必看的神祕迪士尼奇幻世界！

神祕爵士府邸的庭園也很有趣
奇幻庭園
Garden of Wonders

亨利爵士府邸的庭園有來自世界各地的雕塑。鳳凰、獨角獸的雕像、海神尼普頓的馬賽克畫都會產生不可思議的3D幻影。

庭園展示著各項作品，可以親身感受神祕之處或拍紀念照。

⚑ 雖然日本也有，但這裡享受得到香港獨家！

和日本的魔法不同？雖然知道，卻想看看香港特有的夢幻世界！

遊樂設施	TDR（東京迪士尼度假區）也有的遊樂設施，找出兩者間的差異也很有趣。

美食	香港迪士尼樂園也有多家餐廳。機會難得嚐嚐香港當地才有的中式餐點。

搭乘遊船到叢林冒險
森林河流之旅
Jungle River Cruise

搭乘貨船進入叢林裡的熱帶森林河流探險。還有東京版沒有的驚奇場面。

卡通點心超可愛
晶荷軒
Crystal Lotus

吃得到四川、北京、上海及廣東菜。還有以迪士尼人物為造型的港點。

TOURISM

天際100

太平山

電車

遊船

電影

開運景點

SPA・腳底按摩

賽馬

香港迪士尼樂園

③ 遊樂設施！表演！購物！一次滿足

探險世界
Adventure land

該區除了「森林河流之旅」（→P.106）和「泰山樹屋」等遊樂設施外，還有禮品店、觀賞道地表演的娛樂設施。滿足全家大小、情侶、朋友的要求，人人都能盡興。娛樂表演的演出時間固定，事先查清楚，玩起來更有效率。

撼動人心的音樂&舞蹈表演

魔海奇緣凱旋慶典
Moana: A Homecoming Celebration

敘述莫娜回到故鄉莫圖努伊島的冒險，約20分鐘的現場表演。一邊欣賞音樂、舞蹈、戲偶及故事進展，一邊嗨翻全場。

來賓也能參與的體驗型舞台秀，氣氛熱烈。

欣賞雜技表演

獅子王慶典
Festival of the Lion King

30分鐘動感表演的豪華音樂劇。化身為非洲叢林的舞台，動物們的表演精采絕倫。

和卡通人物相遇!?

加利布尼市集
Karibuni Marketplace

開在充滿非洲繽紛色彩、風景、音樂的區域，販售零食、伴手禮的市集。有時會有迪士尼卡通人物出現，別忘了帶相機！

飯店 香港迪士尼樂園度假區有3家雅致的直營飯店。
到香港國際機場交通方便也是魅力之一。

眺望南海的豪華飯店

香港迪士尼樂園酒店
Hong Kong Disneyland Hotel

全館採用英國維多利亞式設計，風格華麗。一覽無遺的海景充滿度假感。

⌂ 香港迪士尼樂園度假區，香港大嶼山
☎ 3510-6000
🛏 洽詢飯店　🚪 400間
🚌 搭園區接駁車在飯店前下車

在多國文化中休息片刻

迪士尼探索家度假酒店
Disney Explorers Lodge

座右銘是「勇於探索，開創夢想」。提供世界五大洲各式美食與戶外大型泳池是飯店的賣點。

⌂ 香港迪士尼樂園度假區，香港大嶼山
☎ 3510-2000　🛏 洽詢飯店　🚪 750間
🚌 搭園區接駁車在飯店前下車

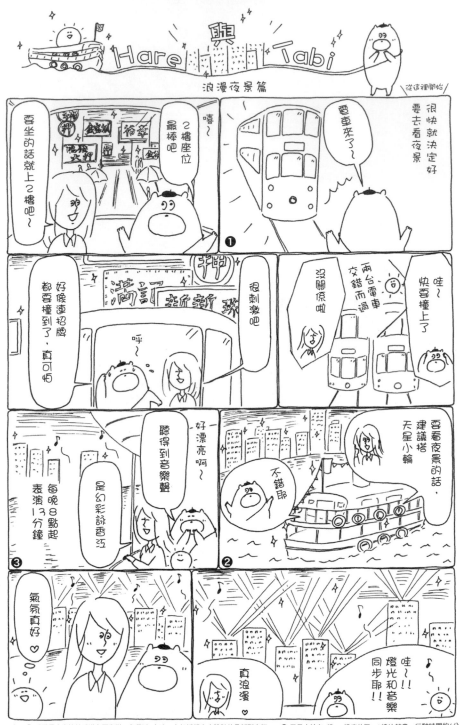

① 香港電車穿梭於香港主要街道，全程近1小時。車架採鋁合金設計的是新型車輛。 ② 天星小輪有1樓、2樓座位區，2樓比較貴。行駛時間約6分鐘，很快就到對岸。 ③ 香港島旁和九龍島旁都有表演。想一次看到兩邊的表演，建議搭遊船。

108

SHOPPING

香港「購物」事件簿

認識挑選最愛伴手禮的重點和善用刷卡事宜，享受香港購物樂趣！

事件 1

錢包好重～！！
一大堆硬幣

購物時光拿紙鈔付款結果找回一大堆零錢……
而且硬幣又大又重，錢包都要塞爆了！

解決！ 善用刷卡

香港是刷卡社會。很多人不帶零錢上街，大都刷卡付費。依場合善加利用八達通卡（→P.206）或信用卡吧。

八達通卡可在港鐵客務中心或便利商店購買。

Visa信用卡
購物或用餐時刷卡很方便。另外，遇到緊急狀況還可在國外ATM提領當地貨幣，令人放心。

Visa簽帳金融卡
連結銀行帳戶直接從戶頭扣款。不用擔心超支，就像帶現金在身上。在有Visa記號的商店，24小時365天都可以使用。

香港刷卡達人指南

以下表格清楚列出付現或刷卡的場合

	百貨公司	商店	餐廳	路邊攤	港鐵	公車	香港電車	計程車
信用卡	○	○	○	✕	✕	✕	✕	✕
八達通	△	✕	✕	△	○	○	○	△
機場快線．港鐵旅遊票	✕	✕	✕	✕	△	✕	✕	✕

消費付款卡要以信用卡、簽帳金融卡、旅遊預付卡為主，交通費則刷八達通卡。
為了安全，也不要帶太多現金在身上。

事件 2

不知道怎麼挑選
香港伴手禮

送人模仿日本角色的日用品或珍貴中藥，卻遭嫌棄……哪些是討人喜歡的香港伴手禮？

解決！ 中國風物品、
茶葉或流行餅乾

食品的話就送中國茶或醬料包，其他則建議中國風商品。若是實用的分送類伴手禮，虎標萬金油也不錯。大小尺寸齊全。

🥿 香港人氣伴手禮一覽表

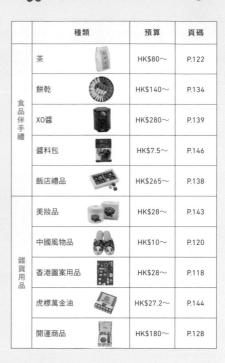

	種類		預算	頁碼
食品伴手禮	茶		HK$80～	P.122
	餅乾		HK$140～	P.134
	XO醬		HK$280～	P.139
	醬料包		HK$7.5～	P.146
	飯店禮品		HK$265～	P.138
雜貨用品	美妝品		HK$28～	P.143
	中國風物品		HK$10～	P.120
	香港圖案用品		HK$28～	P.118
	虎標萬金油		HK$27.2～	P.144
	開運商品		HK$180～	P.128

事件 3

買完東西
不裝袋直接用手拿

在超市買完東西，結帳人員說沒有塑膠袋，面臨用雙手捧著商品離開的窘境……
在商店買衣服時也說提袋須自費。連精品店的紙袋也要付費。香港沒有免費提袋嗎？

解決！ 購物袋需付費。
請自備環保購物袋！

在香港，幾乎每家店的購物袋都要付費。購物時請自備環保購物袋吧。在商店或超市也有賣自有品牌購物袋。買來當伴手禮也不錯。

買環保購物袋！

Two Girls（→P.143）環保購物袋上的復古畫很漂亮。HK$15

Marks & Spencer Food（→P.147）的保冷袋。
HK$35

G.O.D（→P.118）的環保袋。輕巧可折疊相當方便。
HK$195

😊 對購物袋的規定各店有不同做法。有些精品店需多付HK$1購買紙袋。結帳時請確認清楚。　111

集結時尚香港品牌的超大購物中心

PMQ元創方購物半日遊

這裡是SOHO區最新藝術&文化訊息發射站。是高質感用品店和咖啡館進駐，
備受矚目的大型商業複合設施。花半天時間逛逛吧。

舉辦期間限定的快閃店或戶外市集、
時尚走秀等多樣活動。

What is

PMQ 元創方

前身為1951～2000年的已婚警察宿舍，翻修後於2014年開幕。約有100家以服飾、生活用品為主的商店、餐廳、咖啡館或展覽場等進駐，另外還有創意設計工作室。

種類豐富的時尚品牌或生活用品。

2棟樓由4樓空中花園來連接互通。

有多家新文化原創店。

Stauton

面向士丹頓街的大樓聚集多家生活用品。

Hollywood

位於荷李活道上的大樓，設有烘焙坊和咖啡館，可稍作休息。

7F	設計工作室
6F	辦公室、商店
5F	商店、藝廊
4F	商店
3F	商店
2F	尚店
1F	商店、藝廊
GF	服務中心、商店、餐廳

7F	藝廊
6F	藝廊
5F	藝廊
4F	商店、咖啡館
3F	商店、辦公室
2F	商店
1F	商店、烘焙坊、廚藝教室
GF	商店、咖啡館

體驗特色十足的生活型態

PMQ元創方

經營理念和其他購物商城迥
渭分明。香港人從聚集於此
的品項或人群擷取不少靈
感。

⌂ 香港中環鴨巴甸街35號
☎ 2870-2335
⊙ 7:00～23:00（各店不同，原則上是11:00～20:00）
㊡ 全年無休（依店鋪而異。多家商店週一公休）
㊉ 港鐵中環站C出口搭半山手扶梯步行10分鐘

上環／中環 ▶MAP P.16 A-2

Stauton　香港人氣商店雲集的Stauton棟

SHOPPING

PMQ

雜貨用品

茶・茶具

香港品牌

開運商品

旗袍

餅乾

飯店禮品

中藥

限定伴手禮

虎標萬金油

超市

GF SG03-SG07

國際時尚品牌

新潮的創意
中國風圖案

以東西新舊融合為概念

Vivienne Tam

設計師譚燕玉於廣州出生，在香港長大。目前以紐約為據點活躍於全世界。

HK$1150
畫有可愛貓熊圖案，用色鮮豔的手拿包。

採用麻將圖案元素的個性化運動外套。
HK$4950

2m高的京劇女伶人偶。

185m²的大型店舖。活用原始建築結構的現代裝修風格。

1F S105

知識豐富的專業駐場人員

茶與茶具專賣店

販售時尚茶具

工夫茶舍

茶葉種類豐富，也提供多種價格供挑選。可請店員協尋符合需求的商品。

HK$80
罐裝「大紅袍（水仙）」茶葉（75g）。

HK$40
花茶「粉紅玫瑰茶」（37.5g）。

HK$100
方便的盒裝茶包（1盒）。

HK$60
吸睛的復古圖案包裝。

也有提供試喝的茶藝區。

輕盈體積不大的茶葉最適合當伴手禮。也有小份量或包裝設計可愛的商品。

2F S202

特色品項齊全

當地設計師
珠寶品牌

以黃銅商品為主

a o g p

特色是採用黃銅特殊質感搭配細膩設計。也有多款價格親民的商品。

HK$1590
充滿透明感的手鐲（左）和耳環（右）。

HK$2820

HK$435

HK$370

線條繁複設計精緻的黃銅耳環。

以藍色做跳色的耳環。

閃耀個性光芒的設計。

商品陳設空間宛如藝廊。也歡迎試帶，大膽地跟店員說吧。

2F S205

珍貴的廣東綢製品
中國風主題

2位香港設計師的品牌
Loom Loop

店內陳列注入中國風元素的時尚生活用品。品牌概念是環保和結合東西方文化。

自然風格的廣東綢洋裝。

HK$189

以摩登金魚為圖案的卡片夾。

HK$2680

HK$200

凸眼金魚造型的耳環。也有紅色金魚。

HK$420

配色華麗漂亮的金魚圖案錢包。

亞洲風時尚錢包HK$420。

有許多使用天然染技藝的傳統素材、廣東綢製成的商品。右上方的圍巾各HK$600。

3F S304

舒適風家飾品
種類齊全的廚房用品

精選竹製生活用品
Bamboa Home

店內商品是老闆精選來自世界各地的生活用品。推薦設計自然且時髦的竹製餐具或碗盆。

HK$280

附濾網的竹製水瓶。

若想找實用商品先來這裡逛逛。

HK$260

色彩柔和的竹碗。

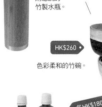

各HK$180

100%純精油。

架上陳列著嬰兒餐具、插花用品、布製品、鏡框等各種竹製生活用品。

4F S403

堅持使用自然素材
Made in香港的有機保養品

廚房&家飾生活用品
Bathe to Basics（小）

提供多款有機保養品的生活風格選物店。也會舉辦工作坊等活動。

以植物萃取成分製成的各項保養品。

各HK$196

香港養蜂場生產的各種蜂蜜。

以「Bathe to Basic」的品牌名稱推出的有機保養品種類齊全。全部都是在香港手工製造的產品。

各HK$68

護唇膏。茉莉WAX（左）柑橘花園（右）。

比實物更逼真的
「金魚 IN JAR」
蠟燭

沒有港點香味的
蠟燭…

HK$360

HK$180
BeCandle

當地設計師作品，港點
蠟燭

HK$25

馬來西亞設計師
的作品，金魚圖
案信套信套組

店內商品為來自世界各地設計師獨樹一格的生活用
品。也有不少採用香港主題的商品。

4F S402

原創&精選
別出心裁的生活用品就在這裡

也有港味十足的主題用品
Glue Associates

4位領域不同的設計師為推廣
自家作品而開店。還有精選自
世界各地的設計師生活用品。

各HK$150

A5大小的筆記本。
配合各人物的主題
色設計。

HK$250

HK$160

觸感住的公主小姐
玩偶。

多加HK$30就能寫上
名字。

除了繪本人物聯名商品外，還有精選服飾商品及生
活用品。

4F S410

結合繪本人物
感受英國繪本的世界觀

早期動漫人物相關商品
The Refinery

廣受全球喜愛的卡通人物奇
先生妙小姐的聯名商品。寫上
自己姓名的馬克杯頗受歡迎。

HK$78

梔子花茶。香港
生產的百年商品。

擺盤精美的港
式點心。也有
露天座位區。

HK$68

使用美國有機豬肉
製作的傳統上海水
煎包。

HK$88

奢侈使用各種莓果
的調酒。Very Berry
Mix。

有庭園風露天座位區與採用舊式香港
裝潢的室內座位區。附設G.O.D店面。

GF SG12-SG14

生活用品店×健康餐點
G.O.D和Locofama的結合

時尚健康餐廳
Sohofama

透過飲食推廣健康和幸福的
Locofama經營的餐廳。和
G.O.D（→P.118）合作，提供復
古用品與裝潢設計。

SHOPPING

PMQ

雜貨用品

茶・茶具

香港品牌

開運商品

旗袍

餅乾

飯店禮品

中藥

限定伴手禮

虎標萬金油

超市

GF HG12A-HG14

也有日本設計師的作品
PMQ直營的
選品店

服裝飾品種類豐富
Design PMQ

時尚配件品項齊全。也販售多
款男裝＆女裝、包包、鞋子、
手錶等。

造型簡單的
優質飾品。

HK$599　HK$499

設計簡潔的耳環
（左）和戒指
（右）。

HK$2690　HK$2480

HK$390

時髦手錶。
還有其他款式。

雙色手提包。
還有其他配色。

上圖中的餐具選用輕量材質。也有日本設計師手繪
的香港街景作品。

4F H404

用心設計的手工藝品
彩色亞克力紗生活用品

圖案豐富變化多端
FABcessories

每個飾品都是在店內工作室
手工製成，成品精緻。週末也
會舉辦工坊活動。

可愛的紅色圓球
耳環。

HK$390

HK$290

頗受歡迎的火鶴
項鍊。

HK$289

留下俏皮咬痕的西瓜
耳環。

HK$239

還有多款充滿南國
風情的耳環。

也有提供自己或寵物的照片，製作頭像飾品的客製
化服務。HK$1390〜

GF HG10-HG12

高質感選品店
也有香港風生活用品

設計師生活用品＆服飾
kapok pmq

高質感選品店，販售多款香港
主題的生活用品。也有香港設
計品牌Mischa（→P.127）的商
品。

HK$198

各HK$49

代表各地區的插畫明
信片。

傳達熱愛香港之情的
托特包。

各HK$59

HK$650

香港圖案留言卡。

Misha的原創卡片夾。

以香港及全球各地的設計師商品為主，不過，也有T
恤或鞋子等自有品牌商品。

旗袍也頗受歡迎。

HK$2650

香港復古花紋的旗袍。

HK$3200

採用單寧素材的旗袍。

左上圖是可夾在外套胸前口袋的小型眼鏡造型飾品。HK$180。

重現香港早期街景的紙模型。

4F H407

以懷舊和環保為主題
原創生活用品

3位藝術家聯合開業
三匠

展示販售3位領域不同的設計師原創作品。經營理念是懷舊和環保。

HK$750

HK$1980

和香港賽馬會合作設計的洋裝。

黑底粉紅葉圖案的肩背包。

Hello Kitty折疊式墨鏡盒。
HK$66

HK$980

花紋種類豐富的化妝包。

提供結合東西方元素，款式優雅充滿女人味的洋裝及流行飾品。

3F H306

柔和色調與特殊圖案
以新感覺設計引起關注的香港品牌

也和三麗鷗合作
Blind by JW

設計師Jessica Lau與Walter Kong兩人於2012年成立的品牌。設計優雅廣受喜愛。

HK$68

加了珍珠糖的西瓜剉冰。

HK$142

尺寸驚人的棉花糖。春風滿面（荔枝冰沙）。

HK$90

最受歡迎的滿漢紅燒牛肉麵（牛肉麵套餐）。

除了填飽肚子外，也適合休息片刻。

GF HG01・HG05

咖啡館結合書店
多種台灣美食&飲料

洋溢懷舊氣氛
Garden Meow

模仿古早台灣味的懷舊裝潢。提供多樣台灣知名麵類與飯食。每樣都份量十足。

樣樣都滿意
上G.O.D購買超可愛日用品

提供加入香港本土文化設計的生活風格用品店。
頗受當地人歡迎。去找富品味的伴手禮吧。

購物袋也
很有質感。

 What is

G.O.D 住好啲

位於中環山邊的轉角口。附近聚集
多家人氣咖啡館和商店，適合散
步！

賣什麼？
・文具
・生活用品
・新潮用品
・家飾品
・廚房用品

設計師是？
Douglas Young先生是老闆兼
設計師。為自家挑選家具時，
因為都找不到好物件便決定
自行設計，1996年開設家具店
G.O.D。廣東話寫成「住好
啲」，說明設計師希望「住得
好些」的心情。

在香港有幾家分店？
除了中環店外，還有PMQ
（→P.112）、銅鑼灣（MAP
P.21 D-2）、赤柱（MAP P.7
E-3）、香港國際機場（MAP
P.6 B-2）等分店。

🏠 必逛這裡！
中環店
空間寬敞商品最齊全！

充滿中國風
香港平民生活設計！
G.O.D

🏠 香港中環荷李活道48號
☎ 2805-1876
🕐 11:00～21:00
📅 全年無休
🚇 港鐵中環站D2出口步行
12分鐘

上環/中環 ▶MAP P.16 B-2

我是金經理

餐具

高質感設計。有很多香
港人的幸福符號「喜喜」的主
題商品。

因為是每天會用到的東西，所以有很多設計主題為提升財運或愛情運的商品。

HK$238

HK$168

HK$168

HK$160

止滑橡膠杯墊4件組。

以喜喜為主題的筷架
4件組。

以黑底襯托華麗霓虹
燈圖案的馬克杯。

以霓虹燈招牌為圖案
的玻璃杯標記。

文具

在筆記本或文件夾等設計
上注入大量香港復古元
素。增添使用樂趣。

到港味十足的實用
文具區尋找簡單的
伴手禮吧。

HK$28

HK$28

1個HK$380

1個HK$380

畫上藝術霓虹燈的
文件夾。

在文件夾上畫滿香港
物品。

獅子圖案的皮革零
錢包。

可愛貓熊皮革零錢包。

SHOPPING

PMQ

雜貨用品

茶・茶具

香港品牌

開運商品

旗袍

餅乾

飯店禮品

中藥

限定伴手禮

虎標萬金油

超市

時裝

有設計幽默的T恤、中國風襯衫等，多件融合東西方文化的單品。

G.O.D自有品牌服飾採用彈性纖維，穿著舒適頗受好評。

店員也很喜歡G.O.D的單品！

寫上香港當地笑話或口號的T恤，一定要買來穿。

休閒服飾也選用高品質素材。

HK$128

HK$980
HK$195

HK$350

HK$350

亮粉紅色的脖圍。布料柔軟穿戴舒適。

為穿搭增添亮點的緞面圍巾。

印上香港特色圖案的環保購物袋。還有其他圖案。

以霓虹燈招牌和金魚為圖案的迷你托特包，開口大，使用方便。

家飾品

2樓是家飾品區。有蠟燭或抱枕套等適合當伴手禮的品項。

頗具品味的家具擺設，為裝潢帶來靈感。

HK$225
表情可愛的貓熊圖燭台。

連現場擺設都充滿復古情懷！讓香港愛好者捨不得離開的美妙空間

令女生怦然心動

購入中國風物品

引人注目的可愛
貓熊類商品！

從簡單的中式圖案錢包HK\$52到
伴手禮選項到藝術作品，種類豐
富。

招牌商品是可愛貓熊。店內擺滿動物造型包，
就像動物園。

在博物館禮品店
購買高品質商品

完美的動物造型！

中國風
商品

動物造型
商品

HK\$89

博物館自有品
牌購物袋。

HK\$552〜

港點磁鐵。放在蒸籠裡的點
心就像實物！

可愛

HK\$80

加入香港常見素材
「紅白藍」的零錢
包。

HK\$228

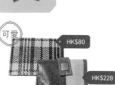

設計醒目！

HK\$65

造型搶眼！京劇臉譜手提包
吊牌。

HK\$370

小狗造型背包，容量
充裕。

我是小狗

HK\$530

尺寸從XS〜L都有的波士
頓包。上圖是M尺寸，下
圖是S尺寸。

HK\$300

HK\$410

兔子造型手拿包。拉鍊把手
做成紅蘿蔔狀。

推薦

自用也行的中國風用品

香港歷史博物館

以簡明易懂的方式介紹香港文化歷史
的博物館。還有種類豐富的伴手禮。

🏠 尖沙咀漆咸道南100號　☎ 2724-9042
🕙 10:00〜18:00（週六、日、假日〜
19:00）　㊡ 週二　🎫 門票HK\$10（只
逛禮品店不收費）　🚇 港鐵尖沙咀站
D1出口步行10分鐘

尖沙咀　▶MAP P.15 F-1

以愛護動物為出發點

Morn Creations

全是原創商品。有多款以貓熊為主，
還有鯊魚、兔子、貓咪等可愛的動物
造型包或飾品。

🏠 香港中環美輪街7號　☎ 2869-7021
🕙 11:30〜20:00　㊡ 全年無休
🚇 港鐵上環站A2出口步行10分鐘

上環/中環　▶MAP P.16 B 2

以年輕新銳設計師的作品為首，香港是中國風商品的寶庫。從時裝到廚房用品百花齊放。感受一下尋找特殊伴手禮的樂趣吧！

What is

中國風物品

17～18世紀風靡歐洲的中國風藝術類型，稱做中國風情（Chinoiserie）。由此發展出中國傳統設計加上西洋風格，造型時尚的物品。

PMQ

雜貨用品

茶・茶具

香港品牌

開運商品

旗袍

餅乾

飯店禮品

中藥

限定伴手禮

虎標萬金油

超市

多款造型豐富尺寸齊全的繡花拖鞋。也有HK$200～的手工刺繡錢包。

從穿上可下展露香港風情

可愛繡鞋，足下

鞋子

HK$350

HK$329

HK$150

造型優美的粉紅色牡丹花拖鞋。

紫色平底鞋繡上能提升財運的金魚圖案。

傳統

HK$350

貓熊圖案也很夯！穿上表情可愛的鞋子很療癒！？

我是老闆王嘉琳。

第3代美女老闆的創意

先達商店

位於住商混合大樓的小店。店內擺滿手工刺繡涼拖鞋！

🏠 九龍吳松街150-154號寶靈商場1F 16-17號　☎ 6623-3015
🕐 14:00～20:30　🚫 全年無休
🚇 港鐵佐敦站C2出口步行3分鐘

油麻地／佐敦　▶ MAP P.13 E-3

從小碟子到太茶壺，小店內餐具堆積如山！來逛時最好不要帶太多行李。

創業40年平價中國餐具

餐具

15.

HK$15～

HK$400

最受歡迎的伴手禮，調羹HK$15～

看起來像動物的陶壺。

推薦

也有造型古典的商品！

HK$60

內附濾網的加蓋馬克杯。

HK$10

當家飾品也很漂亮的蛋杯。

在舊空間內挖寶尋餐具

興祥富記

販售平價的中國古典花紋餐具。貼上OLD CHINA貼紙的是古董，價格較貴。因為空間狹窄，來挖寶時請輕裝上門。

🏠 香港中環士丹頓街17號
☎ 2524-2756　🕐 11:00～19:00
🚫 全年無休
🚇 港鐵中環站D2出口步行12分鐘

上環／中環　▶ MAP P.16 B-3

陳年商品價格飆漲！？

購買特製普洱茶

中國茶種類豐富，但香港人最喜歡的莫過於普洱茶。
即便在港式飲茶店也都點這款茶。到專賣店買道地的普洱茶吧！

茶香馥郁
喉韻綿長

分杯時茶香誘人。
中國茶須倒盡最後一滴茶。

普洱茶！

第3代老闆顏偉立
老字號茶鋪，顏奇香茶莊（→P.124）
的第3代老闆。可以請教茶業相關事
宜。

這是什麼？

普洱
又名黑茶的後發酵
茶葉。放越久越值
錢，超過100年
的陳茶甚至要價
HK$100萬。

為什麼要做成餅狀？

原先和其他茶葉狀態相同。做成茶餅的理由眾說紛紜，最普
遍的說法是普洱茶從雲南省走茶馬古道長途跋涉，為了保持
茶葉品質與運輸方便，便壓製成餅狀。

（上）架上居然陳列著1900年代的古茶。也有貼上自家貼紙，表示名店出品。
（下）的紅茶HK$150～。

What is

香港的茶文化

中國茶是代表中國的文化。據說在西元前2700年是做為解毒劑使用，逐漸演變成現在的品茶文化。在香港會搭配食物或當天的身體狀況挑選茶葉。

當中最受喜愛的是香氣馥郁滋味豐富的普洱茶。產自雲南省的中國茶之一。歷經歲月變得陳韻馨香，成為身價翻漲的陳茶逸品，譽為「中國茶之葡萄酒」。

還有時髦的茶具。

排疑解惑！

請教顏奇香茶莊的顏偉立先生！
對香港人而言茶為何物？

Q 香港人愛喝的茶是？

首推普洱茶。據說含有脂肪酶，具有將脂肪排出體外的功效。是1天攝取5餐的香港人不可欠缺的茶品。

Q 除了普洱茶外還喝哪些茶？

中國茶大致可分為6種。以顏色做區分，有青茶、綠茶、黃茶、白茶、黑茶和花茶。普洱茶屬於黑茶。壽眉茶、龍井或水仙茶也頗受歡迎。

Q 適合搭配港點的茶是？

普洱茶最受歡迎。但要注意空腹時飲用過量，會吸收到體內必要脂肪，引起胃痛。香片（茉莉花茶）就不太對味。

龍井茶或烏龍茶適合搭配港點甜品。

Q 分辨茶葉的方法是？

辨別茶葉品質、製茶技術及熟成環境最重要。茶湯色澤從紅褐色到深栗色，清而不濁者為佳。

會詳細教導分辨方法。

Q 可以試喝嗎？

無法提供純試喝服務。雖然會為有意購買的顧客泡茶，但茶餅一敲碎就沒有商品價值，所以無法試喝昂貴的普洱茶。

也會傳授正宗品茗禮儀。

顏偉立的父親顏文正先生。

Q 可在哪裡買到？

除了茶葉專賣店外，中國百貨公司也設有專區。若能接受方便的茶包形式，也可在超市買到，但還是推薦專賣店！

方便購買的盒裝茶葉HK$150～

那麼，去買茶囉！

※ 普洱茶的廣東話念做po-rei。長時間陳放的普洱茶，會有灰塵等雜質，所以第一泡茶都先洗茶，倒掉不喝。

123

SHOPPING

PMQ

雜貨用品

茶・茶具

香港品牌

開運商品

旗袍

餅乾

飯店禮品

中藥

限定伴手禮

虎標萬金油

超市

【普洱茶】

這裡的高級茶葉頗具盛名

（上）普洱茶最好用紫砂壺沖泡。HK$1000～（左下）使用的桿秤充滿歷史感。（右下）店內整齊乾淨。

原創包裝。1950年代～1996年的茶廠是國營產業，所以只有「中茶牌」包裝。

紀念創業80周年製作的自有品牌紀念茶餅HK$1800。

融入上環市區的普洱茶老店

顏奇香茶莊

1928年創業的老店，一進門顏氏父子便起身相迎。是眾所皆知的普洱茶名店，從輕便茶款到陳茶都有，種類豐富。也有多種茶具供挑選。

🏠 香港上環蘇杭街136號地下
☎ 2544-1375　🕙 10:00～19:00
🈺 全年無休
🚇 港鐵上環站A2出口步行4分鐘

上環/中環 ▶MAP P.16 A-1

HK$180

沖泡方便，價格平實的紙袋裝普洱茶。300g裝。

HK$150～

也有適合送禮的盒裝茶品。左起，陳年普洱茶HK$240、普洱茶舊餅HK$400、普洱餅茶HK$150。容量為75～100g。

【各式茶款】

適合送禮的茶

50種以上的常備茶款！

（左上）位於購物商場內，相當方便。在以白色為基調，裝潢明亮的店內選茶（左下），也有加了花朵和果實的八寶茶HK$148～（右）色彩豔麗的茶具組HK$800～。也有景德鎮產品。

美麗的茶葉展示區。個個能看清形狀和顏色，並標示了計價單位，相當方便。

HK$80～

方便飲用的茶包，重量輕適合當伴手禮。左起鐵觀音HK$98（40g）、茉莉花茶HK$88（30g）。

深具信心的精選品

【普洱茶】

HK$120

直徑約10cm的小型茶餅，相當稀有！

1950年代～1996年國營茶廠時期的「中茶牌」圓茶！

HK$1500
HK$150
HK$80

老闆孫子畫的可愛插圖！

烏龍茶加桂花製成的桂花烏龍。

玫瑰白牡丹在高級白茶中添加玫瑰香氣。

附設茶室！

不但可試喝，裡面還附設能遠眺維多利亞港的茶室（費用HK$50～）。

新星茶莊

想休閒品茗時

來自長洲的楊氏父子於1996年開業。雖是新成立的公司，但積極推廣品茶普及化，也開設茶班課程。

🏠 香港銅鑼灣鑼素街38號
金朝陽中心32F3201室
☎ 2832-2889　🕙 10:00～21:00　🈳 全年無休
🚇 港鐵銅鑼灣站A出口步行1分鐘
銅鑼灣　▶ MAP P.21 D-2

茶海、茶杯、蓋碗等的成套茶具HK$1200～

還有各式茶具

試喝也OK

店內角落設有試喝區。看著茶藝師優雅的沖茶姿態，相當療癒。

安溪特級鐵觀音（50g）。高級新茶存放於溫控4～8℃的冰箱。

HK$158

HK$260

有多款包裝精美的商品。福鼎茉莉龍珠（75g），採復古設計的鐵罐包裝。

（左）越用越有滋味的陶壺。（右上）普洱茶。（右下）壺蓋上是鬼頭鬼腦的猴子。

福茗堂茶莊

多款小包裝或套裝商品

在香港擁有4家分店。招牌商品是高級烏龍茶款鐵觀音。半島酒店餐廳提供的也是這裡的茶。

🏠 香港中環金融街8號國際金融中心商場30F　☎ 2295-0368
🕙 10:30～20:00　🈳 全年無休
🚇 港鐵香港站出站即達
上環/中環　▶ MAP P.17 D-2

SHOPPING

PMQ

雜貨用品

茶・茶具

香港品牌

開運商品

旗袍

餅乾

飯店禮品

中藥

限定伴手禮

虎標萬金油

超市

❀ 獲得時尚敏銳度高的香港女性愛戴

Timbee Lo　盧添比

香港設計師Timbee Lo於2005年
成立的時尚公司，2007年在銅鑼
灣開店。

展售獨特世界觀的商品，每樣都
是在香港手工製造，幾乎都是限
量一件或數量有限。

廣受粉絲支持的
特色式樣

Try
me~

店內陳列的品項除了部分設計師
選品外，大多是原創商品。順帶一
提，圖中就是Timbee Lo本人。

❶華麗的店內擺滿各色商品。❷也有
多款可當穿搭飾品的時髦配件。❸商
品價格主要在HK$300～1000間，飾
品定價便宜約是HK$100～，真令人開
心。❹很多商品限量一件，遇到就是
有緣。❺散發獨特的感性魅力，个只
是香港，全球都有擁戴者。

香港是眾所皆知的高級精品購物天堂。最近，有香港當地的設計師誕生，打造出新風潮。以下介紹代表性品牌！

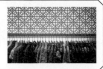
SHOPPING

PMQ

雜貨用品

茶・茶具

香港品牌

開運商品

旗袍

餅乾

飯店禮品

中藥

限定伴手禮

虎標萬金油

超市

 What is

香港品牌

在香港出生長大，於歐美累積了留學經驗或社會經驗後，再回到香港的設計師。他（她）們設計的單品呈現出中西合璧的優雅品味。

HK$898
以蕾絲和圓球突顯特色的前衛上衣。

HK$680
裝飾花俏顯眼的棒球帽。

\ 飾品也很豐富！/

HK$596

HK$1760

HK$680

（上）據說這條手鍊的設計靈感來自日本女性。（左下）古怪可愛！？的眼球耳環，絕對引人注目。（右下）兔子項鍊。

世界注目充滿個人特色的設計師
Timbee Lo

凝聚Timbee Lo獨特的世界觀，展現新奇創意的潮流。商品範圍廣泛，享受整體穿搭的樂趣。

🏠 香港銅鑼灣記利佐治街2-10號銅鑼灣地帶1F106舖 ☎ 2803-4444
🕐 13:00～23:00 🈺 全年無休
🚇 港鐵銅鑼灣站E出口步行1分鐘
銅鑼灣 ▶MAP P.21 E-1

❀ 前模特兒創立
Yi-ming

知名時裝模特兒蔡毅明（Grace）於2011年成立的店。推出款式時尚的東方旗袍。

HK$3380

HK$3580

用色鮮明短版剪裁呈現輕便感的現代化設計。

以蕾絲的透膚效果打造性感成熟風。

平常就能穿的旗袍
Yi-ming

利用旗袍剪裁、東方元素製成的時裝，也適合平日穿著。還有兒童款。

（上）花樣高貴美麗的手拿包，各HK$980。（中）中國風手工旗袍杯各HK$229。（下）店面位於SOHO區。

🏠 香港上環東街50號A舖
☎ 3111-2268
🕐 11:00～19:00 🈺 全年無休
🚇 港鐵上環站A2出口步行10分鐘
香港市中心 ▶MAP P.8 B-3

❀ 頗受選品店歡迎
Mischa

設計師是香港出生的Michelle女士。以日本和服腰帶也會使用的六角龜紋為圖案的手提包，造型簡單卻令人印象深刻。

也打算進軍日本。

$1690

老闆兼設計師Michelle

人氣基本款Jet-set托特包。清爽的香檳色。

HK$2390

想打扮得稍微狂野！迷彩紋包包。

網羅品味質感的高級百貨公司
Lane Crawford

英國百貨公司。精選優質品牌進駐，Mischa也在包包區占有一席之地。

🏠 香港中環金融街8號國際金融中心商場3F
☎ 2118-2288
🕐 10:00～21:00
🈺 全年無休
🚇 港鐵香港站出站即達
上環/中環 ▶MAP P.17 D-2

運氣UP
寫張花鳥字

Jonathan是擁有30年經驗的花鳥字師傅。

世界唯一的

開運藝術伴手禮

How to

花鳥字 先討論要寫的文字、姓名及成品尺寸後再開始!

拿連細部都畫得漂亮的自製專用筆沾取紅色、藍色、黃色及綠色墨汁⋯⋯

熟練地轉動筆尖,沒多久就畫出色彩鮮豔的圖文字。

換拿小筆在文字上描繪。聽說將寫好的花鳥字掛在西側牆上,花鳥字朝東有開運效果。

花鳥字是頗受歡迎的開運品項，是歷史悠久的香港文化。跟技術純熟的花鳥字大師訂製專屬作品，喚來幸運吧！

花鳥字

在書法及繪畫技巧上，融入風水的藝術作品。是擁有2000多年歷史的中國傳統藝術，將代表「幸福」的鳥等吉祥圖案，拼寫成漢字。

商店位於赤柱市集內。

帶回開運藝術品

彩虹書法

位於海邊小鎮赤柱市集的花鳥字店家。所有商品都含裱框，明信片大小HK$180～起即可下單。

🏠 香港赤柱市集Shop63
☎ 9389-0077
🕙 10:00～18:00　🈹 全年無休
🚌 從中環（交易廣場）搭6號公車30分鐘，到赤柱廣場下車步行3分鐘

香港全圖 ▶MAP P.7 E-3

| 日語OK | 需時30分鐘 | 立即交件 | 不需預約 |

有名到冒牌貨都來搶飯碗的Jonathan大師。

店內掛滿多幅範本供參考。

免費寄送到飯店！

【各種花鳥字】

文字範本。龍表示氣勢驚人，鯉魚帶財，鶴代表長壽健康。

眾多吉祥物

以鳥為主題繪製的「福」，是頗受歡迎的作品。依大小HK$420～590。

寫上情侶姓名的吉兆扇形圖HK$580。

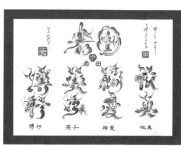

還有日本人的姓名

闔家開心

17×33cm HK$450

13×18cm HK$180

除了祝福家族繁盛、健康長壽外，也可當新居落成禮。HK$880。

SHOPPING
PMQ
雜貨用品
茶‧茶具
香港品牌
開運商品
旗袍
餅乾
飯店禮品
中藥
限定伴手禮
虎標萬金油
超市

藉由石頭的能量補強運勢

購買開運商品

How to

訂製印章　香港網羅了來自全球各地的優質石材，由一流雕刻師刻製的印章價值不斐！

一　選擇石材

挑選希望補強的運勢如愛情或健康等的石材，再開始刻製印章。

二　選擇字體

提供多種字體設計範本！湯先生及店員會詳細解說，令人放心。

刻成貓頭鷹或鴨子等的吉祥動物造型印石。

除了漢字外，也可刻上假名、羅馬字母或韓文。

可做成圓形章或方形章，不過風水上以圓形章為佳。方形章為休閒用。

寫出要刻印的文字。也可以加入圖畫。

店內陳列著翡翠或粉紅水晶等30種以上的石材。從平價品到高級品應有盡有，金額依種類而異。

多種色彩繽紛的石材！

在盛行風水之說的香港，以能量石製成的印章或手環是頗受歡迎的開運商品。旅行期間購買一件自己專屬的商品，將幸運帶回家吧！

What is

能量石

在中國，自古以來就相信天然石蘊藏著各種力量，若要祈求好運可挑選水晶或粉水晶、希望事業有成或學業進步就選瑪瑙或虎眼石，祈求長壽或消災解厄可選翡翠。

三 刻印

老闆湯先生是會刻寫鳥蟲篆等現今罕見書法字體的名師之一。

使用的雕刻刀等工具，都是湯先生用得順手的獨家定製品。

四 附印泥和印章盒！

掌管愛情的粉紅水晶（左）HK$1300。招來好運的青金石（右）HK$1100。成套附印泥及印章盒。

完成！

因為要2天才能做好，建議一到香港當天就來訂購！

・日語OK	・HK$600〜	・隔兩天交件	・不需預約

自選喜歡的石材和開運字體

Tangs

在這條路上鑽研超過25年。雕刻師湯先生經營的客製化印章店。也提供開運字體，和老闆溝通後再訂製。

🏠 九龍尖沙咀梳士巴利道22號半島酒店M2F
☎ 2712-1382
🕙 10:00〜19:00　㊡ 全年無休
Ⓜ 港鐵尖沙咀／尖東站L3出口步行1分鐘
尖沙咀　▶MAP P.15 D-3

位於香港頂級豪華飯店，半島酒店（→P.195）內，開業超過25年的老店。

・日語OK	・HK$120〜	・當天交件	・需預約

通日語可安心選購

香港旭洋行

這家其實不是零售店，而是日籍姊妹花經營的公司。因此可用批發價買到商品。除了能量石外也賣茶葉。

🏠 九龍彌敦道27-33號良士大廈11FA座
☎ 2366-6960　🕙 9:00〜17:00
㊡ 週六、日
Ⓜ 港鐵尖沙咀站E出口步行1分鐘
尖沙咀　▶MAP P.15 D-2

POWER STONE

也有用動物造型的水晶風水擺件，約在HK$53左右。大多是金魚等香港當地的幸運吉祥物。

灌氣！

為購買能量石的顧客灌氣。也可以請教後續保養等方法。

妹妹負責做手環。聽完石材的功用後再選吧。

能量石首飾

獲得石頭的力量

招牌上倒著寫的「福」字稱作「倒福」，和福氣來了「到福」發音相同。帶有吉祥寓意。　131

🛒 SHOPPING

PMQ

雜貨用品

茶・茶具

香港品牌

開運商品

旗袍

餅乾

飯店禮品

中藥

限定伴手禮

虎標萬金油

超市

解析旗袍

正式場合也適穿
代表大中華地區的民族服裝

　　其實日文的旗袍說法China Dress是日式英語。正確的英文單字是mandarin-gown，廣東話念做「qi pao（旗袍）」。在香港可以看到各式各樣的旗袍，從伴手禮店的平價款到專賣店訂製款都有。

　　其魅力在於能勾勒出女性優美的曲線。加上開衩剪裁，成為方便實穿的民族服飾。大多使用光澤布料製作，帶來華麗感。有及踝或及膝等各種長度。年輕一輩的喜歡粉嫩色，長輩則偏愛素雅色系。若加上搭配得宜的外衣或配件，便能出席正式場合，因此，趁機買件訂製款旗袍吧。

現成品約是HK$1500～

歷史

圖片提供 朝日新聞出版社

源自滿州族的民族服飾

原是滿州族服飾。明朝（1386～1644年）時期流行A字連身裙，剪裁舒適寬鬆。1920～30年代受到電影等影響而普及化，到了40年代版型優雅。現在則是收腰貼身的樣式。

布料

活用素材質感

使用絲綢、棉、麻、天鵝絨、金蔥及化纖等布料，和西服沒什麼不同，到旗袍訂製店看現場展示的多種布料就能了解。中國因為有多處絲綢產地，也常運用在旗袍上。

圖案

以喜慶圖案為主

使用有吉祥寓意的動物、虛構生物或文字。文字通常是福或壽。生物多為孔雀、鳳凰或龍。另外，豔麗的牡丹、菊花、百合的花朵也很常見。最近也流行素面或棋盤格等花樣。

香港和旗袍

圖片提供 朝日新聞出版社

香港是流行發射站

1930年代，旗袍的流行發射站在上海。雖然文化大革命時打壓旗袍文化，但電影女星優雅的穿著吸引眾人目光，便在時尚城市香港發展出各種款式。1960年代，高領、合身的式樣蔚為主流。

旗袍的現在與未來

與時代共存

知名設計師陸續發表設計新款，旗袍的款式和素材邁向多樣化，與時俱進求新求變。兼具東洋風情和西方功能的旗袍，越來越受到全球人士的喜愛。

SHOPPING

PMQ

雜貨用品

茶・茶具

香港品牌

開運商品

旗袍

餅乾

飯店禮品

中藥

限定伴手禮

虎標萬金油

超市

旗袍的特色

似懂非懂的旗袍特色。在此徹底分析清楚。

衣領
沒有特別規定衣領的高度，可依體型調整。除了立領外，也有普通洋裝般的圓領。

盤扣
衣襟上的盤扣也有各種顏色形狀。配上旗袍布料後決定了整體印象，所以要謹慎挑選。

右衽
傳統旗袍和服一樣，採交領右衽（也有部分訂製服是左衽）。

裙長
有膝上、及膝、及踝等各種長度。參加宴會的話，推薦行動方便，秀出美麗足踝的及膝裙。

開衩
旗袍最大的特色是開高衩。有了高衩即便穿著貼身旗袍也能行動自如。

穿著重點

貼合身體曲線
一有皺褶產生，看起來就像現成品。合身的剪裁能展露出女人味。

整齊盤起頭髮
為了展現美麗的衣領，以短髮或盤髮造型為佳。

穿跟鞋或平底鞋
和髮型一樣，展現乾淨清爽的足下風情。穿著外出或宴會鞋。

姿勢端正優雅
穿上旗袍後不可以駝背。抬頭挺胸展現優美體態。

How to order

訂做件旗袍吧

不需預約　英語OK

需時約1小時（挑布料和量身）
1個月後宅配

1 挑選布料

先從超過200種的布料，選出喜歡的材質！

2 挑選款式

短袖、長袖、短裙或長裙，參考各式樣衣挑選款式。

3 量身

量身時，下半身最好是和旗袍穿起來長度差不多的服飾。

2～3天後可以試樣。

1959年開業的中國百貨公司

裕華國貨

地下1樓、地上6樓的百貨公司。要訂做旗袍請上2樓。價格含工帶約是HK$2500～4700。

⌂ 九龍彌敦道301-309號　☎ 3511-2222
🕙 10:00～22:00　⊗ 全年無休
⊗ 港鐵佐敦站A出口步行1分鐘

油麻地／佐敦　▶ MAP P.13 F-2

香港必買的伴手禮新選擇

試吃評比餅乾四大天王

西點師傅老手　集結

喜樂果子（The Joyful Fruits）

5種果乾加抹茶口味的綜合餅乾盒。中間的招牌木馬插畫好可愛！

HK$218

該店招牌
旋轉木馬

堆疊在店內的餅乾盒。水藍色基底配上粉紅色，還有迷人的旋轉木馬插畫，充滿魅力。

店面很小，
注意不要錯過！

小巧的店面。

知名飯店出身的主廚是強力保證！

Conte de cookie
曲奇童話

3位來自香港五星級飯店的前西點師傅經營的人氣隱藏小店。主打綠茶和果乾製成的餅乾。

🏠 九龍尖沙咀堪富利士道8D號
☎ 2889-2799
🕚 11:00～21:00　㊡ 全年無休
🚇 港鐵尖沙咀站A2出口步行1分鐘

尖沙咀　▶MAP P.15 E-2

SHOPPING

PMQ

雜貨用品

茶‧茶具

香港品牌

開運商品

旗袍

餅乾

飯店禮品

中藥

限定伴手禮

虎標萬金油

超市

透過回頭客的口耳相傳拓展業務，目前香港正夯的伴手禮就是專賣店餅乾。有些店甚至中午前就賣光了。徹底分析下列4家人氣商店的餅乾！

  What is

香港餅乾現況

多家餅店堅持選用有機食材製作。掀起這波熱潮的珍妮曲奇，人氣紅到出現山寨版及代購店！

造型可愛的餅乾。

COOKIES IN THE BOX

① 鳳梨
加了鳳梨果乾的奶油餅乾。是酸甜平衡的好滋味。

② 芒果
添加香甜濃郁的芒果乾。選用法國或澳洲進口的奶油製作餅乾。

③ 綜合莓果
味道像葡萄乾的綜合莓果。選用的果乾以台灣貨為主，還有加拿大或美國貨。

④ 桂花&桂圓
加了桂圓增添中式風味。淡淡的桂花香，和茉莉花茶相當對味。

⑤ 抹茶
使用台灣生產的抹茶製作，風味十足。開心果和南瓜子恰如其分地起到提味效果。

1盒只有1片喔

⑥ 奶油餅乾
有機蛋製成的基本口味餅乾。以法芙娜巧克力繪製木馬圖。

這款也很受歡迎！

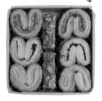

HK$188

蝶舞花間
（The Butterfly Dance）

名為蝴蝶酥的愛心酥餅是香港人的最愛！
圖中是原味蝴蝶酥、杏仁蝴蝶酥、黑芝麻阿麻籽蝴蝶酥及檸檬杏仁條的綜合餅乾。

四味奶油曲奇
（4 Mix Butter Cookie）大

最受歡迎的4種綜合口味。一打開盒蓋就聞得到濃郁的奶油香～！也有小盒裝HK$75。

HK$140

開店前就在排隊。

率先引領餅乾熱潮！

Jenny Bakery
珍妮曲奇

使用大量奶油做出滋味馥郁的餅乾。依季節改變造型的泰迪熊圖案鐵盒頗受歡迎。還有8種口味的綜合餅乾。

🏠 香港上環永和街15號
☎ 2524-1988
🕐 9:00～19:00　🔄 全年無休
🚇 港鐵上環站E2出口步行2分鐘

上環／中環　📍MAP P.16 B-2

餅乾熱潮的領頭羊

COOKIES IN THE BOX

① 咖啡
麵團中揉入味道清爽的咖啡。這款餅乾奶油含量較少。

② 咖啡花
以擠花嘴做成花朵形狀的咖啡餅乾。口感比①溫潤。

③ 奶油花
以擠花嘴做成花朵形狀的奶油餅乾。口感鬆軟入口即化。

④ 奶油
簡單的奶油餅乾。味道柔和就像自製手工餅乾！

口味豐富人氣急遽攀升

HK$188

雜錦曲奇-9味
（Assorted Cookies- 9 Flavor）
塞滿9種口味的實惠餅乾盒。每塊口感
不一相當特別。也適合搭配中國茶。

放在玻璃瓶內的是試吃用餅乾。幾乎所有口味
都吃得到！找出喜歡的餅乾吧。

微笑餅乾
白黑各2枚

招牌微笑標誌！

Cookies Quartet
曲奇4重奏
選用有機麵粉、奶油等嚴選食材製成
的餅乾，甜味高雅。也有川椒榛子等
口味，頗受不愛甜食者的好評。

🏠 九龍尖沙咀加拿分道10B號
☎ 2311-5119
🕚 11:00～21:00
🈺 全年無休
🚇 港鐵尖沙咀站D2出口步行1分鐘

尖沙咀 ▶MAP P.15 E-2

COOKIES IN THE BOX

① 高纖五穀籽
以亞麻籽、葵花籽、芝麻等富含膳食纖
維的穀物製成的健康餅乾。

② 芝麻
加了烘炒過的黑白芝麻。以柑橘類果
皮增添風味，呈現豐富的層次感。

③ 牛油酥條
條狀奶油餅乾。香濃醇厚的奶油配上
華麗香草風味的樸實餅乾。

④ 玫瑰
餅乾中加了新鮮玫瑰花的人氣品項。
與奶油的香甜滋味相得益彰。

⑤ 川椒榛子
四川辣椒搭配榛子的新口味餅乾。即
便是不愛甜食的人也停不了口。

⑥ 夏威夷果仁
加了大量美國夏威夷果仁。口感鬆脆，
是擁有眾多粉絲的口味。

⑦ 牛油杏仁片
撒上杏仁碎片的香濃奶油餅乾。一入
口就會像插畫般露出微笑。

⑧ 巧克力
使用法國頂級巧克力。美味的巧克力令
人忍不住微笑。

⑨ 咖啡&核桃
烤過的核桃和香氣十足的咖啡是最佳
拍檔。甜度低，大人也愛吃。

還有這個！

奶油&堅果
酥脆的奶油餅乾加上大量堅果碎粒。
一片就能享受到雙重口感。

明星謝霆鋒開的店

鋒味曲奇
採單片獨立包裝，適合分送親友。每包各裝了5～6片一口大小的餅乾。

HK$200

單一口味的紙盒裝HK$100。一次買2盒只要HK$180，相當划算！

COOKIES IN THE BOX

① 甜
在口中散發出淡淡懷舊滋味的奶油餅乾。傳統的擠花造型相當可愛。

② 苦
苦味巧克力滋味濃厚，頗受大人喜愛。除了茶或咖啡外，配酒也很對味。

③ 酸
檸檬口味的條狀餅乾！清爽的酸味和奶香馥郁的麵團融為一體，醞釀出意外的好滋味。

④ 辣
添加辣椒和起司做成小吃風味餅乾。味道嗆辣，是驚嚇伴手禮的選項！？

 Who is

謝霆鋒

活躍於香港的演員、歌手。在料理實境節目《十二道鋒味》中，擔任主廚兼主持人，精湛的廚技和口條大受好評！甚至開設餅乾專賣店。

演出《賭城風雲》。

嚴選四款料理王子的餅乾
鋒味

香港明星謝霆鋒開設的餅乾店。4種各具特色的餅乾，全部使用天然食材製作。

⌂ 香港中環結志街 39-49號
☎ 2608-0036
🕙 10:30～19:30
休 全年無休
🚇 港鐵上環站E2出口步行8分鐘

上環／中環　▶MAP P.16 B-2

時下流行的香港餅乾大多不含人工添加物，賞味期限約1個月，送禮時須注意這點！

SHOPPING

PMQ
雜貨用品
茶・茶具
香港品牌
開運商品
旗袍
餅乾
飯店禮品
中藥
限定伴手禮
虎標萬金油
超市

到知名飯店
挑選高檔禮品

送禮給重要的人總會仔細斟酌。香港的話最適合送知名飯店的自製禮品。
正因為來自重視傳統和格調的飯店，無論挑選哪樣都不出錯！

對美食禮品
深具信心！

官方吉祥物，穿上門僮服
飾的半島小熊。HK$395

半島酒店販售美食禮品。

What is

飯店禮品

各家飯店都設有禮品店，販售自家
餐廳的自製調味料、點心及擺飾品
等。有些也印上飯店標誌，品質優
良最適合送給特別的人。就算不入
住也能購買，放心進來挑選吧。

人氣基本款是甜點&茶葉！

飯店主廚嚴選食品是伴手禮人氣排行榜的常勝軍。
茶葉或點心大多和飯店內提供的相同。

HK$295

CHOCOLATE
松露和果仁巧克力的經典組合。濃郁的
可可風味滿足美食家挑剔的味蕾。**A**

HK$415

CHOCOLATE
巧克力精品店的果仁及松露巧克力等口
味豐富的什錦禮盒。最適合送給重要的
人。**A**

HK$265

CHOCOLATE
杏仁的香氣與口感和巧克力融為一體的
杏仁巧克力糖。份量十足的選項。**A**

TEA
紅茶綜合組。自英國殖
民時代起便是知名紅茶
精品店的半島酒店才有
的送禮佳品。**A**

※香港國際空港店限定

HK$280

PMQ

雜貨用品

茶・茶具

香港品牌

開運商品

旗袍

餅乾

飯店禮品

中藥

限定伴手禮

虎標萬金油

超市

必買XO醬！

XO醬是種綜合調味料。1980年代在香港研發製成。原料來自海鮮乾貨，產品味道各家不一。試試飯店才有的特色風味。

源自半島酒店

HK$395

A

誕生Story
半島酒店粵菜餐廳，嘉麟樓的主廚許誠研發製成。因為頗受好評，其他餐廳也跟著推出。

材料
海鮮乾貨加辣椒、蒜頭、辣油、紹興酒及豆瓣醬等製成。裝入玻璃瓶中保存。賞味期限約1個月。

產品特色
◎用料豐富。
◎辣味溫和搭配任何食物都對味。
◎充滿海鮮香氣，直接吃也美味。

味道？
各家店的味道不同，但通常會加辣椒所以偏辣。可以當炒菜時的調味料，或直接加在冷豆腐上。

放眼亞洲最頂級
A 半島酒店
The Peninsula

🏠 九龍尖沙咀梳士巴利道22號
☎ 2696-6969（半島精品店）
🚇 港鐵尖沙咀站L3出口步行1分鐘

尖沙咀 ▶MAP P.15 D-3

如何烹調？

炒高麗菜
滋味豐厚的XO醬最適合搭配簡單的炒菜。

XO醬炒鮭魚
鮭魚的鹹味和XO醬的濃厚香氣十分對味。可加入大量蔬菜一起翻炒。

菲力牛排
稍微煎過的牛排配上XO醬，提升風味層次。

炒飯
香辣調味百吃不膩。和雞蛋也很對味。

HK$350

加了蝦米、干貝、金華火腿。味道醇厚只需少許就能提出鮮味。**B**

HK$280

米其林3星餐廳，龍景軒的自製品。以干貝為主食材，辛辣卻不刺激。**C**

HK$280

米其林餐廳的獨門配方。辣度與鹹味平衡得恰到好處。**D**

產品特色
◎熟成調味油令人印象深刻。
◎味道濃厚只要少許就OK。
◎海鮮香氣馥郁。

產品特色
◎加了大量干貝口感十足。
◎也有素食口味HK$220。
◎辣味溫和搭配任何菜色都OK。

產品特色
◎配料大塊添菜色份量。
◎充分提出干貝鮮味。
◎辛辣夠味。

東方風情印象
B 香港置地文華東方酒店
The Landmark Mandarin Oriental

🏠 香港中環皇后大道中15號置地廣場
☎ 2132-0188（代表）
🚇 港鐵中環站G出口步行1分鐘

上環／中環 ▶MAP P.17 D-3

位於看得到海景的中環
C 香港四季酒店
Four Seasons Hotel Hong Kong

🏠 香港金融街8號
☎ 3196-8888（代表）
🚇 港鐵香港站E1出口出站即達

上環／中環 ▶MAP P.17 D-1

位於九龍半島尖端的絕景飯店
D 香港洲際酒店
InterContinental Hong Kong

🏠 九龍尖沙咀梳士巴利道18號
☎ 2721-1211
🚇 港鐵尖沙咀／尖東站J2出口步行3分鐘

尖沙咀 ▶MAP P.15 E-3

香港的家庭常備藥
以中藥產品調理身體

預防醫學發達的香港。覺得身體容易疲勞、皮膚狀況不好……
聽說香港人這時會吃中藥調養。來去看看吧！

What is

中藥店

中藥原則上是運用身體原有的自然治癒力。和西藥最大的差異在於，店員聽完顧客的症狀後，配製符合症狀的藥品或商品。也有多款改善體質，預防疾病發生或復發的品項。

店內擺滿各種漢方藥材，例如採自大自然的植物物或蕈類等。其中也有很多昂貴的物品！

輕鬆挑選
安心伴手禮

香港有很多家中藥店。輕鬆就能買到盒裝商品，相當方便。有些店會放英文或日文說明單，可以善加利用。

連中國觀光客都來買
余仁生

擁有140年歷史，規模最大的中藥店。提供多款方便調養的中藥湯或中藥茶。上環店和銅鑼灣店也有駐店中醫師。

🏠 九龍尖沙咀漆咸道南11-15號
☎ 2366-8321
🕙 11:00～20:00
㊡ 全年無休
🚇 港鐵尖沙咀站P3出口步行1分鐘
尖沙咀 ▶MAP P.15 F-2

觀光客推薦度No.1！

[香港有60家分店]

大門敞開隨時歡迎顧客進入。

自用
中藥處方

店必須事先掛號。請注意當中有些後才開立處方的中藥店，通常開3天份的藥。聽完症狀或煩惱有駐店中醫，

到香港旅行兼健康檢查
長壽園

由中醫梁炳南先生看診。把脈時一語道破症狀，令人驚訝不已！可以買3天份的中藥。

🏠 九龍佐敦吳松街62-64號幸福商業大廈16F
☎ 2730-1202
🕙 10:00～17:00（看診時間10:30～※必須提前一天掛號）
㊡ 週日、假日
🚇 港鐵佐敦站A出口步行5分鐘
油麻地/佐敦 ▶MAP P.13 E-2

[1972年創業的處方藥店]

也可以一次領一星期的中藥。

How to

處方 從700種生藥中，為患者挑選出符合症狀的專屬藥材。

STEP.1

問診和把脈
聽患者說明症狀，觀察臉色和舌頭後把脈。

→

STEP.2

處方箋
經過多方思考後，寫下3天份的中藥處方箋。

→

STEP.3

秤藥
從700種生藥中取出處方藥材秤重並裝袋。

\ 說日文OK喔～ /

SHOPPING

PMQ

雜貨用品

茶・茶具

香港品牌

開運商品

旗袍

餅乾

飯店禮品

中藥

限定伴手禮

虎標萬金油

超市

余仁生的推薦品項

以下是各症狀適用的保健品，提供給沒時間看診的人參考。

症狀	品項	症狀	品項
經期不順	**金牌白鳳膠囊** HK$180 白鳳丸是常見的婦科藥品，主成分為烏骨雞。此款是膠囊狀。	養顏、清熱	**純珍珠末** HK$42 100%珍珠粉，幼兒也能吃。倒入溫水拌勻服用。
經期不順	**金牌白鳳丸** HK$198 改善手腳冰冷或經期不順等。初次服用者兩天吃1包。	滋補強身	**靈芝養顏湯** HK$43 藥膳湯食材。1袋為1天份，對睡眠不足或食欲不振具療效。
經期不順	**月舒美顏飲** HK$75 加了玫瑰果的傳統四物飲。	滋補強身	**養心湯** HK$45 工作疲勞精神不濟時，喝中藥湯安神，睡個好覺。
舒緩	**玫瑰花** HK$43 玫瑰花茶。促進血液循環，改善手腳冰冷或經期不適感。	滋補強身	**花旗參石斛安神養陰湯** HK$101 加了紅棗、花旗參、石斛的中藥湯。可消除疲勞。
強化胃腸功能	**養生健脾四神粉** HK$98 都市人經常飲食不規律，本品可增強消化功能。	改善睡眠	**七星茶** HK$88 增強消化功能，有助睡眠安穩。無糖，以天然食材製成。
嬰兒夜啼、易驚	**保嬰丹** HK$118 對嬰兒夜啼淺眠易驚具療效。也適用於兒童感冒。	改善睡眠	**養血歸脾丸** HK$109 調理身心平衡，改善睡眠不寧。
提升免疫力	**蟲草菌絲體膠囊** HK$368 採用冬蟲夏草分離出的菌種發酵的菌絲體，經純化、培養製成。	補血	**當歸補血湯顆粒** HK$48 成分是紫雲英和當歸。具養氣、補血之功效。
提升免疫力	**特靈芝「破壁」孢子專方** HK$438 據說靈芝有抗癌效果，是香港中藥店的熱賣品。	止咳潤喉	**特強清涼薄荷川貝枇杷膏** HK$68 攜帶方便的液體條狀包裝。強效薄荷配方清涼潤喉。
美白	**美白去斑寶** HK$158 肌膚美白膠囊。據說能調理內臟功能。	止咳潤肺	**海底椰川貝潤肺湯** HK$169 加了潤肺化痰止咳成分的中藥湯。

備受喜愛的良心品牌
購買超值限定伴手禮

只有香港才買得到，才有這麼便宜的超值限定伴手禮。
找出良心品牌的平價商品，限定食品列入必買清單！

 日本也很常見　　　日本食品公司在香港生產的商品。包裝稍微不同，還有香港限定口味！

FOOD
Nisshin

出前一丁是香港頗受歡迎的泡麵，連餐館菜單上都會出現。因為在當地生產，口味和日本略有差異。

推薦 出前一丁　　　　　　　　　推薦 杯麵

袋裝泡麵出前一丁早已是香港的國民食品。約20種口味，有XO醬海鮮等多款限定口味。　各HK$4.4

方便的杯裝泡麵也很受歡迎。特色是有香辣牛肉等多種亞洲口味。　各HK$7.3

SWEETS
Glico

香港當地也有Collon、Pretz、Pocky等零食。因為有季節限定口味，務必到超市找找看！

SNACK
Calbee

Calbee目前在香港無人不知無人不曉。也有多種日本沒有的亞洲風味。比起日本口味較重。

　HK$9.9

香港當地口味是芒果。酸味明顯。

　各HK$4.6

左邊是咖哩薯片，右邊是烤玉米口味。咖哩味很辣，超想來杯啤酒。

DRINKS
Others

世界品牌立頓等知名飲品也推出香港限定商品。

茶餐廳御用的立頓紅茶做成茶包。除了圖中的茉莉花茶外也有奶茶等商品。日本可口可樂旗下的可愛Qoo在香港推出芒果汁！

　HK$14.9

　HK$4

SHOPPING

PMQ

雜貨用品

茶・茶具

香港品牌

開運商品

旗袍

餅乾

飯店禮品

中藥

限定伴手禮

虎標萬金油

超市

What is

香港美妝現況

香港的女士在哪裡買化妝品。主要是藥妝店和化妝品折扣店。其實香港當地的化妝品公司不多，大家用的多是日本或韓國品牌。雖是進口貨，有些日本品牌卻比日本還便宜！

在香港和澳門分店超過100家的SaSa，也有店內附設美容諮詢區或SPA的Sa Sa Supreme。

 香港及其他

以下推薦最適合當伴手禮的香港當地或未進駐日本的韓國品牌美妝品。

COSMETICS
Two Girls 雙妹嘜

1898年誕生的香港在地美妝品牌。產品選用天然素材製成，價格也實惠。復古式包裝頗受歡迎。

添加維他命E的薰衣草護髮油。

HK$42

補充肌膚水分，維持平衡狀態的雪花膏。

HK$45

HK$28

HK$50

招牌商品花露水爽身粉。讓肌膚摸起來光滑細緻。

以檸檬等植物萃取精華製成的花露水。

COSMETICS
Sa Sa Supreme

從護膚品到化妝品，所有美妝品一應俱全！包含以下介紹的產品，所有品項都享折扣價。

各HK$200

天然護膚品牌BEYOND的滋養霜和眼霜。

HK$300～

左起有機化妝水、洗面乳、乳液。

各HK$172

彩妝師趙成雅的自創品牌。畫出深邃眼眸。

HK$123～

保濕就交給ANGEL AQUA！左起是乳液、BB霜。

享譽百年的歷史老店
Two Girls 雙妹嘜

香港在地老字號品牌。知名商品是能舒緩肌膚不適兼具防蚊效果的花露水。還有一系列適合當地氣候的保養品。

🏠 香港銅鑼灣記利佐治街2-10號銅鑼灣地帶283號舖
☎ 2504-1811 🕐 12:00～21:00
🅷 全年無休 🚇 港鐵銅鑼灣站E出口步行1分鐘

銅鑼灣 ▶MAP P.21 E-1

雖然只在銅鑼灣設專賣店，但藥妝店也買得到商品。

網羅600種以上的名牌美妝品
Sa Sa Supreme

在香港和澳門擁有100多家分店的平價美妝店。這家是在香港也很少見，館內設有護膚和美甲沙龍的旗艦店。

🏠 香港銅鑼灣禮頓道77號禮頓中心地下及2F
☎ 2555-0806
🕐 10:30～22:00
🅷 全年無休
🚇 港鐵銅鑼灣站A出口步行3分鐘

銅鑼灣 ▶MAP P.21 D-2

入口位於禮頓中心1樓，主賣場在2樓。

位於灣仔的Calbee試營店Calbee+（MAP P.19 E-3），也是眾所矚目的店鋪。

虎標萬金油的歷史

據說香港家家必備的虎標萬金油。其實有近150年的歷史。

1870年代	據說是清朝的藥草商胡子欽在緬甸仰光研發製成（※眾說紛紜）。
1908年	製藥方法傳授給兒子胡文虎和胡文豹。
1930年代	在新加坡、香港、中國（福建）建造萬金油花園。（1935年在香港建造，1950年對外公開。）
1954年	胡文虎去世。
1985年	新加坡萬金油花園改名為虎豹別墅。
2000年	香港萬金油花園關閉。

從古至今恆久不變
廣受喜愛的香港軟膏

老虎標籤令人印象深刻的虎標萬金油，其歷史可回溯到距今約150年前，中國華僑在緬甸創立的藥店「永安堂」研發出的軟膏。至今仍由新加坡虎類豹企業有限公司製造、販售，風行亞洲地區。香港更是虎標萬金油的重要銷售據點，是人們日常生活不可或缺的物品。

虎標萬金油的主要成分是樟腦、尤加利油、薄荷醇、薄荷油及丁香油等生藥。屬於消炎藥，可塗抹在患部按摩至吸收，具有鎮痛、止癢、消炎作用，也適用於舒緩頭痛、眼睛疲勞、肌肉痠痛、肩頸僵硬等症狀。另外，還有在日本鮮為人知的紅色虎標萬金油，具有溫感效果。

日本目前尚未正式販售虎標萬金油，請先在香港試用。到街上的藥妝店一看，不僅有普通的罐裝軟膏，還有條狀痠痛膏、鎮痛藥布、軟管狀肩頸舒等，買來送給經常一臉倦容的朋友，或許能博得歡心吧。

瓶蓋也很可愛！

種類豐富
居然有這麼多種虎標產品

到目前為止有多種商品問世，如針對症狀推出的鎮痛藥布和防蚊貼等。每種都是薄荷強效配方。

 HK$27.2
 HK$27.2
 HK$57.5

虎標萬金油（白）
添加大量薄荷製成，清涼提神，是強效解熱劑。

虎標萬金油（紅）
促進血液循環的效果比白色軟膏好。沒有薄荷味，含肉桂香氣。

虎標萬金油（軟膏）
兒童也能用的溫和配方。氣味芳香。

 HK$24.9
 HK$21.5

鎮痛藥布
左邊是溫感，右邊是涼感。各是3片裝。氣味芳香。

 HK$39.9

 HK$33.9

虎標頸肩舒
專為舒緩肩頸痠痛而設計。氣味清香。

虎標驅蚊貼
外出時貼在衣物上即可！

SHOPPING

PMQ

雜貨用品

茶・茶具

香港品牌

開運商品

旗袍

餅乾

飯店禮品

中藥

限定伴手禮

虎標萬金油

超市

產品齊全。除了圖中的以外，還有虎油、肩頸專用鎮痛露、兒童系列、退熱貼等。

豆知識

📖 記住就很實用的小常識

● 適合當伴手禮的可愛迷你款！

也有4g裝的小罐產品。4g小包裝HK\$25，除了街上的藥妝店外，在機場商店也買得到。

● 白色or紅色，有什麼不同？

就是溫感、涼感之差，成分大同小異。氣味方面紅色加了肉桂植物配方。

● 還有這種用法！

鼻塞時，可塗在鼻孔周圍。另外，睡覺時塗在胸口上，呼吸更順暢。

TIGER BALM 虎標故事

為什麼取名為虎標萬金油。其實是來自長男胡文虎之名。取虎字的英文「tiger」加上芳香油膏的「balm」，命名為Tiger Balm虎標萬金油。若是以次男文豹為名，或許會變成Panther Balm豹標萬金油？無論是虎標或豹標，都給人強效的印象。

香港有180家分店　www.watsons.com.hk

香港本土大型連鎖店
屈臣氏
Watsons

1828年以小藥局起家。醫藥品加上日用品、化妝品，商品應有盡有。積極開發自有品牌產品。

🏠 九龍尖沙咀梳士巴利道3號 星光行地下1至2號
☎ 2730-2803　🕐 9:00～22:30（週五～日、假日8:30～23:00）
㊡ 全年無休　🚇 港鐵尖沙咀站L6出口步行3分鐘

`尖沙咀` ▶MAP P.14 C-3

分店	地區	MAP
軒尼詩道	灣仔	P.19 D-2
金鐘海富中心	金鐘	P.18 B-2
信德中心	上環	P.16 A-1
旺角	旺角	P.11 D-3
溫平中津	銅鑼灣	P.21 E-2

香港有300家分店　www.mannings.com.hk

食品種類也豐富的香港版松本清
萬寧
Mannings

和Wellcome頂好超市（→P.147）隸屬同一企業集團。除了美妝品和日用品外，食品類也很豐富。

🏠 九龍尖沙咀海防道32,32A,33及33A 寶豐大廈地下B鋪及C鋪
☎ 2299-3381　🕐 10:00～23:00　㊡ 全年無休
🚇 港鐵尖沙咀站A1出口步行1分鐘

`尖沙咀` ▶MAP P.14 C-2

分店	地區	MAP
香港車站	中環	P.17 E-3
遠東金融中心	金鐘	P.19 D-2
駱克道	灣仔	P.19 E-2
油麻地	油麻地	P.13 E-1
奶路臣街	旺角	P.11 D-3

🐾 以前的銅鑼灣萬金油花園舊址，現在已開發成華廈林立的住宅區。　145

在台灣重現感動滋味

用超市產品做菜!

只需拌勻、醃漬的簡易醬料包,在香港也很受歡迎。
便宜簡單又美味,也是伴手禮最佳選項。試著用人氣醬料包重現香港滋味。

糖醋骨醬

HK$7.5

糖醋排骨風味的酸甜醬料包。只要在烹調最後淋上即可。

材料

·糖醋骨醬
·雞腿肉
·青蔥

作法

雞肉切成一口大小後入鍋油炸,盛起後放到平底鍋中淋入醬料拌勻即OK。只需花時間油炸。

糖醋雞肉

使用香辛料做出香氣撲鼻的在地味。放涼也好吃適合當便當菜。也能用炸雞塊輕鬆做變化。

魚香茄子醬

HK$7.5

魚香茄子跟麻婆茄子很像。只要淋入炒料拌勻即可。

材料

·魚香茄子醬
·豬絞肉
·茄子

作法

食材只需準備茄子和絞肉就OK。食材放入平底鍋翻炒,最後淋入醬料拌勻。

麻婆茄子

微酸的香料味令人食指大動。雖然沒有很辣,味道卻很濃郁。口味偏重,多加點茄子平衡一下。

調味雞汁

HK$9.9

香港食品大廠史雲生推出的調味料。此款為雞肉用。

材料

·調味雞汁
·雞胸肉
·青蔥

作法

雞肉醃漬15分鐘再煎熟即可。吃起來像海南雞。

香煎雞肉

與其說是中國菜,更像東南亞菜系。比包裝指示的醃漬時間再久一點,讓雞肉充分入味。也可放在加了雞湯煮好的米飯上。

What is

香港超市現況

從庶民超市到高級食材超市都有，相當多樣化。雖然規模不大通道狹小，但商品種類豐富，應有盡有。找找看有沒有適合送人的調味料或日用品吧。在英國超市，販售多款台灣沒有的英式零嘴。

頂好超市店內。生鮮區陳列著亞洲當地水果。

分送用伴手禮推薦清單

超市戰利品

也有食品以外的選項！

各HK\$6.9　台灣製造的喉糖。有檸檬、薄荷和酸梅等口味。

各HK\$8　1888年創業，李錦記推出的方便醬料包。拌勻即可，簡單不失美味。

HK\$15.80　蠔油始祖李錦記推出的舊庄蠔油。軟管包裝（167g）。

HK\$24.90　包裝上畫有李小龍圖像的即溶咖啡（單獨包裝10袋裝）。

HK\$39　加了大量開心果的餅乾。口感酥脆（15片裝）。

以唐代茶學專家「陸羽」來命名的茶包或中式餐廳調味料，都是頗受歡迎的輕便伴手禮。適合一次買足。

HK\$17.5　德國製造的袖珍包面紙。紙質厚擦手不易破。可代替手帕使用。

HK\$10　Marks & Spencer的瑞士巧克力。苦味巧克力吃起來就像歐洲高級品。

香港有26家分店　www.marksandspencer.com

香港有超過280家分店　www.wellcome.com.hk

倫敦老字號百貨公司

Marks & Spencer Food

有販售服裝&日用品的店鋪及食品專賣店。食品以自有品牌餅乾最受好評。

🏠 香港灣仔告士打道88號其昌中心地下
☎ 2922-8061
🕐 7:30～21:30（週日10:00～20:30）
🈺 全年無休　🚇 港鐵灣仔站A1出口步行2分鐘
金鐘/灣仔　▶MAP P.19 E-2

香港的代表超市

頂好 Wellcome

1945年創業的港資超市。販售多種香港或中國商品。也有自家品牌商品。

🏠 香港西營盤第一街63-65號地下
☎ 2549-3561
🕐 7:00～23:30　🈺 全年無休
🚇 港鐵西營盤站A1出口步行5分鐘
香港市中心　▶MAP P.8 A-3

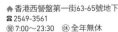

也有環保購物袋！

SHOPPING

PMQ

雜貨用品

茶・茶具

香港品牌

開運商品

旗袍

餅乾

飯店禮品

中藥

限定伴手禮

虎標萬金油

超市

TOWN

與眾不同的九龍老街區

太子・旺角
Prince Edward / Mong Kok

往九龍半島北部走，就是當地老街區。有女人街、金魚街、球鞋街（花園街）等專賣店街區，和大街上的風貌截然不同，充滿香港特有的嘈雜與活力。

★太子　　九龍
★旺角
●油麻地
●佐敦
西營盤　●尖沙咀
●中環　●金鐘
上環●　●銅鑼灣
SOHO　●灣仔　　香港島

從香港國際機場
🚄 搭機場快線到九龍車站（21分鐘）
　　↓
🚗 從九龍車站搭計程車到旺角（約10分鐘）

從早熱鬧到晚

日：◎　夜：◎

球鞋街在早上，女人街
則在晚上開市。

Prince Edward / Mong Kok 01

金魚街不只有珍貴的金魚，還有可愛的魚缸飾品

通菜街有許多金魚店，又稱金魚街。販售多種魚缸和養魚設備，可以買些小東西當伴手禮帶回去。是條閒逛也很有趣的街道。商店營業時間依店鋪而異。

太子/旺角 ▶MAP P.11 D-1

有多家當地人推薦的港式飲茶店

一點心 Ⓑ >>>P.41
翠園 Ⓒ >>>P.28
倫敦大酒樓 Ⓓ >>>P.34.37

界限街

太子道西

除了金魚外，也賣
熱帶魚或鯉魚。

金魚在風水中象徵招
財，所以很多人飼養。

Prince Edward / Mong Kok 02

到已是觀光名勝的女人街一次買足香港伴手禮

傍晚才開始營業的攤販街。特色是販售多款女性飾品或包包等生活用品。還有許多港味十足的便宜中國風用品，所以是一次買足伴手禮的好地方。
營業時間依店鋪而異，約是15:00～23:00左右。

太子/旺角 ▶MAP P.11 E-2

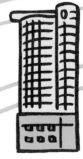

朗豪坊

該區地標，約有200家商
店和30家以上的餐飲店
進駐。

價格依殺價而定。買得多也會比較便宜。

也有中午前就開門的店家。

金魚街也有賣「日本和金」或「錦鯉」等。

新舊高樓林立。

TOWN

太子・旺角

油麻地・佐敦

尖沙咀

西環

上環

中環

SOHO

金鐘・灣仔

銅鑼灣

郊區

B 一點心>
>>>P.41

A 雀鳥花園

花墟道

花墟道是中國花的
批發市場

販售睡蓮或蘭花等色彩鮮豔的
中國花店櫛比鱗次
商店營業時間9:00～17:00

C 翠園
>>>P.28

太子車站

旺角東站

旺角道

步行3分鐘

旺角站

D 倫敦大酒樓
>>>P.34、37

球鞋街

N

Prince Edward / Mong Kok 03

愛鳥人士的聖地，
雀鳥花園 A

1997年建造的中國式庭園。通道兩旁擠滿鳥店，是
知名的愛鳥人士聚集地。吱吱喳喳的鳥叫聲隨處可
聞。

🏠九龍園圃街　🕐7:00～20:00左右　休全年無休
🚇港鐵太子站B1出口步行10分鐘

太子/旺角　▶MAP P.11 F-1

聚集了約70家販售雀鳥和鳥籠的商店。

Prince Edward / Mong Kok 04

到球鞋街附近
尋找稀有珍品

球鞋街（花園街）是球鞋店林立的地區。從最新設計
到限定款等稀有珍品，應有盡有，是頗受年輕人歡
迎的街道。
商店營業時間依店鋪而異。

太子/旺角　▶MAP P.11 E-2

這一區的年輕人
特別多。

九龍半島的這一邊，有菜市場及小巷弄，充滿老街氛圍。　151

油麻地・佐敦
Yau Ma Tei / Jordan

主幹道（彌敦道）充滿都會氣息，但一彎進小巷，就是販售廚房用品的工具街、玉器市場、男人街（廟街）等，當地人也常去的專賣店街區。男人街直到深夜都很熱鬧。

從香港國際機場
🚄 搭機場快線到九龍車站（21分鐘）
🚕 從九龍車站搭計程車到旺角（約8分鐘）

日：◎　夜：○

到上海街或天后廟等當地居民常去的地點感受在地氣息！

Yau Ma Tei / Jordan 01
上玉器市場買翡翠飾品當伴手禮

中國自古以來就很喜歡被譽為擁有長生不老力量的翡翠。香港販售珍貴翡翠飾品的集散市場就在這裡。

也有戒指等多項評價小飾品。

還有多款平價伴手禮
玉器市場

通道左右兩側就是專賣翡翠的室內集散市場。在日本被視為驅邪護身符的翡翠，頗受觀光客歡迎。

🏠 九龍甘肅街　🕐 10:00～18:00左右　🈺 全年無休　🚇 港鐵油麻地站C出口步行7分鐘

油麻地 / 佐敦 ▶MAP P.13 E-2

油麻地警察署

欣翔道

Yau Ma Tei / Jordan 02
到香港的工具街上海街尋找當地烹飪器具

在上海街匯集了多家廚房用品專賣店，販售烹飪器具或餐具等。蒸籠是頗受觀光客歡迎的人氣單品。

🏠 九龍上海街　🚇 港鐵佐敦站A出口步行5分鐘
🕐 營業時間、公休日依店鋪而異

油麻地 / 佐敦 ▶MAP P.13 E-2

煮飯用的陶鍋約HK$15～，買來當伴手禮也不賴。

樟木片。可防蟲。
1片HK$40～

卡通人物壓模。可以買吧？HK$28

佐敦道

N

一彎進巷內就是庶民市場。　　　狹窄的玉器市場擠滿翡翠攤商。　　　美都餐室(→P.68)1、2樓都有座位區。

🚶 TOWN

太子・旺角

油麻地・佐敦

尖沙咀

西環

上環

中環

SOHO

金鐘・灣仔

銅鑼灣

郊區

🐼 晚上還很熱鬧的
街區，有多家餐館
或甜點店可去

四季煲仔飯 Ⓑ >>>P.55
恭和堂 Ⓒ >>>P.75
澳洲牛奶公司 Ⓓ >>>P.72

📖 想吃在地香港味
就到茶餐廳吃飯喝茶

美都餐室 Ⓐ >>>P.68

窩打老道

油麻地站

天后廟

Ⓑ 四季煲仔飯
>>>P.55

占

Ⓐ 美都餐室
>>>P.68

算命街

玉器市場

上海街

Ⓒ 恭和堂
>>>P.75

男人街

樟木

中國百貨公司
裕華國華
備有多樣中式
伴手禮

步行8分鐘

Ⓓ 澳洲牛奶公司
>>>P.72

佐敦站

Yau Ma Tei / Jordan 03

在女生也逛得開心的
男人街散步

男人街是從文明里延伸到廟街的夜市。有許多男性
生活用品和夾克。

🏠 九龍廟街　🕐 17:00～24:00左右　🈺 依店鋪而異
🚇 港鐵佐敦站A出口步行3分鐘

油麻地/佐敦 ▶ MAP P.13 E-2

輕食店營業到深夜。

Yau Ma Tei / Jordan 04

決定命運的小鳥，
喜憂參半的算命街

在天后廟南側一隅，沿路擺有手相、姓名學、文鳥占
卜等算命攤。

🏠 九龍街街街　🕐 17:00～24:00左右　🈺 依店鋪而異
🚇 港鐵油麻地站C出口步行8分鐘

油麻地/佐敦 ▶ MAP P.13 E-2

占卜你的姻緣！

🔎 街上賣的東西大同小異。各店訂價不同，多走幾家比較看看吧。　　153

必去的香港島景區

尖沙咀
Tsim Sha Tsui

位於九龍半島最南端。白天夜晚都可從南端的海濱花園眺望香港島的高樓大廈，來自全球各地的觀光客絡繹不絕。西側有長600m以上的購物廣場海港城，知名精品店雲集。

```
● 太子        九龍
● 旺角
● 油麻地
● 佐敦
               ★ 尖沙咀
西營盤
    ● 中環 ● 金鐘
上環 ●         ● 銅鑼灣
SOHO  ● 灣仔        香港島
```

從香港國際機場
🚄 搭機場快線到九龍車站（21分鐘）
🚇 柯士甸站→港鐵尖東站（2分鐘）

必去觀光景點

晚上以妝點彌敦道的霓虹燈招牌為背景拍張紀念照！

日：○ 夜：○

🎑 夜景酒吧
Eyebar Ⅰ >>>P.78

九龍公園

九龍地標半島酒店
必看英殖時期的殖民風情本館

Ⓐ 點一籠
>>>P.40

Ⓑ 海港城
>>>P.155

Ⓒ 半島酒店
>>>P.195

Ⓓ Tangs
>>>P.130

鐘樓
>>>P.155

往香港島
（天星小輪）

步行4分鐘

彌敦道

金巴利道

Ⓝ 國金軒
>>>P.44

Ⓜ 曲奇童話
>>>P.134

Ⓛ 曲奇四重奏
>>>P.136

重慶大廈

Ⓙ 鹿鳴春
>>>P.59

Ⓚ 余仁生
>>>P.140

尖沙咀站

庇地道

Ⓘ Eyebar
>>>P.78

Ⓗ 香港旭洋行
>>>P.131

梳士巴利道

Ⓕ 欣圖軒
>>>P.45

尖沙咀海濱花園 >>>P.155

Victoria Harbour

📖 該區餐廳

點一籠 Ⓐ >>>P.40
欣圖軒 Ⓕ >>>P.45
酒鍋 Ⓖ >>>P.57
鹿鳴春 Ⓙ >>>P.59
國金軒 Ⓝ >>>P.44

Ⓔ 香港歷史博物館
>>>P.120、155

Ⓖ 酒鍋
>>>P.57

📖 該區購物地點

海港城 Ⓑ >>>P.155
半島酒店 Ⓒ >>>P.195
Tangs Ⓓ >>>P.130
香港歷史博物館 Ⓔ >>>P.120,155
香港旭洋行 Ⓗ >>>P.131
余仁生 Ⓚ >>>P.140
曲奇四重奏 Ⓛ >>>P.136
曲奇童話 Ⓜ >>>P.134

N

從尖沙咀海濱花園看過去的香港島。站在這裡看夜景也很漂亮。

九龍公園入口附近

TOWN

太子‧旺角

油麻地‧佐敦

尖沙咀

西環

上環

中環

SOHO

金鐘‧灣仔

銅鑼灣

郊區

Tsim Sha Tsui 01

在九龍公園打太極拳

這片都會綠洲設有熱帶植物區、沉靜的中式庭園。也有步道，可在寧靜的公園歇息片刻。據說此處氣場佳，很多人在這裡打太極拳。

🚶 九龍尖沙咀柯士甸道22號
Ⓜ 港鐵尖沙咀站A-1出口步行1分鐘
尖沙咀 ▶ MAP P.14 C-1

早上到處都有人在運動。

海濱花園整天都擠滿觀光客。

Tsim Sha Tsui 02

到鐘樓&海濱花園散步

維多利亞港的沿岸步道。1915年落成的鐘樓和觀景步道是頗受歡迎的夜景點。

眺望香港島的最佳地點
鐘樓
尖沙咀海濱花園

🚶 九龍尖沙咀梳士巴利道
Ⓜ 港鐵尖沙咀站L6出口步行4分鐘
尖沙咀 ▶ MAP P.14 C-3

在公園或步道上賞鳥！

Tsim Sha Tsui 03

在海港城
盡情購物

香港規模最大的購物廣場。裡面分成5區，精品店和高級選品店林立。

名牌購物的殿堂
Harbour City（海港城）Ⓑ
🚶 九龍尖沙咀廣東道9號
☎ 2118-8666
🕙 10：00～21：00
🚫 依店鋪而異
Ⓜ 港鐵尖沙咀站A-1出口步行5分鐘
尖沙咀 ▶ MAP P.14 B-2

Tsim Sha Tsui 04

探訪超過4億年的
香港歷史

介紹史前時代到回歸中國的香港歷史。可以清楚認識英國殖民前的香港生活型態與民俗文化。

展示古代民族服裝
香港歷史博物館Ⓔ
🚶 九龍尖沙咀漆咸道南100號
☎ 2724-9042
🕙 10：00～18：00
（週六、日、假日～19：00）
🚫 週二 💰 HK$10 Ⓜ 港鐵尖沙咀站B1出口步行10分鐘
尖沙咀 ▶ MAP P.15 F-1

港鐵新站通車形成新舊並存的有趣景觀

西環
Sai Wan

香港島西側是港鐵的延伸區段。西營盤自古就是乾貨及中藥批發區，前一站是名校香港大學的大學城，香港電車和港鐵終點站堅尼地城站是香港島市中心西側的住宅區。

從香港國際機場
🚃 搭機場快線到香港車站（24分鐘）

🚃 從香港車站經地下通道前往中環站。
中環站→港鐵西營盤站（2分鐘）

漸受矚目的地區

日：○ 夜：○

乾貨批發街德輔道西上，有香港電車穿梭相當方便。

Sai Wan 01

在學生街的人氣咖啡館
不拍火車拍電車

香港電車的起點站就在這一區。這裡也能拍到以海洋為背景行駛中的香港電車。試著融入香港的文化氣氛吧。

時髦的各國餐廳在此開張。

學生眾多，空氣中瀰漫著自在隨興的氣息。

香港電車迷必坐戶外座位區
Jaspas Kennedy Town Ⓐ

從面向馬路的戶外座位區可看到香港電車穿梭其間。附近是香港大學，教授和學生的英語討論聲此起彼落。

🏠 香港西環堅尼地城吉席街83號地下B號舖 ☎ 2872-0823 ⊗ 8:00～23:00
㊡ 全年無休 ⊗ 港鐵堅尼地城站A出口步行3分鐘

[香港全圖] ▶ MAP P.7 D-2

位於大樓地下室的購物商城兼書店，也有超市。

西寶城

德輔道西

堅尼地城海旁

薄扶林道

香港大學站

大學道

Ⓒ 士美菲路街市
>>>P.157

Ⓐ Jaspas Kennedy Town
>>>P.156

堅尼地城站

Sai Wan 02

在亞洲名校香港大學
感受學術氣息

香港最早的大學，校園景觀雅致。前身是香港西醫書院，孫中山先生也在此就讀過。也可參觀風格穩重的建築物。

洋溢傳統氛圍
香港大學 Ⓑ

校內設有咖啡館和香港大學博物館。

🏠 香港薄扶林道 ☎ 3917-7853
⊗ 9:30～17:00（週日11:00～）
㊡ 假日、大學放假期間
⊗ 港鐵香港大學站C出口步行1分鐘

[香港市中心] ▶ MAP P.8 A-3

內部設計雅致。

有多棟歷史性建築物，遊客如織。

TOWN

太子・旺角

油麻地・佐敦

尖沙咀

西環

上環

中環

SOHO

金鐘・灣仔

銅鑼灣

郊區

香港大學校園內歷史悠久的建築物。

公車停車場就在附近，多條公車路線經過此地。

士美菲路街市附近是B級美食店的寶庫。

需排隊的煲仔飯餐館
坤記煲仔小菜 **D** >>>P.54

乾貨批發商林立的
繁華老街

這一區有許多乾貨店。也有不少家當地人推薦，便宜又美味的商店。

D 坤記煲仔小菜
>>>P.54

皇后大道西

步行8分鐘

西邊街

正街

西營盤站

B 香港大學
>>>P.156

般咸道

Sai Wan **03**

體驗當地街市居民
朝氣蓬勃的生活

街市是販售生鮮食品的市場總稱。大樓內熟食小攤櫛比鱗次，是市民的廚房。

菜市場外觀是氣派的建築物，一入內就是傳統中國市場。

充滿美食之都的活力

士美菲路街士 **C**

位於士美菲路上的市場。有很多新鮮蔬菜、海鮮及肉類。可以感受到香港人的日常生活。

🏠 堅尼地城士美菲路12K號士美菲路
市政大廈 ☎ 2817-0806
🕐 6.00～20.00 ⊗ 全年無休
🚇 港鐵堅尼地城站C出口步行1分鐘

香港全圖 ▶MAP P.7 D-2

市場內處處充滿活力。

🥬 菜市場內也有粥或麵店。不是用餐時間也想吃吃看。 157

傳統懷舊批發街

上環
Sheung Wan

靠海區有去澳門的客運碼頭站站，辦公大樓林立。另外，靠山區有古董街和二手商店並列其間的貓街，是保有舊日情懷的地區。

```
            ●太子     九龍
            ●旺角
            ●油麻地
            ●佐敦
              ●尖沙咀
  西營盤
        ●中環  ●金鐘
  ●上環   ●  ●銅鑼灣
  SOHO      ●灣仔      香港島
```

從香港國際機場
🚄 搭機場快線到香港車站（24分鐘）
↓
🚇 從香港車站經地下通道前往中環站。中環站→港鐵上環站（2分鐘）

保有香港昔日風貌

日：○ 夜：△

地鐵上環站附近地勢平坦，但靠山區坡道多，建議穿好走的鞋子。

Sheung Wan 01
寶物？廢品？
貓街漫遊記

又名貓街的摩羅上街聚集多家販售中國風用品、古董及古董複製品的小店。商店營業時間依店鋪而異，約是10:00～18:30

`上環/中環` ▶MAP P.16 A-2

街道沒有很長，可以慢慢逛仔細看。

想不到有那麼多毛澤東和李小龍的商品。價格約在HK$150。

歷史建築改建成的商場
**The Western Market
西港城 Ⓐ**

香港最古老的磚造大樓。是飲食、購物地點。

🏠 香港上環德輔道中323號
🕐 依店鋪而異，商店10:00～19:00、餐廳11:00～23:00 ㊡ 依店鋪而異 🚇 港鐵上環站B出口步行5分鐘

`上環/中環` ▶MAP P.16 A-1

Ⓑ Winstons Coffee
>>>P.159

Ⓒ Chachawan
>>>P.159

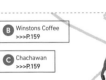

該區餐廳

唐宮小聚 Ⓗ >>>P.31

Ⓐ 西港城
>>>P.158

Ⓓ 顏奇香茶莊
>>>P.124

祭祀文神和武神的廟宇
文武廟 Ⓔ

香港最早的道教寺廟。華人圈常見的華麗配色令人印象深刻。

🏠 香港上環荷李活道128號
☎ 2540-0350 🕐 8:00～18:00
㊡ 全年無休
🚇 港鐵上環站A2出口步行8分鐘

`上環/中環` ▶MAP P.16 A-2

Ⓔ 文武廟
>>>P.94、158

位於古董街的壁畫牆是
當地的拍照景點。

這就是香港左右橫立的招牌。

該區購物地點
顏奇香茶莊 **D** >>>P.124
PMQ **F** >>>P.112
鋒味 **G** >>>P.137
珍妮曲奇 **I** >>>P.135

Sheung Wan 02

到印章街
做可愛印章

小路兩旁是成排的印章店。除了漢字外，也能
刻平假名、片假名、羅馬字母。材質有水晶或
大理石等。
商店營業時間依店鋪而異，約是9:00～18:00

`上環／中環` ▶MAP P.16 B-1

半天就能完成。
預算約為
HK$200～

客輪碼頭

Sheung Wan 03

到香港銀行員間的
話題時尚咖啡館散心

SOHO（→P.162）附近有多家頗受金融業人士和外國人
歡迎的咖啡館、義大利餐廳。親身體驗時髦香港！

冷萃咖啡
HK$50。

上環車站

干諾道中
印章街
德輔道中

愛琳

I 珍妮曲奇
>>>P.135

H 唐宮小聚
>>>P.31

F PMQ元創方
>>>P.112

G 鋒味
>>>P.137

N

老闆是香港銀行員
Chachawan **C**
泰籍主廚烹調的菜色頗受好
評。木瓜沙拉HK$108、香蕉鬆
餅HK$60等。

🏠 香港上環荷里活道206號舖
☎ 2549-0020
🕐 12:00～14:30、18:30～23:00
🈺 全年無休
🚇 港鐵西營盤站A1出口步行6分
鐘
`香港市中心` ▶MAP P.8 A-3

品嘗道地咖啡
Winstons Coffee **B**
裝潢走精心設計的英倫風格。
也提供三明治等多樣輕食。

🏠 香港皇后大道西213號地下4號
☎ 2559-5078
🕐 7:00～23:00（週一～18:00）
🈺 全年無休
🚇 港鐵西營盤站A1出口步行1分
鐘
`香港市中心` ▶MAP P.8 A-3

TOWN
太子・旺角
油麻地・佐敦
尖沙咀
西環
上環
中環
SOHO
金鐘・灣仔
銅鑼灣
郊區

時髦的香港島市中心

中環
Central

香港的金融商業中心區。有天星小輪的乘船處及該區地標國際金融中心商場（IFC Mall），購物商業設施齊全。世界最長的手扶梯也在這一區。

西營盤
太子
九龍
旺角
油麻地
佐敦
尖沙咀
中環　金鐘
上環　銅鑼灣
SOHO　灣仔
香港島

從香港國際機場
�È 搭機場快線到香港車站（24分鐘）
🚶 從香港車站經地下通道前往中環站（5分鐘）

保有英國殖民時代的風貌

日：◎　夜：△

車站附近是高樓群。靠山邊是陡坡，所以請搭乘手扶梯。

Central 01

香港電影中的場景
搭手扶梯穿越斜坡

利用長長的手扶梯連接中環和高級住宅區半山區。因為電影《重慶森林》在此拍攝外景，成為知名景點。

需注意會依時段改變上行下行方向。

邊搭邊眺望香港街景
半山手扶梯

在斜坡多的香港間來去自如的手扶梯。前往時髦地區SOHO（→P.162）也很方便。

🕐 24小時（下行6:00～10:00、上行10:20～凌晨6:00）

上環／中環 ▶MAP P.16 C-2

Ⓑ Vickie Shoes Co. >>>P.161

Ⓓ 沾仔記 >>>P.51

🍜 餛飩麵名店
池記 Ⓒ >>>P.50
沾仔記 Ⓓ >>>P.51

🍜 話題粵菜餐廳
Mott32 Ⓔ >>>P.60

Ⓐ Jashan >>>P.160

Central 02

走訪香港知名
夜生活景點蘭桂坊

該區擁有多家深受歐美人士歡迎的酒吧。大大小小的酒吧和餐廳林立，晚上總是熱鬧非凡。

也有英式酒吧，充滿濃厚的異國情調。

當地印度貴婦的御用餐廳
Jashan Ⓐ

位於手扶梯頂端的正宗印度餐廳。也有菜色豐富的蔬食餐點HK$78～。

🏠 香港中環蘇豪荷李活道23號金珀苑1F　☎ 3105-5300
🕐 12:00～14:30、18:00～23:00
📅 全年無休
🚇 港鐵中環站D2出口步行10分鐘

上環／中環 ▶MAP P.16 B-3

認識香辛料的奧妙，印度咖哩羊肉HK$135。

中環的主街道整天人群絡繹不絕。

到處都看得到港味濃厚的壁畫。

🚶 TOWN

太子・旺角

油麻地・佐敦

尖沙咀

西環

上環

中環

SOHO

金鐘・灣仔

銅鑼灣

郊區

Ⓗ 國際金融中心 IFC商場 >>>P.161

🛍️ 該區精品店
置地廣場 Ⓕ >>>P.161
置地遮打 Ⓖ >>>P.161
國際金融中心商場 Ⓗ >>>P.161

國際金融中心商場 Ⓗ
直通香港車站的高級精品商場

Ⓒ 池記 >>>P.50

Ⓗ 置地遮打 >>>P.161

Ⓕ 置地廣場 >>>P.161

Ⓔ Mott32 >>>P.60

置地遮打 Ⓖ
販售亞曼尼全品項商品的殿堂。

置地廣場 Ⓕ
以高級精品為主約有100家商店。

N

Central 03

充滿懷舊情懷的
石板路砵典乍街

連接皇后大道（皇后大道中）和荷李活道，石板路兩旁有販售裁縫工具或日用品的攤商。

因為是石板路面，建議穿好走的鞋子。

Central 04

訂製走斜坡
也不累的高跟鞋

建議售價
涼鞋HK$350～
高跟鞋HK$400～

HK$429

推薦給座右銘是從腳下開始時髦的女性。使用優質皮革製作，連細部都合腳的高跟鞋，就算在斜坡散步也不怕。

訂製時間約20分鐘
Vickie Shoes Co. Ⓑ

可選顏色和材質的半客製化商品。

🏠 香港中環域多利皇后街3號
☎ 2525-6402　⏰ 10:30～20:00（週日11:00～19.30）　📅 全年無休
🚇 港鐵中環站C出口步行8分鐘
上環／中環　▶ MAP P.16 C-2

👥 德輔道中兩旁是香港整體經濟中心區，常有商業人士闊步其間，高樓林立。　161

標新立異的文化發射站

SOHO區

Soho

位於中環半山的香港流行文化發射區。白天貴婦到這裡的潮流尖端商店購物，在咖啡館的露天座位區度過優閒時光。晚上當地外國人及業界人士聚集在時髦酒吧或餐廳。

從香港國際機場
🚄 搭機場快線到香港車站（24分鐘）
↓
🚶 從香港車站經地下通道前往中環站（5分鐘）

最新的流行時尚區

日：○ 夜：◎

在酒吧密集的蘭桂坊（→P.160），週末夜晚熱鬧喧騰。

酪梨土司HK$52，
冷壓果汁「充電」
HK$62等。

Soho **01**

在養身達人聚集的
樂活咖啡館吃早餐

運動俱樂部和健身中心雲集的SOHO區。有多家提供有機健康餐點的咖啡館或餐廳。

各式健康餐點
Nood Food Ⓐ

健身中心隔壁的咖啡館。主要提供各種冷壓果汁及三明治等輕食。

🏠 香港中環蘇豪荷李活道32號建業榮基中心2F
☎ 8199-8189
🕐 7:00～23:00（週日、假日8:00～22:00）🈺 全年無休
🚇 港鐵中環站C出口步行10分鐘
`上環／中環` ▶MAP P.16 B-3

Soho **02**

品嘗當地人排隊購買的
杯子蛋糕

風靡全球的杯子蛋糕。在香港也買得到，從古早味蛋糕店到最新的烘焙坊都有，請務必試試看。

普通尺寸的杯子
蛋糕HK$28～

品項齊全豐富
Ace Cakery Ⓑ

口味豐富裝飾漂亮博得好評的蛋糕店。檸檬口味的杯子蛋糕很受歡迎。

🏠 香港擺花街11號地下
☎ 2367-5055 🕐 12:00～22:00（週六、日11:00～）
🈺 全年無休
🚇 港鐵中環站D2出口步行6分鐘
`上環／中環` ▶MAP P.16 C-2

Soho **03**

商業人士吃麵去，
時髦街區的美食店

位於斜坡中間地勢傾斜的開放式小店。鼓起勇氣進去試試，你也是香港上流圈的一份子！

古早味麵及甜品店
玉葉甜品 Ⓒ

提供8種港式麵類，如可選細麵或米粉的餛飩麵HK$30等。飯後再點份紅豆沙HK$13。

🏠 香港中環蘇豪伊利近街2號
☎ 2868-6026 🕐 13:00～23:00
🈺 週六、日
🚇 港鐵中環站D2出口步行15分鐘
`上環／中環` ▶MAP P.16 B-2

牛肉麵HK$30。彈牙的牛肉丸超美味！

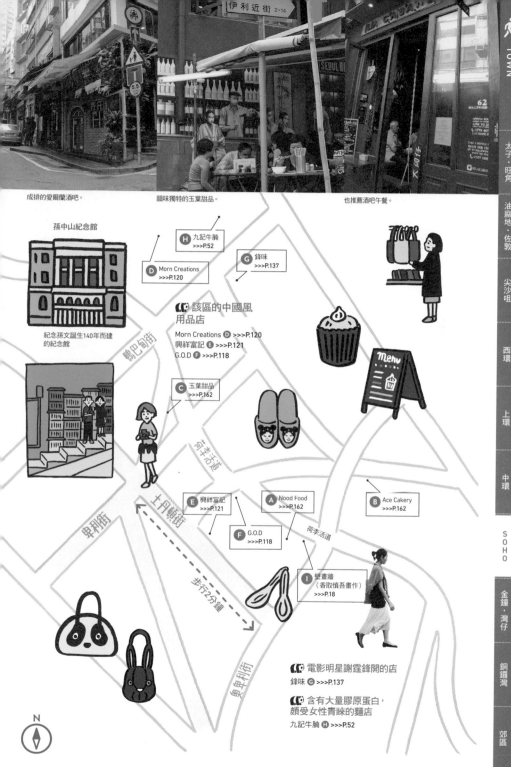

成排的愛爾蘭酒吧。　　　　韻味獨特的玉葉甜品。　　　　也推薦酒吧午餐。

孫中山紀念館

紀念孫文誕生140年而建的紀念館

H 九記牛腩 >>>P.52

D Morn Creations >>>P.120

G 鋒味 >>>P.137

該區的中國風用品店
Morn Creations **D** >>>P.120
興祥富記 **E** >>>P.121
G.O.D **F** >>>P.118

C 玉葉甜品 >>>P.162

E 興祥富記 >>>P.121

A Nood Food >>>P.162

B Ace Cakery >>>P.162

F G.O.D >>>P.118

荷李活道

I 壁畫牆（香取慎吾畫作）>>>P.18

鴨巴甸街

荷李活道

十丹頓街

卑利街

步行2分鐘

奧卑利街

電影明星謝霆鋒開的店
鋒味 **G** >>>P.137

含有大量膠原蛋白，頗受女性青睞的麵店
九記牛腩 **H** >>>P.52

N

TOWN
太子・旺角
油麻地・佐敦
尖沙咀
西環
上環
中環
SOHO
金鐘・灣仔
銅鑼灣
郊區

荷李活道的南側稱作SOHO（South of Hollywood Rd.），北側稱作NOHO。　163

高樓與庶民老街並存

金鐘・灣仔
Admiralty / Wan Chai

金鐘境內商場大樓和一流飯店林立，灣仔則是庶民街區。靠山側有星街等內行人才知道的時髦景點。另外，立有紫荊花的金紫荊廣場是回歸紀念賀禮，站在廣場前端看得到九龍方向的夜景，是人氣景點。

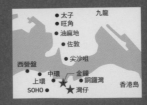

從香港國際機場
- 🚆 搭機場快線到香港車站（24分鐘）
- 🚆 從香港車站經地下通道前往中環站（5分鐘）
  中環站→港鐵金鐘站（2分鐘）

流行最前線與老街情懷

不但港鐵轉乘方便，轉公車或香港電車也很輕鬆。

日：○　夜：△

Admiralty / Wan Chai 01

前往龍脈穿過的
香港公園能量景點

香港公園是風水上有龍脈（→P.94）通過的景點之一。也是當地人常去散步的能量景點。

面向山腰，占地寬廣的公園。

還能看到熱帶植物與鳥類
香港公園

高樓叢林間居然有綠意盎然的公園。除了噴水池外，還有植物園、鳥園、設有露天座位區的餐廳。

- 🏠 香港紅綿路19　☎ 2521-5041
- 🕐 6:00～23：00　㊡ 全年無休
- 💰 免費　🚇 港鐵金鐘站C1出口步行5分鐘

`金鐘／灣仔` ▶ MAP P.18 A-3

📱 該區的港式飲茶餐廳
- 夏宮 C >>>P.45
- 名都酒樓 D >>>P.32
- 滿福樓 F >>>P.42

📱 該區購物商店
- Marks & Spencer Food E >>>P.147

A 樂茶軒茶藝館
>>>P.164

金鐘站

D 名都酒樓
>>>P.32

香港公園

金鐘道

龍和道

C 夏宮
>>>P.45

Admiralty / Wan Chai 02

到行家才知道的
中式茶館品茗

可以邊賞綠景邊品中國茶的地方意外地少。若是氣氛沉靜，還能療癒身心。

令人放鬆的隱密茶館
樂茶軒茶藝館 A

位於香港公園的殖民地建築茶館。港式飲茶HK$28～，每日變換蔬食餐點。

- 🏠 香港金鐘香港公園羅桂祥茶藝館地下　☎ 2801-7177
- 🕐 10:00～20:00
- ㊡ 第2週週二　🚇 港鐵金鐘站C1出口步行7分鐘

`金鐘／灣仔` ▶ MAP P.18 A-2

N

堅尼地道

金色紫荊花後面設有步道，可看到九龍半島。

街角附近氣氛靜謐，就像歐洲小巷。

畫有香港區旗
紫荊花雕像
金紫荊廣場立有畫上香港區旗的紫荊花雕像。

🚶 香港博覽道　🚇 港鐵灣仔站A1出口步行10分鐘

金鐘／灣仔 ▶MAP P.19 E-1

Admiralty / Wan Chai 03
香港流行最前線，
星街、月街、日街

星街、月街、日街3條街道組成的地區，有多家高質感小店，頗受年輕人歡迎。

第三波咖啡浪潮咖啡館。除了咖啡外，還有超棒的班尼迪克蛋HK$108。

🚶 香港灣仔汕頭街32號地下
☎ 2371-2338
🕗 8:00～17:00（週六、日9:00～18:00）　㊡ 全年無休
🚇 港鐵灣仔B2出口步行4分鐘

2位王牌咖啡師鎮店
The Cupping Room B

金鐘／灣仔 ▶MAP P.19 D-3

附設高級飯店和購物商場

步行3分鐘

紫荊花

會議道

港灣道

太古廣場

F 福滿樓 >>>P.42

千諾道中

E Marks & Spencer Food >>>P.147

灣仔站

B The Cupping Room >>>P.165

皇后大道東

星街

月街、日街

Admiralty / Wan Chai 04
充滿老街氣息的
灣仔菜市場

菜市場就像在地居民的廚房般熟悉親近。位於住宅大樓的G樓（地面層），乾淨整潔，觀光客也能輕鬆入內。

也有多樣少見的中國蔬菜
灣仔菜市場
超多生鮮食品！除了中國蔬菜外，還有活魚和雞。

🚶 香港灣仔皇后大道258號
🕕 6:00～20:00　㊡ 全年無休
🚇 港鐵灣仔A3出口步行5分鐘

金鐘／灣仔 ▶MAP P.19 E-3

🚶 TOWN

太子・旺角

油麻地・佐敦

尖沙咀

西環

上環

中環

SOHO

金鐘・灣仔

銅鑼灣

郊區

🔆 要從香港島海邊遠眺九龍半島，推薦紫荊花雕像旁的濱海步道。

年輕人群聚的地區

銅鑼灣
Causeway Bay

香港島東側的繁華街區，也是年輕人聚集的地區。有流行街及食街，歐美風格的時裝店和餐廳雲集。該區東側有以英國女王命名的寬敞公園。

以觀光為主的地區

日：○ 夜：○

以時代廣場為首，是血拼族流連忘返的地點。

從香港國際機場
🚄 搭機場快線到香港車站（24分鐘）
🚇 從香港車站經地下通道前往中環站（5分鐘）
中環站→港鐵銅鑼灣站（4分鐘）

Causeway Bay 01

到香港島最大的公園
維多利亞公園散步

從中央草坪仰望摩天大樓，是香港島最大的公園。
入口附近設有維多利亞女王雕像。

綠意盎然的都會綠洲

維多利亞公園
Victoria Park

中央草坪時常舉辦活動。

🏠 香港銅鑼灣高士威道
🕐 24小時　休 全年無休
💰 免費
🚇 港鐵銅鑼灣站E出口步行6分鐘

銅鑼灣 ▶ MAP P.21 F-1

也有網球場和泳池。

N

 該區的香港品牌
美妝品店
雙妹嘜 Ｂ >>>P.143

🍜 該區的粥麵店
何洪記粥麵專家 Ｃ >>>P.47,51

Ａ 喜喜冰室
>>>P.167

時代廣場

告士打道

勿街

取景點
圓形天橋
從怡和街和邊寧頓街交叉口的圓形天橋，可從上方拍攝行進間的香港電車。

維多利亞公園

高士威道

銅鑼灣站

Ｂ 雙妹嘜
>>>P.143

怡和街

糖街

圓形天橋

Ｃ 何洪記粥麵專家
>>>P.47、51

渣甸坊

步行2分鐘

櫛比鱗次的攤商
渣甸坊

小巷兩旁擠滿攤販和店家的露天市集，可在此選購髮飾、飾品、衣服或包包等。

166

為了設置維多利亞女王臨像，
1957年完工的維多利亞公園。

灣岸邊高樓林立。

從圓形天橋（→P.166）俯瞰香港電車群。

Causeway Bay 02
觀賞怡和午炮

每天中午鳴放的怡和午炮。前往觀賞充滿殖民時代氣氛的儀式！

🚶 香港銅鑼灣避風塘　🕐 12：00
📅 全年無休　💰 免費
🚇 港鐵銅鑼灣站D1出口步行8分鐘
`香港市中心`　▶MAP P.9 D-3

Causeway Bay 03
上食街享用
時尚餐點

餐廳選擇多樣化，有時髦咖啡館、有機餐廳等。午餐時經常擠滿上班族。

從咖啡館到西班牙餐廳
食街

香港頗受歡迎的拱廊街，餐廳雲集。

🚶 香港銅鑼灣食街
🕐 依店鋪而異　📅 依店鋪而異
🚇 港鐵銅鑼灣站E出口步行3分鐘
`銅鑼灣`　▶MAP P.21 E-1

MINH & KOK
（越南＆泰國菜）

● Simplylife
（咖啡館）

elBorn
（西班牙菜）

● COAST
（海鮮＆燒烤）

COEDO Taproom
（啤酒餐廳）

● Bistro Bloom
（歐洲菜）

BURGERROOM
（漢堡）

LADYM NEW
YORK
（咖啡館）

ELEPHANT
GROUNDS
（咖啡館）

靠海區

以老香港為主題
喜喜冰室 Ⓐ

店內以小巴為造型，提供全天候早餐HK$59。

🚶 香港銅鑼灣Fashion Walk百德新街57號地下C&D號鋪　☎ 2868-0363　🕐 8:00～23:00　📅 全年無休
🚇 港鐵銅鑼灣站E出口步行4分鐘
`銅鑼灣`　▶MAP P.21 E-1

Causeway Bay 04
在香港當地人愛去的
懷舊咖啡館休息片刻

為了逛遍銅鑼灣購物城，一早就到咖啡館充電！氣氛輕鬆的連鎖店，隨時都能進入用餐，深具魅力。

直通銅鑼灣站的時代廣場，是購物商場，從地下2樓～地上13樓都有商店。

順遊
香港郊區景點

從市中心搭公車、渡船或港鐵約30分鐘～1小時。香港市郊也有許多以離島為首,魅力十足的特色小鎮或景點。走遠一點逛逛也不錯。

在香港島東南部的海岸區散步

淺水灣&赤柱
Repulse Bay & Stanley

位於南區的淺水灣或赤柱,眼前就是遼闊的南海,風光明媚。淺水灣是電影《慕情》的拍攝舞台。

🚶 逛一圈 一天　▶MAP P.7 E-3

🚌 交通
中環巴士總站搭6號公車(參閱別冊P.5)到淺水灣30分鐘,到赤柱40分鐘。

日:◎ 夜:○

海邊景致和中環所在地的島嶼北側截然不同。

有多家專為旅客而開的伴手禮店。

到平民離島一日遊

長洲島
Cheung Chau Island

街上洋溢古早時期的庶民氣氛。海水浴場旁也有住宿設施。還有人玩風帆衝浪。

🚶 逛一圈 半天　▶MAP P.6 C-3

🚢 交通
中環渡輪碼頭(渡輪乘船處)搭船約60分鐘。
HK$13.60～

日:◎ 夜:○

街區出乎意料的大,還能享受平民美食。

前往香港島南部漁村的地標餐廳

香港仔
Aberdeen

面山靠海的香港島漁村。感受到由形形色色庶民氛圍組成的在地生活氣息。

🚶 逛一圈 半天　▶MAP P.7 D-3

🚌 交通
中環巴士總站搭70號公車(參閱別冊P.5)約60分鐘。

日:◎ 夜:○

輝煌燦爛的水上餐廳「Jumbo」。
☎ 2553-9111
🕙 11:00～23:30
(週日、假日9:00～)
🈺 全年無休
▶MAP P.7 D-3

走
TOWN

太子・旺角

油麻地・佐敦

尖沙咀

西環

上環

中環

SOHO

金鐘・灣仔

銅鑼灣

郊區

 主題樂園

玩上一整天的
郊區主題樂園

大嶼山有香港迪士尼樂園
（→P.104），香港島南端則有遊樂園
結合動物園的海洋公園。稍微走遠
一點，在郊區的大自然徜徉一整天
吧！

向上仰望夢幻海洋世界。

重現1950～70年代的街景。

香港島南岸最大的主題樂園
海洋公園

海洋公園占地87萬m²，境內設有遊樂園、
水族館及動物園。可以看到美麗的海洋生
物及熊貓。

🏠 香港仔黃竹坑道180號　☎ 3923-2323
🕐 依日期而異　㊡ 全年無休
💰 大人HK$480、兒童HK$240
🚇 港鐵南港島線海洋公園站B出口步行1分
鐘。
www.oceanpark.com.hk/en

香港全圖 ▶MAP P.7 E-3

到西方人最愛的海灘度假

南丫島
Lamma Island

從中環搭快船約30分鐘即可抵達的
島嶼。有水質清澈透明的海水浴場，
特別受到歐美人士喜愛。

🚶 逛一圈
3小時　▶MAP P.7 D-3

🚢 交通
中環渡輪碼頭（渡輪乘
船處）搭船約30分鐘。
HK$17.80～

青山綠海形成美麗景色。

香港國際機場
所在島嶼的能量景點巡禮

大嶼山
Lantau Island

位於香港島西側的香港最大島。該區
景點多，有香港迪士尼樂園和天壇大
佛等。

🚶 逛一圈
1天　▶MAP P.6 B-3

🚆 交通
中環經香港車站搭港鐵東
涌線。到東涌站約30分鐘。

日:◎ 夜:○

搭纜車昂坪360上大嶼山頂。

❶ 一早就有很多大叔大嬸在公園或廣場打太極拳。 ❷ 手扶梯的速度和左側通行符合世界規定。不愧被英國統治過。但是，半山手扶梯（→P.160）
沒有那麼快。 ❸ 女人街等地各攤賣的東西都差不多。多問幾家，湊齊數量殺價吧。

170

MACAU

調查實現夢想的區域

舊市區中心議事亭前地周邊和客運碼頭所在地新口岸屬於半島部分。
海埔新生地路氹城則是以賭場及飯店為主的新興區域。

世界遺產觀光據點
議事亭前地周邊

位於澳門半島舊市區中心的廣場，是巡遊世界遺產的據點。附近商店櫛比鱗次，為市內最熱鬧的街區，從早到晚市民和遊客絡繹不絕。

市場總是擠滿當地人。販售的食品和香港相同。

議事亭前地／新口岸周邊 ▶MAP P.24 A～C-1～3

澳門最知名！

僅留下正面前壁的聖保祿大教堂遺址（→P.176）。

Ruínas de São Paulo

要不要來份名產蛋撻？

Egg tart

聖保祿大教堂遺址對面的街道兩旁是成排的伴手禮店，相當熱鬧。

還能看到葡萄牙的磁磚裝飾藝術，阿茲勒赫瓷磚畫。

賭場飯店密集區，
新口岸

連結澳門海上玄關外港碼頭和澳門葡京酒店的友誼大馬路兩旁延伸出去的地區。是澳門的新市區，聚集了飯店、餐廳和娛樂設施等。

議事亭前地／新口岸周邊
▶MAP P.25 D～E-2～3

金碧輝煌的觀音像。高20m，底下是佛教博物館。

立於蓮花上。

以荷花為造型的葡京酒店，是當地地標。

葡京酒店內有澳門企業葡京集團成立的賭場。

Casino Hotel

保有南歐風情的美食街
氹仔舊城區

保有南歐風情街道，是氹仔島最著名的觀光勝地。從B級美食到正式餐廳，聚集了多家人氣商店，也有雜貨用品店，是備受矚目的老街風情區。

澳門全圖 ▶MAP P.23 B-2

澳門街上有很多道路指標。大多同時以漢字、葡萄牙語、英語註記。

氹仔舊城區入口附近。中間的小路是主街道。

氹仔舊城區後面是路氹城。賭城飯店聳立其間。

Taipa Village

澳門 行前 須知	✈ 台北松山或桃園出發　1小時50分鐘（直航）	🚕 主要交通工具	計程車、公車
	⏱ 時差　無時差	🍺 法定飲酒抽菸年齡	18歲以上， 21歲起可進賭場
	📖 簽證　30天以內的觀光免簽證	🚽 廁所	沖水式馬桶
	🗨 語言／文字　廣東話、葡萄牙語、 英語／繁體字	💱 匯率	MOP1（澳門幣）=約4台幣

（截至2019年7月）※可用HK$1=MOP1兌換

澳門面積30.8km²。略小於東京杉並區。
世界遺產集中在議事亭前地周邊。賭場飯店則位於路氹城。

中華人民共和國

亞洲拉斯維加斯

路氹城

如拉斯維加斯般綜合型度假村林立的澳門新景點。接連興建新飯店或賭場，每樣設施的規模都很大，娛樂熱點豐富，能玩上一整天。不少店營業到深夜，相當方便。

`澳門全圖` ▶MAP P.23 B～C-2～3

澳門銀河內的鑽石大堂。

從 JW萬豪酒店房間看出去，宛如不夜城的澳門銀河夜景。

路氹城的娛樂設施是賭場內附設數家飯店及購物中心。

來杯中國茶搭配美味的中國菜。

JW萬豪酒店中餐廳Man Ho的美麗前菜。

 Casino

從路氹城搭計程車
🚕 20分鐘

議事亭前地周邊

🚕 搭計程車5分鐘

從議事亭前地
🚕 搭計程車5分鐘

新口岸

從路氹城
🚕 搭計程車20分鐘

世界遺產觀光中心的廣場。總是遊客如織，也經常舉辦活動。

從議事亭前地 🚕 搭計程車20分鐘
從路氹城 🚕 搭計程車5分鐘

氹仔舊城區

🚕 搭計程車5分鐘

路氹城

該地區聚集了各個規模驚人的超大型度假村，擁有多元化的休閒娛樂設施。

從議事亭前地
🚕 搭計程車20分鐘

遊訪澳門

雖然每一區都在步行範圍內，但各區間的移動還是搭計程車等交通工具比較便捷。計程車就停在飯店門口等處。另外，賭場的免費接駁車也有行駛澳門半島市中心和路氹城的路線，相當方便，可善加利用。

各區特色標示圖

看了圖就知道要先去哪！

🎵 遊玩	🛒 購物
🍴 美食	🏨 住宿
📷 觀光	

☄ 半島區和路氹城間有3座橋梁，中間橋梁是行人、大眾運輸工具、緊急車輛專用。只有這座橋可步行穿越。

世界遺產集中在4小時的步行範圍內！

征服30處世界遺產

位於澳門半島市中心的30處世界遺產，在2005年以「澳門歷史城區」之名列為世界文化遺產。而且當中10處必看景點就集中在議事亭前地周邊。時間不夠的話走訪這些地點即可。

必看！★★★

這裡是澳門名稱來源！？

非常逼真的基督像

文化人士的宅院

必看！★★

必看！★★

至今還有舉辦公演

泉水不能喝

① 媽閣廟

▶MAP P.24 A-3 （→P.179）

澳門最古老的寺廟，由4間供奉不同神明的殿閣組成。一整天香客和遊客絡繹不絕。

④ 鄭家大屋

▶MAP P.24 B-2

巧妙融合東西文化的獨特建築之美，值得一看。天花板挑高，氣氛沉靜療癒。

⑤ 亞婆井前地

▶MAP P.24 B-3

因為有山泉水湧出，曾是葡萄牙人的群聚中心。這口井現在仍會冒水。

⑦ 聖若瑟修院及聖堂

▶MAP P.24 B-2

安置聖方濟沙勿略右上臂遺骨的巴洛克式聖堂。

⑧ 崗頂劇院

▶MAP P.24 B-2

建於1860年，是中國最早的西式劇院，外觀氣派，沒有公演時開放內部參觀。

⑩ 聖奧斯定教堂

▶MAP P.24 B-2

舉辦16世紀流傳下來的傳統儀式，苦難耶穌像巡遊時的耶穌聖像就供奉在最裡面。

還有其他世界遺產！請事先確認好巡禮路線。

What is

澳門 世界遺產

為什麼會有這麼多？
因為沒有在長達4世紀的殖民地時代和舊城區新開發浪潮中遭到破壞。

真的大部分都免費參觀嗎？
隸屬澳門政府文化局管轄，全部都免費參觀。

推薦點燈夜景
聖保祿大教堂遺址和議事亭前地，日落後會整晚點燈。

C2012MGTO

必看！★★★ ㉑
必看！★★★ ㉒
澳門的象徵地標

位於澳門正中央

⑯ 必看！★★
只有這裡看得到主教座堂！

⑳ ㉖ 必看！★★★
澳門的古老教堂
㉚ 必看！★★★
位於澳門半島最高處

▶MAP P.24 C-2 （→P.179）

⑫民政總署大樓

市政廳前身。古典氣息濃厚的圖書館和中庭對外開放。

⑭議事亭前地

▶MAP P.24 C-2 （→P.178）

以噴水池為中心延伸出美麗的波浪紋石板路。

⑯大堂（主教座堂）

▶MAP P.24 C-2

天主教澳門教區的中心。花窗值得一看。

⑳玫瑰聖母堂

▶MAP P.24 C-2

奶油色外牆和綠色窗戶令人印象深刻。附設博物館。

㉑耶穌會紀念廣場

▶MAP P.24 C-2

以天主教耶穌會命名的廣場。

㉒聖保祿大教堂遺址

▶MAP P.24 C-2 （→P.176）

澳門的代表性世界遺產，總是擠滿遊客。

㉖聖安多尼教堂

▶MAP P.24 C-1 （→P.178）

供奉婚姻主保之神聖安多尼。這裡經常舉辦結婚典禮。

㉘東方基金會會址

▶MAP P.24 C-1

葡萄牙貴族的別墅，曾是東印度公司的員工宿舍。

㉚東望洋炮台

▶MAP P.25 D-2 （→P.178）

可眺望舊市區街景，享受超廣角景致。

澳門的世界遺產MAP

世界遺產聚集在議事亭前地周邊。有很多裝飾色調柔和的美麗建築物。

㉔ 東方基金會會址
㉙ 基督教墳場和禮拜堂
⑮ 白鴿巢前地
㉖ 聖安多尼教堂
⑰ 哪吒廟
㉕ 大炮台
舊城牆 ㉔
㉒ 聖保祿大教堂遺址
㉑ 耶穌會紀念廣場

東望洋炮台 ㉚

步行約15分鐘

聖多明我前地 ⑲
玫瑰聖母堂 ⑯
三街會館 ⑬
⑱ 盧家大屋
⑯ 大堂（主教座堂）
⑰ 大堂前地
⑭ 仁慈堂
議事亭前地
⑫ 民政總署大樓
⑪ 崗頂前地
⑩ 聖奧斯定教堂

先以這裡為據點！！

何東圖書館 ⑨
崗頂劇院 ⑧
聖若瑟修院及聖堂 ⑦
聖老楞佐教堂 ⑥

鄭家大屋 ④
⑤ 亞婆井前地
③ 港務局大樓
② 板樟堂前地
① 媽閣廟

步行約30分鐘

議事亭前地除了聖誕節外，也會舉辦很多活動。

獨一無二值得一看！

走訪必看的5大景點

從多達30處的世界遺產中挑出必看的5大景點作介紹。
內容豐富詳盡，除了細節特色、令人驚呼的隱藏寓意外，還有周邊資訊。
深入了解世界遺產！

⊙ SPOT **01**

澳門的象徵性建築物

聖保祿大教堂遺址

建於17世紀的天主之母教堂及聖保祿學院舊
址。1835年的大火造成建築物毀損，目前僅存前
壁和部分外牆。日本的天主教徒曾參與建設，與
日本淵源頗深。

🏠 澳門大三巴街
⊗ 議事亭前地步行7分鐘

議事亭前地 / 新口岸周邊　▶ MAP P.24 C-2

CHECK!
天上的世界

象徵聖靈的鴿子，周圍配
置日月星辰代表天空，藉
此表現天國。

CHECK!
魔鬼雕像

被箭射中的魔鬼。可以看到
腳邊寫有「鬼是誘人為惡」
的文字。也有一說表示，魔
鬼雕像是鎮壓天主教的日本
大名。

CHECK!
4位聖人

左起是聖弗朗西斯博爾
吉亞、耶穌會創始人聖
伊格內修斯洛約拉、聖
弗朗西斯沙維爾、聖路
易斯沙維爾4位聖人。

CHECK!
耶穌會會徽

耶穌會會徽上刻有「IHS」
字母，意思是耶穌基督。
是天主教會中規模最大的
男修會。

Ruínas de São Paulo / 大三巴牌坊

何年完工？	1602年～1640年
是誰建造？	耶穌會會士卡洛斯皮諾拉神父設計
必看理由？	·譽為羅馬以東的最美教堂。 ·1835年因火災燒毀，正面前壁奇蹟似地保存下來。 ·當時的石匠中也有日本基督徒。 ·有多處細看富含寓意的浮雕。

★ MACAU

世界遺產

賭場

娛樂表演·遊樂設施

土生葡菜

散步小吃

葡式伴手禮

聖保祿大教堂遺址

這裡也要CHECK!

背面…
經確認是毀於大火的部分建築物屋頂及地基石遺跡。建築物是木造結構，但前壁因為是石材沒有燒毀。

也可以到地下室看看
從背面右後方入口可以進入存放日本人殉教者遺骨的納骨堂，及展示繪畫等宗教藝術品的天主教藝術博物館。

人潮洶湧的大三巴街
連接玫瑰聖母堂和聖保祿大教堂遺址間的小路，兩旁的伴手禮店林立，整天擠滿遊客。

戀愛巷
TRAVESSA DA PAIXÃO

附近的「戀愛巷」
充滿南歐風情的美麗巷弄，巷內可看到部分的聖保祿大教堂遺址。有很多情侶衝著街名來拍紀念照。

CHECK!
包圍耶穌的世界
小耶穌周圍有3根釘子、棘冠、梯子、金槌、長矛、鞭子等受難刑具的浮雕。

CHECK!
小耶穌
經確認小耶穌青銅像的外框刻有菊花浮雕。該圖案證明日本人曾參與工程。

CHECK!
七頭龍
聖母馬利亞腳踏七頭龍的浮雕。七頭龍代表天主教的迫害者。右上方寫著聖母踏龍頭的銘文。

CHECK!
骷髏
在魔鬼的相對位置是腹部遭箭刺穿的骷髏。腳下寫著念死無為罪的銘文。

CHECK!
馬利亞雕像
被6位天使浮雕包圍，雙手交握的聖母馬利亞青銅像。這裡以前是聖母教會。

CHECK!
聖聖方濟沙勿略
到日本宣揚天主教的傳教士。是主要的耶穌會創始人員之一。跟教科書中的圖不太像。

SPOT 02

澳門最知名的廣場

議事亭前地

曾是交通要衝，至今也整日擠滿市民和遊客，是世界遺產聚集的舊市區中心。最佳拍照點是以洋溢異國風情的周邊建築為背景，站在地球儀造型的噴水池前。

🏠 澳門議事亭前地
議事亭前地／新口岸周邊
▶ MAP P.24 C-2

🔭 **CHECK!**

來自葡萄牙的石板藝術

以黑白相間的葡式石板，描繪出美麗波浪紋。

Largo do Senado

🔭 CHECK!

擠滿觀光客的廣場

廣場周邊是世界遺產仁慈堂大樓（右）、民政總署大樓。

SPOT 03

聳立於澳門的最古老禮拜堂遺址

聖安多尼教堂

耶穌會最早設立據點，建造禮拜堂主保聖安多尼，因為很多葡萄牙人在此舉辦婚禮，又名花之教堂（花王堂）。

🏠 澳門花王堂前地
⏰ 7:30～17:30 🈵 全年無休
💰 免費
🚶 議事亭前地步行15分鐘
議事亭前地／新口岸周邊
▶ MAP P.24 C-1

Igreja de Santo António

屢次遭遇火災而重建。現在的建築於1930年完工。

🔭 **CHECK!**

吊燈

蠟燭造型的吊燈。點亮氣氛莊嚴的教堂。

🔭 **CHECK!**

5個祭壇

除了正面祭壇外，左右還有4個祭壇，教徒飾以捧花和蠟燭。

SPOT 04

位於澳門最高的山頂

東望洋炮台

必看POINT

位於海拔93m澳門半島的最高點，擁有絕佳視野。山頂不甚寬敞，但能遠眺中國珠海市。

位於澳門半島最高點的葡萄牙軍事要塞遺址，1974年以前禁止進入。可欣賞視野絕佳的市區全景。沒有要塞建築物，石牆上設有聖母雪地殿聖堂和燈塔，還有砲台和哨房等。

🏠 澳門東望洋山頂 ⏰ 9:00～18:00（教堂10:00～）
🈵 全年無休 💰 免費 🚌 議事亭前地搭車15分鐘
議事亭前地／新口岸周邊 ▶ MAP P.25 D-2

🔭 **CHECK!**

小聖母雪地殿聖堂

教堂建於成為軍事要塞前的1622年，以中國繪畫技法完成的濕壁畫值得一看（禁止攝影）。

🔭 **CHECK!**

東望洋燈塔

1865年興建，是東亞洲最古老的西式燈塔。除了每年幾天的特別日外，內部禁止參觀。

Fortaleza da Guia

曾是大航海時代用來抵禦葡萄牙宿敵荷蘭艦隊攻擊的軍事設施。

★ MACAU

世界遺產

賭場

娛樂表演‧遊樂設施

土生葡菜

散步小吃

葡式伴手禮

民政總署大樓

聳立於議事亭前地馬路間的舊市政廳，是澳門最具葡萄牙風情的建築物之一。

🏠 澳門亞美打利庇盧大馬路163號
☎ 2833-7676　🕐 9:00〜21:00
㊡ 全年無休　💰 免費
🚇 緊鄰議事亭前地

議事亭前地 / 新口岸周邊 ▶MAP P.24 C-2

仁慈堂大樓

做為慈善團體總部的美麗白牆建築。2樓是博物館。

🏠 澳門仁慈堂右巷2　☎ 2857-3938
🕐 10:00〜12:00、14:30〜17:30
㊡ 週一、假日　💰 MOP5（博物館）
🚇 緊鄰議事亭前地

議事亭前地 / 新口岸周邊 ▶MAP P.24 C-2

CHECK!
展示教皇邊界線的地球儀

以大航海時代葡萄牙和西班牙協議在世界劃分勢力範圍為題的雕像。

必看POINT

從人潮不斷的議事亭前地到聖保祿大教堂遺址有多家伴手禮店和速食店比鄰而立。

📍 SPOT 05

據說是澳門命名由來的寺廟

媽閣廟

建於明朝時代，是澳門最古老的寺廟。面海而立的廟內設有4處祭殿，當中有3處供奉航海及漁業的信仰女神阿媽（媽祖）。

🏠 澳門媽閣廟前地　🕐 7:00〜18:00
㊡ 全年無休　💰 免費
🚇 議事亭前地搭車10分鐘

議事亭前地 / 新口岸周邊 ▶MAP P.24 A-3

CHECK!
不可思議的水盆

摩擦把手，水會濺起來的神奇水盆。這需要竅門，觀察熟練者的手勢試試看吧。

境內大石上畫有色彩鮮明，傳說中載著媽祖乘風破浪的帆船。

中國寺廟前面延伸出去的廣場，是用葡萄牙運來的石板鋪成的玫瑰廣場。這也是世界遺產。

Templo de A-Má

CHECK!
因為誤聽而來的澳門之名

葡萄牙人最早在這附近上岸時，詢問該處地名，將媽閣的廣東話「ma gok」聽成「Macau」，遂以此為名。

CHECK!
漩渦狀的塔香

從寺廟天花板垂掛下來的漩渦狀塔香，大約可連續燒1個月。為了不讓香灰撒到祭拜者身上，底下設有圓形托盤。

必看POINT

航海女神媽祖的雕像除了刻在岩石上的帆船外，廟內也供奉媽祖像和帆船。

 媽閣廟前面的海事博物館展示大航海時代，葡萄牙船的模型和昔日澳門的立體模型。　　179

瞄準賭場！一獲千金

說到澳門就是賭場。就算沒賭運也想玩玩看，希望一獲千金？
每家賭場均須遵守法律對遊戲規則和賠率的規定。
澳門境內約有40家賭場，不妨試試手氣吧。

在
不夜城
贏一把！

燈光閃爍變換，宛如夢幻世界般華麗的澳門銀河。

新手推薦指數	★★★	入門者
一獲千金指數	★★★	積少成多
每局需時	2～3分鐘	勝負立見

中國傳統遊戲

賭大小

3顆骰子放在有蓋的玻璃器皿中搖晃，猜測搖出來的點數。毫無賭技可言，規則單純。

在澳門僅次於百家樂，最多人玩的就是「賭大小」。每家賭場都設有多張桌面押注區和電子骰寶機。

● 賭大小的桌面押注樣式

「小」是4～10，「大」是11～17，賠率1賠1，也有各種猜骰子點數的賭法，賠率大小不同。桌面押注區和電子骰寶機的賠率不同（※上圖僅為示意圖）。

🛍 PLAY GAME

STEP1	STEP2	STEP3	STEP4
在桌面押注區下注	敲鐘通知下注結束	打開骰盅	猜中就發獎金

★ MACAU

世界遺產

賭場

娛樂表演·遊樂設施

土生葡菜

散步小吃

葡式伴手禮

How to ─

賭場玩法

眾所皆知澳門賭場對服裝及入場的規範不高，但還是要先認清遊戲規則和禮儀。

年齡限制	21歲以上	有些賭場要求出示附相片的身分證明文件，所以要隨身攜帶護照。
營業時間	24小時全年無休	隨時都能玩到盡興。純參觀也OK。
服裝規定	輕鬆休閒	沒有特別嚴格的規定，但避免穿夾腳鞋。
拍照攝影	禁止	禁止任何拍照攝影。
飲食	在餐廳	提供免費飲料，但用餐須至賭場內餐廳。

從進場到離場

❶ 若有行李請寄放櫃台

❷ 拿HK$現金換籌碼

❸ 注意最低下注金額

❹ 換回剩下的籌碼

新手推薦指數	★★★	初學者
一獲千金指數	★★★	積少成多
每局需時	3〜4分鐘	勝負立見

賭場花式遊戲
輪盤

玩法簡單，猜中特定數字、紅色或黑色、奇數或偶數等，適合初學者玩。

以賭場為舞台的電影並不陌生。

●輪盤的桌面押注樣式

※下圖為示意圖

從「紅黑」、「奇偶數」、「1-18和19-36」等賠率低的項目，到猜中1〜4個特定數字或相同數字等賠率高的方式，有多種玩法。

STEP1	STEP2	STEP3	STEP4
把球放進輪盤	下注	球停在框內決定數字	分發猜對的籌碼

打撲克牌
紙牌遊戲

賭桌數不多，但也有二十一點、加勒比撲克、德州撲克等遊戲可玩。

規則複雜需技巧，對初學者較難。

STEP1	STEP2	STEP3
在桌前坐定	在桌上換籌碼	和莊家決勝負

新手推薦指數	★★★	入門者
一獲千金指數	★★★	有可能
每局需時	數秒	心理戰

拉中大獎一獲千金
老虎機

有多台投幣金額低的機器，而且不須向莊家過招，屬於低門檻遊戲。可以直接插入紙鈔。

觀看不同機器播出的畫面和音樂也很有趣。

STEP1	STEP2	STEP3	STEP4
插入紙鈔	賭金是線數×賠率	拉老虎機，圖案連線即中獎	餘額以現金券印出

到這裡玩！

最新豪華設施
澳門銀河

🏠 路氹城望德聖母灣大馬路
☎ 2888-0888 ⊗ 議事亭前地搭車約15分鐘 ◆賭桌（約450張）、老虎機及電子遊戲機（約1300台）
www.galaxymacau.com/
[澳門全圖] ▲MAP P.23 B-2

裝潢時尚
新濠天地

🏠 路氹連貫公路 ☎ 8868-6688 ⊗ 議事亭前地搭車約15分鐘 ◆賭桌（約450張）、老虎機及電子遊戲機（約1200台）
www.cityofdreamsmacau.com
[澳門全圖] ▶MAP P.23 B-2

壓倒性的大規模
澳門威尼斯人

🏠 路氹金光大道 ☎ 2882-8888 ⊗ 議事亭前地搭車約15分鐘 ◆賭桌（約460張）、老虎機及電子遊戲機（約2000台）
www.venetianmacao.com
[澳門全圖] ▶MAP P.23 B-2

澳門賭王經營
澳門新葡京酒店

🏠 澳門葡京路 ☎ 2828-3838 ⊗ 議事亭前地步行約8分鐘 ◆賭桌（約430張）、老虎機及電子遊戲機（約700台）
www.grandlisboahotel.com
[議事亭前地／新口岸周邊] ▶MAP P.24 C-2

世界級的娛樂節目

撼動人心的精采表演

澳門的表演節目震撼精采，有很多熟客前來觀賞數次。
還有原創表演，可上網訂票。
就算語言不通，頂尖表演也令人樂在其中。

需時
約90分鐘

需預約

澳門才看得到的
壯觀水舞秀

water
水
高潮迭起

從10m高處潛入8m深的水池，用水量和場面令人歎為觀止的夢幻表演

全球規模最大的水上匯演
The House of Dancing Water 水舞間

來到澳門絕對不容錯過的人氣表演，2010年登場以來，吸引了超過350萬人觀賞。

精采之處！

❶成員優秀
由在太陽劇團編導過多部熱門節目的世界級表演者Franco Dragone 製作。

❷規模驚人
來自世界25個國家和地區的頂尖舞者上場表演，幕後動員160位專業人員支援。

❸斥資千億
籌畫5年、彩排2年，投入20億港幣巨資製作。

❹頂尖劇場
蓄水量達5個奧運標準泳池容量，是世界最大的水上劇場。融合多項最新技術。

❺座位視野佳
座位分布在可270度環視中央舞台的位置，VIP座位區提供免費的飲料點心。

story

男主角是誤入魔法國度的外國人，遇見美麗公主進而相戀。公主也覺得他是救世主。最後外國人對抗邪惡的繼母壞心王后而拯救國家。

最好提早訂票

水舞間
The House of Dancing Water

🏠 路氹連貫公路澳門新濠天地水舞間劇院
🚌 議事亭前地搭車15分鐘
☎ 8868-6767
🕐 17：00、20：00　🚫 週二、三
💰 MOP580～詳情請上官網確認
www.thehouseofdancingwater.com/
【售票處】
🕐 11:00～22:00（週二、三～20:00）
🚫 全年無休

澳門全圖　▶MAP P.23 B-2

★ MACAU

世界遺產

賭場

娛樂表演・遊樂設施

土生葡菜

散步小吃

葡式伴手禮

驚險刺激的雜技表演
Monkey King 西遊記

以中國四大名著之一《西遊記》的故事為藍本。
是集結高超雜技和最新視覺效果的表演。

需時
約70分鐘

acrobatics
雜技
高潮迭起

如此震撼的西遊記
至今從未見過!?

精采之處!

❶ 優秀的表演者
歷經8年籌備，網羅以中國為首來自全球技藝高超的雜技演員。

❷ 精采華麗的場面
使用大規模舞台裝置，展開超華麗表演場景。令人看得目不轉睛。

❸ 豪華度假村
劇院位於大型綜合度假村內，看戲前後也有多項娛樂活動供選擇。

盡情享受西遊記的世界
西遊記
Monkey King-China Show

🏠 路氹金光大道金沙城中心內金沙城劇院
☎ 2882-8818
💰 MOP380～ 🕐 20：00 🚫 週四
🚗 從議事亭前地搭車15分鐘
www.venetianmacao.com

澳門全圖 ▶MAP P.23 B-2

超出想像的華麗動作與表演，令人感動連連！

姿態變化萬千
Performance Lake 表演湖

運用最新科技演出奇幻音樂水舞秀。
路氹城的新景點吸引眾多遊客前來。

WYNN PALACE

需時
1場約5分鐘

Fountain
噴泉
高潮迭起

意想不到的免費節目
超乎期待的規模令人感動！

精采之處!

❶ 1人獨享
面對表演湖，獨占景致的客房最受歡迎。可以盡情觀賞表演。

❷ 坐在餐廳觀賞
在進行表演的度假村內，坐在餐廳觀賞如同置身劇院。

❸ 從纜車俯瞰
搭乘位於表演湖周圍的纜車，可從上俯瞰噴泉表演。

❹ 澳門半島也看得到
位於澳門半島新口岸地區的連鎖度假村永利澳門也有表演湖。

到路氹城必看！
表演湖

🏠 路氹體育館大馬路永利皇宮 ☎ 8889-8889
🕐 12:00～19:00（每30分鐘）、19:00～24:00
（每20分鐘） 🚫 全年無休 💰 免費 🚗 議事
亭前地搭車15分鐘 www.wynnpalace.com

澳門全圖 ▶MAP P.23 B-2

表演曲目可上官網確認。從流行音樂到故事曲，以西洋熱門歌曲為主。

在8字摩天輪＆塔上尖叫！

世界第一&世界首座遊樂設施

澳門新濠影滙引以為傲的世界首座8字摩天輪、在澳門塔挑戰世界最高的高空彈跳等，
體驗澳門才玩得到高空遊樂設施。

> 世界首座
> 1圈
>
> MOP100
> 需時15分鐘

8字摩天輪
Golden Reel

登上23樓搭乘摩天輪。除了風景美麗外，
也樂於體驗未知的8字型移動。
🎫 MOP100（60歲以上MOP85）

新奇的8字體驗

體驗依8字筆畫移動的
新奇運轉模式。中間不
會交錯。

乘坐看看！

❶ 入口位於幾樓？
售票處和入口位於3樓。接著
搭專用電梯前往23樓的乘坐入
口。

❷ 如何搭乘？
乘坐方法和普通摩天輪一樣。
聽從工作人員的指示慢慢上下
摩天輪即可。

❸ 有幾台車廂？是幾人座？
有17台全窗景車廂，每台可容
納10人。原則上是多人共乘
制。

❹ 摩天輪大約多高？
是世界最高的摩天輪，位於130
公尺處。路氹城和機場一覽無
遺。

「8」在華人圈中是吉利數字，位於澳門新濠影滙
兩棟飯店大樓間的8字摩天輪，是澳門的熱門景
點。

澳門新濠影滙
Studio City Macau

🏠 路氹連貫公路新濠影滙
☎ 8868-6767　🕐 12:00～20:00（週
六、日、假日11:00～21:00）
㊡ 全年無休　🚃 議事亭前地搭車15分鐘
www.studiocity-macau.com
澳門全圖 ▶ MAP P.23 B-3

懸浮在夜空中的8字摩
天輪是備受歡迎的路氹
城地標。

> 4D模擬
> 飛行設施
>
> MOP150
> 需時20分鐘

體驗蝙蝠俠的世界！

蝙蝠俠夜神飛馳
Batman Dark Flight

在類似劇場的空間內坐在附安全帶的座位上，欣賞銀幕
播出的4D影像。感受呼嘯而過的風聲與熱氣，體驗在空
中飛翔的快感吧。可事先上網訂票，確認好再出發。
🎫 MOP150（60歲以上MOP125）
※身高限制100～195cm

★ MACAU

世界遺產

賭場

娛樂表演・遊樂設施

土土葡菜

散步小吃

葡式伴手禮

澳門塔
Macau Tower

位於澳門半島南端的地標。有多項遊樂設施可玩。

🏠 澳門觀光塔前地
☎ 2893-3339　🕐 10:00～21:00（週六、日、假日9:00～）
🎫 全年無休　💰 MOP145（觀景台）
� 議事亭前地搭車5分鐘

議事亭前地/新口岸周邊
▶ MAP P.24 B-3

頂端高 338m

這裡！

世界最高的高空彈跳
MOP3488
需時60分鐘

百步登天
Tower Climb

從澳門塔最高樓面61樓（233m）攀梯爬上最頂端的活動。
預約方式同高空彈跳
💰 MOP2288（含T恤、證明書、會員證、照片及影片USB）

以塔頂為目標一路攀著梯子往上爬。需時約2小時。體能挑戰設施。

高空彈跳
Bungy Jump

挑戰列入金氏世界紀錄，從世界最高的地方一躍而下。
🕐 11:00～19:30（週五～日～22:00）
參加資格：參加者須能穿上繩索扣裝備，裝備和體重合計40kg以上100kg以下。未滿18歲者需有監護人的同意書。開始24小時前的網路預約，當天訂票須打電話或提前1小時以上到現場報名。
💰 標準套餐MOP3488（含T恤、證明書、會員證）

這裡！　　　這裡！

空中漫步
Sky Walk

在離地233m高，寬1.8m的外圍步道，穿上和架空安全系統相連的繩索扣漫步。
預約方式同高空彈跳　💰 MOP788（含T恤、證明書、照片及影片USB、會員證）

在觀景台外圍繞行一圈，途中可聽從教練指示，挑戰單腳站立或快跑等。

挑戰高空彈跳！

❶ 前往61樓櫃台
購買觀景台門票，搭乘觀景台電梯前往61樓的戶外觀景台。一出門就看得到櫃台。

❷ 報名、著裝
在確認文件上簽名並繳費，到更衣室換上專屬T恤。

❸ 聽取解說
由工作人員幫忙穿繩鎖扣，聽取高空彈跳的流程。只有英文解說。

❹ JUMP！
在指定地點等待。叫到名字時，走到外面的彈跳台，3、2、1跳。

還有這項遊樂設施

貢多拉船
Gondola Rides

搭乘貢多拉船悠哉航行於購物中心的運河上。邊泛舟、邊聽船夫唱著優美的歌聲。

運河遊船
MOP128
需時20分鐘

澳門威尼斯人
The Venetian Macao

🏠 路氹金光大道澳門威尼斯人L3
☎ 8118-3638　🕐 11:00～22:00
🎫 全年無休　� 議事亭前地搭車15分鐘
💰 貢多拉船票MOP128

澳門全圖　▶ MAP P.23 B-2

不敢高空彈跳可試試這個！

緩慢降落！

也可以選擇雙人高飛跳。價格是MOP3988，重量限制是含繩索扣120kg以下。

高飛跳
Sky Jump

穿上調整過降落速度的繩索扣，從和高空彈跳起跳高度相同之處降下。
預約方式同高空彈跳
💰 MOP2588（含T恤、證明書、會員證）
🕐 11:00～19:30（週五～日～22:00）
需時60分鐘

Seafood or Meat?

必吃的美味澳門菜

使用大量香辛料的土生葡菜，可說是東西文化交融的菜色。
無論是海鮮或肉類都發展成澳門的獨特菜系。到4家人氣餐廳品嚐美味的澳門菜吧。

感受地理大發現的
時代風味
／
seafood
〔海鮮〕
／
使用地理大發現時代的乾貨醃鱈魚或蝦蟹，
加上香辛料、大蒜等烹調成的海鮮料理。

咖哩加番茄，用料豐富的湯汁

👆 海鮮燴飯
MOP248（中）

鮮味十足的
海鮮番茄湯。

👆 馬介休球
MOP118

醃鱈魚加馬鈴薯炸
成的丸子，外皮酥
脆，裡面鬆軟，令
人停不了口。

充滿香料味的傳統菜式

👆 扒魔鬼大蝦
MOP280

添加許多大蒜和奶油，
香氣撲鼻。

氣氛浪漫的獨棟餐廳
Albergue 1601

佇立於保有南歐風街道的望德堂
區。擁有百年歷史的洋房翻修成時
髦獨棟餐廳。頗受情侶和女性觀
迎。

🏠 澳門瘋堂斜巷8號仁慈堂婆仔屋
☎ 2836-1601　🕐 12:00～15:00、
18:00～22:30　🈺 全年無休
🚇 議事亭前地搭車5分鐘　需預約
議事亭前地／新口岸周邊
▶ MAP P.24 C-2

Other Menu
葡式香料烤雞　MOP168

（上）室內天花板挑高，視覺
開闊。包廂位於2樓（下）仁慈
堂婆仔屋左後方的黃色建築。

超越1世紀的美味
佛笑樓

1903年創業的老店。嘗得到獨家自
創的土生葡菜。在沉靜高雅的店內
享受傳統美味。

🏠 澳門福隆新街64號
☎ 2857-3580　🕐 12:30～22:30
🈺 全年無休　🚇 議事亭前地步行7
分鐘　需預約
議事亭前地／新口岸周邊
▶ MAP P.24 B-2

店名由來
店名的意思是好吃到連佛祖都
會笑。

（上）店內裝潢典雅。（下）
餐廳位於議事亭前地附近的
福隆新街，3樓有包廂。

★ MACAU

世界遺產

賭場

娛樂表演・遊樂設施

土生葡菜

散步小吃

葡式伴手禮

What is

土生葡菜

葡萄牙菜揉合廣東菜，再加上非洲或亞洲調味料及手法烹調成的多國籍料理。常見菜色是咖哩風味菜或以醃鱈魚入菜的佳餚。

土生葡菜使用的調味料和香辛料

白酒　清湯　紅椒　月桂葉　大蒜
橄欖油　椰子粉　番茄醬　迷迭香

以香辛料和香草
烹調出獨特風味

meat
〔肉類料理〕

澳門的肉類料理主要以香草調味，比起廣東菜，受到亞洲和非洲的影響更大。

源自非洲莫三比克

道地軟嫩厚牛排

非洲雞
MOP200（半隻）

添加大量香辛料的澳門代表菜色。

葡國煎肉眼扒
MOP188

附上香煎馬鈴薯和荷包蛋。

鄰近世界遺產媽閣廟

海灣餐廳
Restaurante Litoral

澳門行政首長和各界VIP都會光臨的餐廳。重現澳門出生的葡萄牙人老闆一家代代相傳的食譜。

🏠 澳門河邊新街261號A地下
☎ 2896-7878　🕐 12:00～15:00、18:00～22:30　㊡ 全年無休
Ⓧ 議事亭前地搭車10分鐘
需預約

議事亭前地／新口岸周邊
▶MAP P.24 A-3

Other Menu
荷包蛋免治豬肉　MOP128
（土生葡菜中的媽媽味）

（上）店內氣氛寧靜舒適。晚上最好先訂位。
（下）世界遺產民政總署風格的外觀宛如歐洲餐廳。

位於大型綜合度假村澳門銀河內

葡軒
Gosto

內部裝潢氣氛彷彿置身於葡萄牙餐酒館。提供土生葡菜和葡萄牙菜的經典菜色。

🏠 路氹城澳門銀河地下，G011
☎ 8883-2221　🕐 12:00～15:00、18:00～23:00（週六、日、假日12:00～23:00）　㊡ 全年無休
Ⓧ 議事亭前地搭車15分鐘
需預約

澳門全圖　▶MAP P.23 B-2

Other Menu
非洲雞　MOP198
咖哩蟹　MOP308

（上）面對購物拱廊的優越位置。（下）使用花紋美麗的餐盤，擺盤也很講究。

MOP40（約160台幣）以下的小吃
議事亭前地周邊的散步美食

議事亭前地周邊不只有世界遺產，還聚集了多家特色餐飲店。
其中也有頗受當地歡迎，價格實惠的甜點輕食店。也可以拿在手上邊吃邊逛。

香甜樸實的古早味牛奶布丁
A 義順鮮奶

創業超過100年的牛奶布丁專賣店。可
選冷熱的招牌牛奶布丁，濃郁的奶香
味備受歡迎。

🏠 澳門公局新市東街佳富商業中心
☎ 2857-3638　⏰ 9:00～22:30
🗓 全年無休　🚶 議事亭前地步行3分鐘
議事亭前地／新口岸周邊 ▶ MAP P.24 C-2

位於聖母玫瑰堂左邊
馬路上。乳牛圖案的
綠色招牌相當顯眼。

👆 馳名雙皮燉奶
MOP32

招牌牛奶布丁。也有杏仁牛奶布
丁MOP33或雞蛋布丁MOP25。

● A 義順鮮奶

● B 祥記麵家

營地大街

鉅記餅家

議事亭前地

大堂街

南灣大馬

招牌蝦子撈麵是撒上蝦卵的乾麵。

新馬路

👆 招牌蝦子撈麵
MOP36

龍嵩正街

混在澳門人群中
品嘗老街美食吧！

C Margaret's
Cafe e Nata

D Pastela
Caravela

Café Bela
Vista

← Lord Stow's
Bakery

保有懷舊風情的老店
B 祥記麵家

位於人氣觀光景點福隆新街
上。麵條使用以竹竿手工壓
製的特色竹昇麵，是頗受歡
迎的麵店。

🏠 澳門福隆新街68號地舖
☎ 2857-4310
⏰ 11:30～24:00
🗓 不固定（月休4天）
🚶 議事亭前地步行5分鐘
議事亭前地／新口岸周邊 ▶ MAP P.24 B-2

充滿家庭氣氛的小店面。

便宜又好吃的
美食寶庫♪

What is

蛋塔

原本是葡萄牙的傳統點心。住在澳門的英籍主廚在里斯本吃到後驚為天人，研發出自家配方，並成立安德魯餅店販售，頗受好評。

提供隨時出爐的蛋塔。

👉 葡式蛋塔
1個MOP10、6個MOP55

招牌商品是澳門名產蛋塔

C 瑪嘉烈蛋撻店
Margaret's Cafe e Nata

平日也要排隊的人氣商店，有時傍晚就賣光了。地理位置優越，位於議事亭前地步行範圍內。

🏠 澳門馬統領街金利來大廈17號B地舖 ☎ 2871-0032
🕐 8:30～16:30（週六、日10:00～18:00） 🚫 週三
🚇 議事亭前地步行5分鐘
議事亭前地/新口岸周邊 ▶MAP P.24 C-2

即便大排長龍也值得一試。店前也有內用區。

👉 麵包
MOP15～
都是甜麵包，適合搭配義式咖啡。

葡萄牙人多的巷弄咖啡館

D Pastelaria Caravela

當地葡萄牙人常去的名店。販售各款價格實惠的自製麵包和葡式甜點。

🏠 澳門馬統領街7號H金來大廈地舖 ☎ 2871-2080
🕐 8:00～20:00 🚫 週日
🚇 議事亭前地步行5分鐘
議事亭前地/新口岸周邊
▶MAP P.24 C-2

某些時段顧客幾乎都是葡萄牙人。戶外座位區頗受青睞。

這裡 SHOP 也推薦！

以下介紹的地方雖然離議事亭前地有點遠，但也是必吃的好味道和必買伴手禮！

👉 葡式蛋塔
1個MOP9、6個MOP50

酥鬆的外皮和濕潤香濃的內餡只有剛出爐才吃得到。

澳門葡式蛋塔的創始店

安德魯餅店
Lord Stow's Bakery

澳門葡式蛋塔的創始店總店。外觀自1989年創業以來不曾變過。這裡是外帶專賣店。

路環村內有數家咖啡館型式的連鎖店。

🏠 路環市區戴紳禮街1號地下 ☎ 2888-2534
🕐 7:00～22:00 🚫 全年無休 🚇 議事亭前地搭車20分鐘
澳門全圖 ▶MAP P.23 A-3

👉 薈景閣木糠蛋糕
MOP48

鮮奶油和餅乾屑交錯疊出的新形態甜點（前面中間）。

殖民地度假風格咖啡館

薈景閣咖啡室
Café Bela Vista

承襲知名飯店名聲的咖啡館。率先提供葡式甜點木糠蛋糕。

明亮開闊的店內，充滿度假風格。推薦靠窗座位區。

🏠 澳門友誼大馬路956至1110金麗華酒店2F ☎ 8793-3871
🕐 6:30～15:00、18:00～22:00（週五～日6:30～22:00）
🚫 全年無休 🚇 議事亭前地搭車10分鐘
議事亭前地/新口岸周邊 ▶MAP P.25 E-2

👉 原粒杏仁餅
MOP48

滋味芳香樸實的澳門名產杏仁餅。

在中國也頗受歡迎的味道

鉅記餅家

販售澳門傳統點心的伴手禮店中最暢銷的品牌。提供試吃服務，找出喜歡的味道吧。

在觀光名勝周邊或度假飯店設有多家分店。

🏠 澳門議事亭前地7號至7號A地下 ☎ 2832-9300
🕐 8:00～23:30 🚫 全年無休 🚇 議事亭前地步行1分鐘
議事亭前地/新口岸周邊 ▶MAP P.24 C-2

說到澳門的人氣伴手禮就是這項！

買到珍貴的葡萄牙美酒

澳門是全亞洲葡萄牙美酒品項最齊全的地區。即便遇見珍貴的葡萄牙酒也不稀奇。
到專賣店、超市試喝各種酒款，挑出喜歡的帶回家吧。

在台灣難得一見的葡萄酒！

紅 酒 紅葡萄酒　葡萄牙文寫做「Vinho Tinto」。
可搭配非洲雞一起品嘗。

莓果系
清新感

MOP580

**Xisto Douro
DOC 2012**

特色是帶有野莓果香，
酒質細緻，入口辛辣。

風味厚實
有層次

MOP440

**Quinta do Carmo
Reserva Tinto
2012**

呈深紅色。果味飽滿，
感受得到咖啡和柑橘水
果風味。

PORTUGAL
WINE
SHOP

不僅在專賣店，超市或
伴手禮店也擺有品項豐
富的葡國佳釀。

味道強烈，回甘不絕

MOP130

**Caves Velhas
Reserva Tinto**

帶有濃郁的巴薩米可醋
和黑色果實香。口感濃
烈，口中滿是酒香味。

超高CP值！

除了葡萄酒外，食品類的品項也很豐富。

堅持直接從葡萄牙進口商品

葡國天地百貨
Mercearia Portuguesa

位於圍繞著涼爽中庭旁的建築
物一隅。店內只販售從葡萄牙
進口的優質商品。

🏠 澳門瘋堂斜巷8號仁慈堂婆仔屋
☎ 2856-2708
🕐 13:00～21:00（週六、日12:00～）
🈺 全年無休
🚶 議事亭前地步行10分鐘

議事亭前地／新口岸周邊　▶ MAP P.24 C-2

What is

葡萄牙美酒

葡萄牙因氣候佳,種植出優質葡萄,釀造葡萄酒的歷史超過2000年。早在18世紀便採取優良產地保護政策,生產多款特色葡萄酒。

認識產地和特色
葡萄牙的葡萄種植區主要位於北部,釀製氣泡酒、酒精強化葡萄酒及玫瑰紅酒。
關於葡萄酒等級
根據歐盟葡萄酒法大致可分為產地限定的高級葡萄酒和無產地名稱的餐酒。

白葡萄酒以名為綠酒的新鮮酒款最受歡迎。紅酒則多是濃烈強勁的酒款。

白 酒 白葡萄酒

葡萄牙文寫做「Vinho Branco」。

MOP180

柑橘香味和平衡得宜的酸味

Foz de Arouce Blanco
帶有平衡得宜的酸味和柑橘果香,口感滑順易入口,頗受歡迎。

氣 泡 酒 發泡性葡萄酒

在澳門以法國香檳產區的氣泡酒居多,但也不能錯過葡萄牙產區的酒款。

清爽的微氣泡酒最適合炎熱季節

MOP52

MOP350

美麗的粉紅氣泡酒

Gazela
價格實實的微氣泡酒。恰到好處的酸味,入口爽朗。

Quinta dos Roques Sparkling Rosé
帶有櫻桃和草莓果香,入口不甜味道清爽俐落。在澳門很少見。

是葡萄酒又不是葡萄酒

馬德拉酒 和 **波特酒**

酒精強化葡萄酒
釀造過程中加入酒精的酒款。保存期長且具獨特風味。依添加酒精的時程有甜味和不甜之分。

MADEIRA WINE

MOP588

【馬德拉酒】

(左)MADEIRA 15yrs. SWEET
裝在懷舊酒瓶中的15年馬德拉酒。是適合餐後飲用的甜點酒。

(右)MADEIRA MEDIUM DRY 1999
入口不甜膩,可以感受到淡淡的甜味。可當餐前酒。

MOP268

PORT WINE

MOP120

【波特酒】

(左)Sandeman Founders Reserve Port
酒質細緻,味道平衡得宜的年輕款波特酒。

(右)Taylors Special Fine Tawny Port
口感滑順柔和。充滿草莓果醬風味。

MOP185

在品項齊全的店內挑選!

品項多到令人眼花撩亂
太平洋酒窖
Pacific Wine Mart

販售1000種以上的葡萄酒和蒸餾酒,是澳門數一數二的專賣店。選項種類豐富,應該可以挑到喜歡且符合預算的酒款!

 澳門馬德里街31號環球豪庭D舖
☎ 2875-0622
🕙 11:00～21:00
🚫 週日、假日
🚶 議事亭前地搭車10分鐘
議事亭前地 / 新口岸周邊 ▶MAP P.25 D-3

★ MACAU
世界遺產
賭場
娛樂表演・遊樂設施
土生葡菜
散步小吃
葡式伴手禮

澳門中的葡萄牙

小城市譜出的東西方文化和諧曲

澳門受葡萄牙統治長達450年。這座小城歷經長久歲月，完美融合中國和葡萄牙的風俗文化，孕育出獨特的異國風情。

英國將香港歸還給中國時，留下金錢離開，葡萄牙沒有錢，留下的是文化。於是成為「觀光都市澳門」飛躍的基礎。

順帶一提，澳門擁有世界遺產和土生葡菜，但香港什麼都沒有。澳門人對這兩項文化十分自豪。

街上見到的葡萄牙

澳門是融合東西方文化的異國風情城市。至今散步途中也隨處可見多項葡萄牙留下的建築文化。

🏵 這裡是葡萄牙人上岸的地方

媽閣廟（→P.179）是聞名的海上交通要衝，面向十字門水道而立，據說是葡萄牙人最先上岸的地點。

🏵 充滿葡萄牙風情的美麗阿茲勒赫磁磚畫

阿茲勒赫磁磚畫是葡萄牙傳統的磁磚畫。以白底藍彩為主，有時也有加上黃色的彩色畫或系列作品，看著畫就有好心情。

🏵 街上出現的標誌也寫上葡萄牙文

路牌也是以阿茲勒赫磁磚畫為藍本。上面是中文，下面是葡萄牙文。有很多充滿歷史感的路名，令人遙想地理大發現時代。

快速了解和葡萄牙的關係！
澳門歷史年表

認識地理大發現時代葡萄牙人在亞洲的交易場所和天主教傳教重要據點，澳門的歷史吧。

1553年	葡萄牙人登陸 葡萄牙船隊一行人在半島南端附近登陸。聽到媽閣（ma gok）的地名，便將此地命名為Macau，據說這是澳門名稱的由來。
1557年	葡萄牙人獲得在澳門的居留權 並不是以武力奪得居留權，而是以向廣州衙門租借土地的方式拿到居留權。
1582年	來自日本的天正遣歐少年使節團來到澳門停泊 九州的天主教徒大名、大友宗麟派遣到羅馬的4位少年使節在澳門停留10個月。1588年使節團回國途中，再度停靠澳門，據說也有人留在澳門。
1602年	開始建造聖保祿大教堂 耶穌會士卡洛斯‧斯皮諾拉（Carlos Spinola）神父設計，歷經30多年建造而成。神父之後就去了日本，未曾見過完工後的教堂。
1835年	聖保羅大教堂燒毀 譽為當時亞洲最美的建築燒得一乾二淨，只剩下正面前壁。
1847年	開始管理賭場 香港在英國的統治下急速成長，澳門卻開始衰微，透過賭場管理，開始課稅。
1887年	澳門成為葡萄牙殖民地 締結中葡和好通商條約，停止繳交多年的地租。根據條約，澳門正式成為葡萄牙的海外殖民地。
1999年	澳門回歸 中華人民共和國成立澳門特別行政區，結束近500年葡萄牙的統治，繼香港之後澳門也回歸中國，終止亞洲最後一個歐洲殖民地。另外，在50年內（到2049年為止）維持葡萄牙統治時代的制度。

到澳門購買！葡萄牙伴手禮

澳門的特點是能購得在台灣買不到的葡萄牙生活用品和食品。有很多包裝相當可愛，是最佳的伴手禮選項。

彩色的花公雞適合當伴手禮！

What is

Galo 花公雞

花公雞是葡萄牙的國鳥。這是當地傳說，含冤被判死刑的青年，因行刑法官桌上烤得焦黑的公雞出聲啼叫而獲救。因為能喚來奇蹟與幸運，所以以黑色花公雞居多。

GALO

花公雞小物件（B）MOP15〜

以象徵奇蹟和幸運為題的擺飾、手搖鈴、鑰匙圈等。

CREME de VINHO

葡萄酒果醬（A）各MOP99

用波特酒陳釀或氣泡葡萄酒製成，略帶成熟風味的手工果醬。

ÓLEO PIRI-PIRI LICOR BEIRÃO

（右）傳統辣醬（A）MOP46。
（左）葡國香草烈酒（A）MOP25。

（右）小瓶裝的傳統辣醬。
（左）以世界各地的種子或香草為原料，是著名的葡萄牙蒸餾酒。

SABÃO

Claus Porto的肥皂禮盒（A）MOP249〜

使用天然素材製作的Claus Porto牌高級香皂。澳門自製的包裝紙相當漂亮。

AZULEJO

阿茲勒赫磁磚畫板（B）MOP250

描繪聖保祿大教堂遺跡的葡萄牙傳統磁磚畫，阿茲勒赫磁磚畫。附支架，也可以掛在牆上。還有其他圖案和尺寸。

必逛的2家店

直接從當地進口商品的選貨店

A 葡國天地百貨
Mercearia Portuguesa

彷彿佇立於葡萄牙街頭的小型雜貨店。主要販售從葡萄牙直接進口的商品。

→P.190

澳門特色伴手禮品項齊全

B 藝舍

店內擺滿以世界遺產或賭場為主題的澳門特色伴手禮。

🏠 澳門南灣大馬路63號恒昌大廈1FC座　☎ 2896-8671
🕐 12:00〜19:00（需確認）　🚫 週日　🚶 議事亭前地步行15分鐘

議事亭前地／新口岸周邊　▶MAP P.24 B-2

接受尊榮款待享受當名人的感覺
令人憧憬的豪華飯店

從5星級飯店到平價旅店，香港飯店的選擇豐富。
當中也有此生必住一次，在尊榮服務下體驗優雅住宿的豪華飯店。

位於高樓層，從飯店就能飽覽
香港美景。

格調簡潔的客房。
展現都會風情。

🛏 **High Quality**　最高級

香港絕景盡收眼底
香港麗思卡爾頓酒店
The Ritz-Carlton, Hong Kong

位於尖沙咀海濱，高490m的環球貿易廣場大樓。103樓以上都屬於飯店。客房位於106～117樓。主推的豪華客房約有50m²大，正面是大片落地窗。從房間就能飽覽維多利亞港或香港島等香港當地風景。

🚶 九龍柯士甸道西1號
☎ 2263-2263
🛏 312間
Ⓧ 港鐵九龍站C1出口出站即達
www.ritzcarlton.com/hongkong

價格	HK$7600～
IN	14:00
OUT	12:00

油麻地／佐敦　▶ MAP P.12 B-3

🛏 **Luxury**　最高級

有多項專為日本人設計的服務
香港洲際酒店
InterContinental Hong Kong

位在尖沙咀海灣。是眺望香港島的絕佳位置。17層樓的建築物雖然不算高，但眼前即可望見大海及對岸的香港島，榮獲米其林星級肯定的餐廳，欣圖軒（→P.45）也位於低樓層。客房風格簡潔充滿都會感。

🚶 九龍尖沙咀梳士巴利道18號
☎ 2721-1211　🛏 503間
Ⓧ 港鐵尖沙咀站／尖東站J2出口步行3分鐘
www.hongkong-ic.intercontinental.com

價格	HK$6000～
IN	14:00
OUT	12:00

尖沙咀　▶ MAP P.15 E-3

從豪華維多利亞海景客房看出去的美景。

獲得米其林級認可的餐廳天龍軒（→P.62）。

整面落地窗的大廳。從這裡看出去的夜景特別精采。

享受5星級飯店才有的服務，實現極致的香港住宿體驗。

飯店住宿須知

advice ❶

認識香港飯店情況

從5月中旬到8月底是淡季，房價便宜，也有多家飯店會舉辦促銷活動。但是，這段期間以外的價格都很貴。就算是3星級飯店，房間小又沒有浴缸，CP值不高。

advice ❷

好用的訂房網

雖然網路上的價格各不相同，但從訂房網可以查到多家飯店，相當方便。香港因為飯店費用高，若是有旅遊計畫，建議提早訂房。通常一週前都可取消訂房，但也會出現不可取消的低房價。

advice ❸

飯店內禁菸！

根據2007年的修正法規，香港禁止在公共場所吸菸。飯店也不例外，大廳或飯店內餐廳禁菸。有些飯店連客房也全面禁菸，不過也有不少家飯店設置吸菸樓層和吸菸房。

離觀光景點近
備受熟客喜愛的舒適飯店

代表香港的
古典優雅飯店風格

擺設沉穩，融合都會和亞洲風情。

豪華客房一律採用東洋風裝潢。

🛏 **Stylish** 　浪漫

盡享都會居住風格

香港港麗酒店
Conrad Hong Kong

位於太古廣場的高樓層，感受得到行政區域金鐘的都會氛圍。從優雅的客房可以遠眺維多利亞港及太平山景致。香港島夜景近在眼前，浪漫無比。24小時開放的健身中心和戶外泳池等設施豐富。

🏠 香港金鐘道88號太古廣場
☎ 2521-3838
🛏 512間
🚇 港鐵金鐘站F出口出站即達
conradhotels.hilton.co.jp

價格	HK$3000～
IN	14:00
OUT	12:00

金鐘/灣仔 ▶MAP P.18 B-3

🛏 **Elegant** 　傳統

散發傳統和優雅的遠東貴婦

半島酒店
The Peninsula

1928年開業。素有「遠東貴婦」美名，代表香港傳統的豪華飯店。無論是外觀或館內都洋溢著濃厚的優雅韻味。隨處可見的古董和各項美術品訴說著古老美好時代。客房是結合東西方文化的時尚空間。還有面面俱到的貼心服務。

🏠 九龍尖沙咀梳士巴利道22號
☎ 2920-2888
🛏 300間
🚇 港鐵尖沙咀站L3出口步行1分鐘
hongkong.peninsula.com/ja/default

價格	HK$5080～
IN	14:00
OUT	12:00

尖沙咀 ▶MAP P.15 D-3

擁有獲獎無數的餐廳及酒吧。

在充滿高級感的大廳可使用免費Wi-Fi。

在「Felix」餐廳享受歐洲菜和美景。

大堂茶座（→P.67）的豪華下午茶。

STAY
02
Hong Kong

輕鬆自在的入住環境
高CP值的休閒飯店

尋找CP值高，設備齊全的休閒飯店，希望旅行香港期間能住得舒適。
為此不想在飯店挑選上讓步。

九龍東

在九龍的新市鎮悠哉享受住宿
香港九龍東皇冠假日酒店
Crowne Plaza Hong Kong Kowloon East

HK$ 1060~

位於九龍東部的將軍澳新市鎮。寬敞挑高的大廳和東方風格設計的客房，氣氛優雅舒適。

🏠 九龍將軍澳唐德街3號
☎ 3983-0388　🛏 359間
[IN] 14:00　[OUT] 12:00
Ⓜ 港鐵將軍澳站C出口步行9分鐘
www.ihg.com/crowneplaza

`香港全圖` ▶MAP P.7 F-2

銅鑼灣

位於時尚街區的機能性飯店
香港銅鑼灣智選假日酒店
Holiday Inn Express Causeway Bay Hong Kong

HK$ 1150~

位於銅鑼灣市中心，緊鄰時代廣場的絕佳位置。客房簡潔，功能完善。備有全套盥洗用品。

🏠 香港銅鑼灣靄東街33號
☎ 3558-6688　🛏 282間
[IN] 14:00　[OUT] 12:00
Ⓜ 港鐵銅鑼灣站A出口步行2分鐘
www.ichotelsgroup.com

`銅鑼灣` ▶MAP P.20 C-2

尖沙咀

尖東沿海而立的5星級飯店
海景嘉福洲際酒店
InterContinental Grand Stanford Hong Kong

HK$ 1550~

地處尖東地區海濱，享受從海景客房望出去的美景。

🏠 九龍尖沙咀東部麼地道70號　☎ 2721-5161　🛏 573間
[IN] 14:00　[OUT] 12:00
Ⓜ 港鐵尖東站P1出口步行5分鐘
www.ihg.com/intercontinental/hotels/jp/ja/hong-kong/hkghb/hoteldetail

`香港市中心` ▶MAP P.8 C-2

紅磡

享受九龍購物樂趣
都會海逸酒店
Harbour Plaza Metropolice

HK$ 1300~

面向港鐵紅磡站而立，方便購物。有海景房和都會房可選。也有附陽台的房型。

🏠 九龍紅磡都會道7號
☎ 3160-6888　🛏 821間
[IN] 15:00　[OUT] 12:00
Ⓜ 港鐵紅磡站C出口出站即達
www.harbour-plaza.com/metropolis

`香港市中心` ▶MAP P.8 C-2

西環

萬豪旗下地理位置優越的商務飯店
香港萬怡酒店
Courtyard Hong Kong

HK$ 1600~

位於港鐵港島線經過的西環區，交通便捷，是萬豪旗下的商務飯店。附近也有機場巴士和香港電車的停靠站。

🏠 香港西環干諾道西167號
☎ 3717-8888　🛏 245間
[IN] 14:00　[OUT] 12:00
Ⓜ 港鐵香港大學站B1出口步行6分鐘　www.marriott.co.jp/hotels/travel/hkgcy-courtyard-hong-kong/

`香港市中心` ▶MAP P.8 A-3

尖沙咀

有日文服務人員新手出國也放心
千禧新世界香港酒店
New World Millennium Hotel Hong Kong

HK$ 1850~

位於尖沙咀東側，可眺望維多利亞港。氣氛典雅時尚。

🏠 九龍尖沙咀東部麼地道72號
☎ 2739-1111　🛏 464間
[IN] 14:00　[OUT] 12:00
Ⓜ 港鐵尖東站P1出口步行5分鐘
newworldmillenniumhotel.com/jp/

`香港市中心` ▶MAP P.8 C-2

關於Wi-Fi

大部分飯店都有免費Wi-Fi的服務。在客房使用需輸入密碼，請向櫃台索取。因為容量有限，檔案量大時要多花點時間。

How To

香港的小費文化？

付小費視心情而定。門僮幫忙搬行李，每個約HK$5，打掃房間每間每次約HK$10。如果廁所有提供廁紙，可給HK$2～5。

不要忘記準備零錢。

尖沙咀

位於交通便捷的尖沙咀市中心

九龍酒店
The Kowloon Hotel

HK$ 1600~

位於尖沙咀中心的絕佳地理位置，主要觀光景點、購物區都在步行範圍內。離港鐵站也很近，往來香港各地很方便。

🏠 九龍尖沙咀彌敦道19-21號
☎ 2929-2888　🛏 736間
IN 14:00　OUT 12:00
🚇 港鐵尖沙咀站L4出口步行1分鐘　www.harbour-plaza.com/kowloon/Index-jp.htm

尖沙咀 ▶MAP P.15 D-2

尖沙咀

裝潢典雅的老字號飯店

裝潢典雅的老字號飯店
Marco Polo Hong Kong Hotel

HK$ 1950~

位於天星小輪碼頭旁，直通海港城的優越位置。洋溢老牌飯店特有的典雅氣氛，客房也很舒適。

🏠 九龍尖沙咀廣東道3號海港城　☎ 2113-0088　🛏 665間
IN 15:00　OUT 12:00
🚇 港鐵尖沙咀/尖東站L5出口步行2分鐘　www.marcopolohotels.com/en/index.html

尖沙咀 ▶MAP P.14 C-3

旺角

直通大型購物商城

香港康得思酒店
Cordis Hong Kong at Langham Place

HK$ 1500~

充滿都會氣息的高樓層飯店，從客房就能一覽香港特有的市中心街景。位於旺角中心，步行即可到女人街。

🏠 九龍旺角上海街555號
☎ 3552-3388　🛏 664間
IN 14:00　OUT 12:00
🚇 港鐵旺角站C3出口步行1分鐘　www.cordishotels.com/en/hong-kong/

太子/旺角 ▶MAP P.11 D-3

尖沙咀

廣東道近在眼前

皇家太平洋酒店
The Royal Pacific Hotel&Towers

HK$ 1250~

面對廣東道，旁邊就是海港城。直通船班前往澳門或廣東省的中國客運碼頭。

🏠 九龍尖沙咀廣東道33號中港城　☎ 2736-1188
🛏 673間
IN 15:00　OUT 12:00
🚇 港鐵尖沙咀站A1出口步行10分鐘　www.sino-hotels.com/hk/royal-pacific/jp/

尖沙咀 ▶MAP P.14 B-1

尖沙咀

血拼人士為之瘋狂的地點

港威酒店
Gateway Hong Kong

HK$ 1950~

直通香港規模最大的商城海港城，緊鄰環球免稅店T廣場。離九龍公園、彌敦道等觀光名勝也很近。

🏠 九龍尖沙咀廣東道13號海港城　☎ 2113-0088
🛏 400間
IN 15:00　OUT 12:00
🚇 港鐵尖沙咀站A1出口步行5分鐘

尖沙咀 ▶MAP P.14 C-2

尖沙咀

地點便捷氣氛雅致

香港喜來登酒店
Sheraton Hong Kong Hotel & Towers

HK$ 1750~

位於尖沙咀市中心的國際高級品牌飯店，氣氛雅致。從頂樓泳池看出去的視野超棒。

🏠 九龍尖沙咀彌敦道20號
☎ 2369-1111　🛏 782間
IN 15:00　OUT 12:00
🚇 港鐵尖沙咀/尖東站L3出口步行1分鐘　www.sheratonhongkonghotel.com/jp

尖沙咀 ▶MAP P.15 D-3

有些飯店提供住宿加香港往返澳門的船票、表演門票等包套組合。

體驗賭場城市澳門的超豪華旅宿！
在嚴選飯店享受奢華生活

在澳門飯店體驗豪華住宿。
享受澳門為了滿足賭場旅客提供的一流服務，盡享夢幻般的優雅旅宿時刻。

極盡奢侈的
裝潢和禮賓服務

嶄新5星級飯店
處處講究的

尊貴套房。客廳和臥室獨立。

豪華客房（特大雙人床）。
展現極致品味。

🛏 **High Quality Elegant**　　最高級

以室內寬敞和絕佳視野自居

澳門麗思卡爾頓酒店
The Ritz-Carlton, Macau

全館都是套房房型。在面積85m2以上的寬敞空間內，配備特大雙人床。享受大型落地窗看出去的美景。全大理石浴室設有按摩大浴缸。行政酒廊的餐點豐富度高居澳門第一。

🏠 路氹城澳門銀河綜合度假城
☎ 8886-6868
🛏 254間（全是套房房型）
🚗 從議事亭前地搭車15分鐘
www.ritzcarlton.com/Macau
澳門全圖 ▶MAP P.23 B-2

價格
尊貴套房
HK$3799～
IN 15:00
OUT 12:00

🛏 **Sophisticated Luxury**　　雅致

商務休閒皆適宜

澳門JW萬豪酒店
JW Marriott Hotel Macau

萬豪酒店堅持提供無微不至的尊榮服務，這是旗下的5星級飯店。客房寬敞，就算放了辦公桌和沙發組也不擁擠。所有客房均配備全自動馬桶。戶外泳池或兒童遊樂設施等休閒項目也很齊全。

🏠 路氹城澳門銀河綜合度假城
☎ 8886-6888
🛏 1015間
🚗 議事亭前地搭車15分鐘
www.marriott.co.jp/macau/
澳門全圖 ▶MAP P.23 B-2

價格
豪華客房
MOP1788～
IN 15:00
OUT 11:00

接待大廳位於51樓。從正面玄關搭直達電梯進入。

麗思咖啡廳的下午茶頗受歡迎。

飯店大廳內成排的獨立式接待櫃台。

附設粵式餐廳ManHo，提供滋味豐富的廣東菜。

 What is

上網確認

上訂房網搜尋，可以先知道大概的房價。在飯店或附設飯店的綜合度假區官網上有時會有特別企畫活動，務必先確認清楚。

免費接駁巴士

一般而言，附設大規模賭場的綜合型度假區，接駁巴士的路線、行駛車輛和班次都很多。除了抵達和離開飯店外，也可以在住宿期間充分利用前往各觀光景點。（不需預約）

各家飯店的免費接駁巴士外觀設計各不相同。

特殊設計相當吸睛
高塔型豪華飯店

約58m²寬的尊爵特大雙人床房。

奢華絢麗的裝潢宛如主題樂園

全面翻新的豪華貝麗套房

🚪 Ultra-Luxury 建築美

在知名設計師監修的房間度過奢侈休閒時光

摩珀斯
Morpheus

已故建築師札哈・哈蒂（Zaha Hadid）成立的事務所設計，飯店結構特殊的高層建築吸引眾人目光。以頂級奢華結合嶄新技術為概念的客房，由著名設計師Peter Remedios負責設計監修。

🏠 路氹連貫公路新濠天地
☎ 8868-8888
🛏 772間
🚌 從議事亭前地搭車15分鐘
www.cityofdreamsmacau.com

〔價格〕
尊爵特大雙人床房
MOP4998～

IN 15:00
OUT 11:00

澳門全圖 ▶MAP P.23 B-2

🚪 Gorgeous 奢華

超高知名度和人氣的大型度假區

澳門威尼斯人
The Venetian Macao

2007年夏季開幕以來，就是澳門拉斯維加斯型奢華飯店的代名詞，人氣居高不下。無論是規模或豪華絢麗的裝潢，都令人嘖嘖稱奇。所有客房都是套房房型，最標準的房間也超過70m²寬，非常寬敞舒適。

🏠 路氹金光大道澳門威尼斯人
☎ 2882-8888
🛏 3000間（全是套房房型）
🚌 議事亭前地搭車15分鐘
www.venetianmacao.com/

〔價格〕
豪華皇室套房
HK$1598～

IN 15:00
OUT 11:00

澳門全圖 ▶MAP P.23 B-2

在高130m的戶外泳池欣賞視野絕佳的景致。

挑高的大廳。由外圍鋼骨支撐整體建築，內部沒有梁柱。

位於路氹城中心，經由飯店通道可前往連鎖度假區。

飯店規模大，館內設有數個接待前台。

STAY
04
Macau

控制預算符合目的的聰明旅宿
澳門飯店的CP值超讚！

因為有博弈收入挹注，飯店住宿費相對平價。
不過，有很多家週末會提高價格，所以配合旅行目的挑選平日CP值高的飯店吧。

MOP 2288~

新口岸周邊
地處水岸邊，交通便捷的好地點

優質都會氣氛。
景觀絕佳。

経由飯店通道直達澳門壹號廣場和澳門美高梅
澳門文華東方酒店
Mandarin Oriental, Macau

位於靜謐的南灣湖畔，市區中心在步行範圍內的便捷地點。客房擺設雅致且配備齊全，從房間落地窗看得到連接澳門半島和氹仔島的大橋。

🏠 澳門皇朝區孫逸仙博士大馬路
☎ 8805-8888　🛏 213間
IN 15:00　OUT 12:00
⊗ 議事亭前地搭車5分鐘
www.mandarinoriental.co.jp/
議事亭前地/新口岸周邊 ▶MAP P.25 D-3

MOP 1630~

議事亭前地周邊
世界遺產巡禮或老街漫步的優越地理位置

翻新過的豪華大床房

鄰近洋溢當地風情的舊市區
澳門皇都酒店
Hotel Royal Macau

位於方便走訪世界遺產或到老街散步的地點，以深獲熟悉當地的老顧客青睞而自豪。雖是老字號飯店，近年來整修過，設備無可挑剔。

🏠 澳門得勝馬路2-4號
☎ 2855-2222
🛏 380間
IN 15:00　OUT 11:00
⊗ 議事亭前地搭車5分鐘
www.hotelroyal.com.mo/
議事亭前地/新口岸周邊 ▶MAP P.25 D-2

路氹城

2棟高塔組成澳門規模最大的飯店
澳門喜來登金沙城中心大酒店
Sheraton Grand Macao Hotel, Cotai Central

HK$ 1163~

客房風格簡約設備齊全，浴室附獨立淋浴間。泳池或健身房等公共設施完善。

🏠 路氹金光大道金沙城中心　☎ 2880-2000
🛏 4000間　IN 15:00　OUT 11:00
⊗ 議事亭前地搭車15分鐘
www.sheratongrandmacao.com
澳門全圖 ▶MAP P.23 B-2

路氹城

遊樂設施豐富適合闔家光臨
新濠影滙酒店
Studio City Hotel

MOP 1398~

由休閒風格的明星滙和以套房房型為主的巨星滙2棟樓組成。算是比較新的飯店。

🏠 路氹連貫公路　☎ 8865-6868
🛏 1598間　IN 15:00　OUT 11:00
⊗ 議事亭前地搭車15分鐘
www.studiocity-macau.com/
澳門全圖 ▶MAP P.23 B-3

坐在沙發上輕鬆地辦理入住手續。

 Why

高CP值的理由

澳門的財富來自博弈業，靠著遊客入住飯店和到賭場消費而獲利。因此和香港等地相比飯店的CP值較高。

基本上不收小費！

議事亭前地周邊

HK$ 1070~

在舊市區綻放光芒
散發巧思的法式飯店

路氹城

HK$ 1098~

直通澳門銀河
飯店內也有美食街

圈洗用品是來自南法的人氣品牌歐舒丹。

享受現代澳門城市。迷你酒吧的飲料免費。

地理位置優越的豪華飯店
澳門十六浦索菲特酒店
Sofitel Macau at Ponte 16

法式飯店，奢華與時尚搭配得宜的裝潢及功能齊全的客房設計，處處充滿巧思。

♠ 澳門內港巴素打爾古街
☎ 8861-0016
🛏 408間　[IN] 15:00　[OUT] 11:00
🚶 議事亭前地步行10分鐘
www.sofitel.com/macau

議事亭前地／新口岸周邊　▶MAP P.24 B-2

人氣路氹城內最便宜
澳門百老匯酒店
Broadway Hotel

路氹城境內價格最便宜的休閒飯店。還有聚集當地名店的美食街。直通澳門銀河，可使用大型水上設施天浪淘園。

♠ 路氹城澳門百老匯
☎ 8883-3338　🛏 304間
[IN] 15:00　[OUT] 11:00
🚶 議事亭前地搭車15分鐘
www.broadwaymacau.com.mo/en/

澳門全圖　▶MAP P.23 B-2

新口岸周邊

在自家環境度假
澳門雅詩閣
Ascott Macau

MOP 1450~

為長期住宿而設計的飯店，特色是備有功能齊全的廚房。地處交通便捷的市中心。

♠ 澳門柏嘉街　☎ 2822-0688
🛏 110間　[IN] 15:00　[OUT] 12:00
🚶 議事亭前地搭車5分鐘
www.the-ascott.com/en/china/macau/ascott_macau.html

議事亭前地／新口岸周邊　▶MAP P.25 D-3

議事亭前地周邊

議事亭前地步行範圍內的
精品旅館
卡爾酒店
Caravel Hotel

HK$ 600~

位於保有古老美好老街風情的內港區，屬於特色飯店。客房裝潢充滿休閒時尚風。

♠ 澳門海邊新街96-126號　☎ 2825-0108
🛏 46間　[IN] 15:00　[OUT] 12:00
🚶 議事亭前地步行5分鐘
www.thecaravelhotel.com

議事亭前地／新口岸周邊　▶MAP P.24 B-2

港澳之旅 Info

來去香港吧！只要5個步驟，就能從容出國，平安回國

出國只要掌握5個步驟，就能從容順利地完成。
請注意回國時的免稅範圍和出國時不同。提早到機場也很重要。

台灣 ⇒ 香港

STEP1 機內

> 不要忘記帶上台胞證！

持有台胞證就能順利入境。否則就要先寫好空服員分發的香港出入境卡，隨身帶著原子筆比較方便。

STEP2 抵達

依照寫著「抵港」（ARRIVAL）的指示牌前進。到入境檢查處的「訪港旅客」（VISITOR）處排隊。

STEP3 入境檢查

> 觀光的話回答 Sightseeing即可

出示護照和台胞證或出入境卡。海關人員會收走第1張單子、第2張單子是香港出境卡請不要遺失。

STEP4 領取行李

在寫有搭乘航班的轉盤區領取自己的行李。若遇到行李遺失等問題，請詢問工作人員。

STEP5 關稅審查

檢查行李。如攜有超過免稅範圍的物品，請走申報通道（紅色通道），若在免稅範圍內則走綠色通道。

入境須知 POINT

護照：1個月＋停留天數
最好是入境時1個月＋停留天數

簽證：不需要
持有台胞證可免簽證，或在網路預辦入境登記用電子港簽，免費，效期兩個月。

香港 ⇒ 台灣

STEP1 Check in

在搭乘的航空公司櫃台出示護照和機票（電子機票影本）。託運行李並領取登機證和行李收據（12歲以上者，必須支付機場稅HK$120、機場保安費HK$50、機場建設費HK$70〜，通常機票價格已包含以上費用）。在機場快線香港站和九龍站可辦理登機前一日到班機起飛前90分鐘內的預辦登機手續。

STEP2 檢查隨身行李

接受行李X光檢查和簡易人身檢查。請注意不可攜帶液體進入機艙。

STEP3 出境檢查

出示護照、台胞證或出境卡、登機證。這裡會收走出境卡。

STEP4 登機

在規定時間內抵達登機門。請注意每家航空公司都很準時，時間一到就出發，不會等候遲到者。

回國須知 POINT

如攜帶液體、乳霜等進入機艙，請裝入1個100ml（g）以下的容器，放進透明夾鏈袋內。詳情請詢問航空公司。

帶入機艙內 NG

✘ 超過100ml的化妝品等瓶裝液體
✘ 刀具或銳利物品
✘ 高爾夫球桿、衝浪板等長型物品
✘ 日常使用及運動用噴霧類用品

入境・免稅範圍

攜帶免稅範圍內的物品不須填寫申報單。

酒類	本人自用的葡萄酒和酒精濃度30%以下的酒類免稅。超過30%的話以1瓶（1L）為限
香菸	捲菸19根以內。雪茄1根或25g以內
貨幣	12萬港幣以內

回國・免稅範圍

一旦超過免稅範圍，回國時必須繳給海關。

酒類	1公升
香菸	捲菸200支、雪茄25支或菸絲1磅以內
伴手禮	台幣2萬元以下

在機上！
【入境卡填寫範例】

IMMIGRATION DEPARTMENT HONG KONG
香港入境事務處
ID 93 (1/2006)
ARRIVAL CARD 旅客抵港申報表
IMMIGRATION ORDINANCE (Cap. 115)
入境條例 [第 115 章]
All travellers should complete this card except
Hong Kong Identity Card holders
除香港身份證持有人外，所有旅客均需填寫此申報表
Section 5(4) and (5)
第 5(4) 及 (5) 條

Family name (in capitals) 姓 (請用正楷填寫)
① HARETABI
Sex 性別
② F

Given names (in capitals) 名 (請用正楷填寫)
③ HARUKO

Travel document No. 旅行證件號碼
④ AB01234567
Place and date of issue 簽發地點及日期
⑤ Tokyo, Japan 12/10/13

Nationality 國籍
⑥ JAPAN
Date of birth 出生日期
⑦ 03 / 04 / 1987
day 日 month 月 year 年

Place of birth 出生地點
⑧ TOKYO, Japan
Address in Hong Kong 香港地址
⑨ HARE HOTEL

Home address 住址
⑩ 5-3-2 TSUKIJI, CHUO-KU, TOKYO

Flight No./Ship's name 班機編號／船名
⑪ BR123
From 來自
⑫ TOKYO

Signature of traveller
旅客簽署
⑬ 晴旅晴子

Please write clearly
請用印正字體填寫
Do not fold
切勿摺疊

ZQ588475

香港入境卡

即便是未成年者也要1人填寫1張入境卡。空服員會在上機後不久分發，先寫上必要事項吧。在機上寫完就能從容入境。就算忘記拿也可以在入境查驗處附近的櫃台索取，因此不要緊張。

❶ 姓（羅馬拼音）　❷ 性別
❸ 名（羅馬拼音）　❹ 護照號碼
❺ 護照發照日期及國家
　（發照國家 日/月/西元年）
❻ 國籍
❼ 出生年月日（日/月/西元年）
❽ 出生地
❾ 在香港的地址（飯店名稱）
❿ 台灣居住地址
⓫ 來港時的航班號
⓬ 登機地點（出發地）
⓭ 和護照一樣的簽名

以下是從台灣直飛香港的航空公司

以下是在台灣和香港間有直飛航班的航空公司。關於航班日期和時間請直接詢問航空公司。
各家航空公司也有和合作夥伴間的聯營航班，但這裡只記錄實際飛行航空公司的資訊。

	航空公司	電話號碼	機場名稱
CX	國泰航空	02-8793-3388	松山、小港
CI	日本航空	02-2412-9000	桃園、小港
BR	長榮航空	02-2501-1999	桃園、小港
KA	國泰港龍航空	02-8793-3388	桃園、台中、小港
HX	香港航空	0080-1853033	桃園

※前往澳門的直航班機是澳門航空（NX）。詳情請參閱P.217

交通便捷
輕鬆前往市區

從台灣出發的航班都就降落在大嶼山的香港國際機場。
和觀光據點九龍半島及香港島有陸路連結，相當方便。
事先確認離開機場的移動方式，抵港後就能立刻前往市區。

＼ 來往機場的王道 ／

車站直通機場。從九龍站和香港站有開往各主要飯店的免費穿梭巴士，十分方便。

費用	往九龍站HK$105、往香港站HK$115
需時	往九龍站21分鐘、往香港站24分鐘
營運時間	5:54～凌晨0:48每10分鐘一班。座位全是自由座。各車廂設有行李放置區。

① 購票

在窗口
入境大廳有機場快線客務中心。可在此處購票。

自動售票機
也可以到自動售票機買票。操作介面只有英文和中文。

機場直通月台
從入境大廳可以直接走到機場快捷月台，相當方便。

前往月台
月台設有月台門。請在月台門前方等待電車到站。

票卡種類

機場快線旅遊票
機場快線來回票和3天內無限次搭乘港鐵（部分路線）的套票。HK$350。

機場快線來回票
只能搭乘機場快線往返機場和車站間。不包括港鐵車票。機場～香港站HK$205。

---

② 搭車

行李箱放在固定位置
各車廂設有行李放置區，大件行李請放置該區。座位為自由座。

③ 下車前往出口

在目的地下車
抵達目的地車站後下車，在剪票口感應票卡後出站。隔壁就是穿梭巴士候車處。

④ 搭免費穿梭巴士

前往目的地候車處
在九龍站、香港站依照指標前往AEL乘客專用的穿梭巴士候車處。請先確認乘車規定。

穿梭巴士主要飯店停靠站

從香港站

H1 灣仔・金鐘方向

營運時間	6:12～23:12（每20分鐘一班）
需時	一圈約30分鐘

香港會議展覽中心、香港君悅酒店、香港諾富特世紀酒店、太古廣場、JW萬豪酒店、華美達海景酒店等。

H2 香港島西方向

營運時間	6:12～23:12（每20分鐘一班）
需時	一圈約30分鐘

香港蘇豪智選假日酒店、富薈上環酒店、宜必思香港中上環酒店、華美達海景酒店、香港萬怡酒店等。

H3 銅鑼灣方向

營運時間	6:12～23:12（每20分鐘一班）
需時	一圈約30分鐘

港島皇悅酒店、銅鑼灣維景酒店、富豪香港酒店、香港珀麗酒店、柏寧酒店、香港怡東酒店等。

H4 炮台山・香港島東方向

營運時間	6:12～23:12（每20分鐘一班）
需時	一圈約30分鐘

富薈炮台山酒店、港島海逸君綽酒店、城市花園酒店、宜必思香港北角酒店、北角海逸酒店等。

行前須知

回國時可在九龍站或香港站辦理登機手續

九龍站和香港站設有預辦登機櫃台，可在航班起飛前90分鐘辦理登機手續。

九龍站

K1 紅磡・佐敦方向

營運時間	6:15～23:00（每15分鐘一班）
需時	一圈約30分鐘

佐敦站、紅磡站、都會海逸酒店、黃埔花園、九龍海逸君綽酒店、香港嘉里酒店、香港逸東酒店、柯士甸站。

K2 尖沙咀廣東道方向

營運時間	6:15～23:00（每15分鐘一班）
需時	一圈約30分鐘

太子酒店、港威酒店、馬哥孛羅香港酒店、九龍酒店、半島酒店、香港皇家太平洋酒店、中國客運碼頭。

K3 尖沙咀麼地道方向

營運時間	6:15～23:00（每15分鐘一班）
需時	一圈約30分鐘

香港金域假日酒店、香港尖沙咀凱悅酒店、富豪九龍酒店、海景嘉福洲際酒店、九龍香格里拉大酒店等。

K4 尖沙咀・金巴利道方向

營運時間	6:15～23:00（每15分鐘一班）
需時	一圈約30分鐘

尖東站、香港喜來登酒店、百樂酒店、帝樂文娜公館、尖沙咀皇悅酒店、龍堡國際賓館。

K5 旺角・大角咀方面

營運時間	6:12～23:12（每20分鐘一班）
需時	一圈約30分鐘

油麻地站、城景國際、九龍維景酒店、帝京酒店、旺角維景酒店等。

\ 輕鬆方便 /

🚕 計程車 TAXI

走出入境大廳就是計程車乘車區。行駛區域依車體顏色而異，要去香港島、九龍請搭紅色計程車。採跳表制。如果行李要放到後車箱，每件加收HK$6。

起跳價	首2km或以內HK$24
需時	到尖沙咀、中環約30分鐘。約是HK$270～370

還有這些！ **往來機場的交通工具**

🚌 機場巴士

往來機場和市區間的公車。行車時間依路線而異，大約45～80分鐘抵達市區。到香港到HK$33～45。

🚌 機場酒店通

往來機場和大部分飯店間的公車。抵港後，在機場專用櫃台辦理手續。九龍地區HK$140，香港島地區HK$150。

香港市內
大眾運輸通行卡

以港鐵MTR為首，暢行於各種安全方便的大眾運輸工具間。
也能搭乘像遊樂設施般好玩的香港電車和渡輪等交通工具！

各種交通工具都能使用，相當方便

八達通卡

幾乎所有交通工具都能搭乘的IC卡。除了比單次買票便宜外，還能在便利商店等地付款，十分方便。

☑ 買法・用法

購買地點
除了港鐵各站窗口（客務中心），7-11、OK等便利商店都買得到。

> 「我要買八達通卡」
> **I'd like to buy Octopus Card.**
> **我想買一張八達通卡。**

費用 首次購買HK$150（內含HK$50押金）

有效期限 1000 天沒有儲值就暫停使用。

儲值
除了港鐵各站的儲值機、客務中心外，便利商店也能儲值。

> 「我想儲值」
> **I'd like to add value on it.**
> **我想增值。**

查詢餘額
走出驗票口時可從驗票機的畫面確認餘額。另外，售票處設有八達通查閱機，可查詢餘額。

退卡
到窗口（客務中心）領取退卡餘額和押金。購票後3個月內退卡的話，會收HK$9的手續費。

> 我想退卡並領回餘額
> **I'd like to return it and obtain a refund.**
> **我想退卡及取回餘額。**

☑ 確認可用的交通工具

電車
- 港鐵（包含機場快線的全線全站、港鐵直營、接駁公車全線）
- 香港電車全線
- 山頂纜車

巴士
- KMB巴士（九龍巴士）全線
- 市區巴士
- 快速巴士
- 龍運巴士全線
- 新大嶼山巴士

小巴
- 幾乎所有路線
※ 紅色小巴只有部分路線可用（香港仔旺角線）。

渡輪
- 天星小輪
- 快船
- 港九小輪
- 愉景灣渡輪

※計程車只有部分車輛可使用。

🔋 **可刷卡付款的商店**

- 各大便利商店
- 各大超市
- 各大藥妝店
- 大各速食店
- 星巴克咖啡

搭乘簡單

地鐵 MTR

連接香港各地的地鐵，近郊城際鐵路（港鐵MTR）班次多，是很方便的觀光交通工具。

費用	HK$4.50～58.50（依距離而異）
營運時間	5:30～凌晨0:30左右

☑ 購買車票

運費依距離而異。車站的售票機會顯示路線圖，請確認好車站後再買票。

❶ 點選畫面上的目的地車站就會顯示金額。
❷ 購買多張時，請按「多張（Multiple）」鍵。
❸ 按購買張數鍵。
❹ 投入畫面顯示的金額。
❺ 拿取車票和找零。
※如果只有大額紙鈔，請到人工窗口（客務中心）換錢再到售票機買票。

不清楚的話，請到窗口詢問（客務中心）

黃色條狀招牌的顧客服務中心。位於各站驗票口附近。可以在這裡購買八達通卡或諮詢。

☑ 乘車

① 通過驗票口到月台

通過自動驗票口到月台。設有月台門很安全。門上寫有終點站站名。

▼

② 搭車

請注意車內禁止飲食。和台灣一樣設有博愛座。車內也有路線圖，標示清楚。

▼

③ 轉乘

轉乘大致上都在中環和金鐘這2站。依目的地方向選擇轉乘站即可。

▼

④ 下車

和上車一樣通過自動驗票口。依車站會有數個驗票口，請確認離目的地最近的驗票口。

▼

⑤ 走出站外

站內頗大，事先確認好出口，不要走錯路。驗票口附近有地圖，看清楚後再離開。

行前須知　　適合觀光客的2條建議路線

ROUTE 1　**荃灣線**
 連結中環和荃灣。該路線行駛於彌敦道底下，是逛九龍半島各城市的最佳路線。

ROUTE 2　**港島線**
 行駛於香港島沿岸，和香港電車的路線並行。因為經過多處觀光景點，常會利用該路線。

以荃灣線和港島線為例，到九龍半島和上環就在中環站下，到銅鑼灣就在金鐘站下，就能在同站換車。　　207

\ 車資比日本便宜 /

計程車
TAXI

以3種車體顏色代表行駛的區域，要去香港島和九龍地區，請選擇紅色車體，車頂有「TAXI」標誌的車。採跳表制，車資比日本便宜。

費用	首2km及以內HK$24，之後每200m或每1分鐘的等候時間加收HK$1.70。
付款	現金。部分計程車接受八達通卡。
里程表	支付跳表顯示的車資。不收小費，進位補上未滿1元的部分即可。
注意	雖然照表付款，但若放行李到後車廂，每件加收HK$6。

☑ 搭車方式

在計程車招呼站（有標識）舉手招車。馬路上畫黃線處禁止停車，招了也不會停。

拿地圖或小抄給司機看目的地。

Caution 島內移動注意事項

經過海底隧道時，除了隧道行駛費外，還要支付計程車回程費（HK$20～）。

\ 欣賞沿途風景 /

香港電車
TRAM

往返香港島東西的單一路線。全路線採同一車資，除了便宜方便外，2樓的視野也很棒，是充滿觀光氣氛的交通工具。

費用	HK$2.60
付款	下車時到司機座位旁付現（不找零）或刷八達通卡
營運時間	5:00～24:00左右

① 確認目的地
車輛前面以英語和廣東話寫出目的地。

② 上車
從後門上車。壓旋轉門桿進入車內。下車再付錢。

③ 下車
到了目的地後，由前方車門下車。車資不找零。

\ 營運到深夜 /

巴士
BUS

要去地鐵或香港電車不停靠的地方，搭巴士就很方便。因為行駛的路線超過700條，請事先確認要搭乘的系統號碼。（→別冊P.5）

費用	HK$3.40～48
付款	現金（不找零）或刷八達通卡
營運時間	6:00～24:00左右（也有深夜巴士）

① 上車
確認過顯示的目的地和路線號碼後由前門上車。上車收費。

② 下車‧轉乘
車內不會廣播。按下車鍵，由後門下車。

行前須知

觀光客建議路線

2號 尖沙咀碼頭（天星小輪客運碼頭）～蘇屋
彌敦道上的直行路線，班次相當多。

5B 堅尼地城～銅鑼灣（香港大球場）
和香港電車的路線近乎平行地前往銅鑼灣。比港鐵便宜。

天星小輪 STAR FERRY

連結香港島和九龍半島的大眾運輸工具。對遊客而言也是眺望香港島和九龍美景的絕佳場所。

費用	依樓層而異HK$2.20〜3.70
付款	在碼頭售票機買代幣。如果只有大額紙鈔請前往驗票口旁的人工窗口。也可以刷八達通卡。
營運時間	依路線而異,6:30〜23:30間每8〜20分鐘一班。

① 前往渡輪碼頭

前往乘坐天星小輪的渡輪碼頭。在碼頭也有其他渡輪的上船處,請留意不要走錯。

刷八達通卡則可不用買。

② 購買代幣

在自動售票機購買船票代幣。若只有大額紙鈔,請前往人工窗口購票。持八達通卡的人直接前往驗票口。

③ 上船

請注意上層船艙和下層船艙的驗票口不同。聽到請乘客上船的廣播後,經由閘門進入船內。

④ 抵達

看到棧板後慢慢減速。靠岸時船身受到波浪的影響會搖晃,聽到廣播前請坐在位子上等待。

⑤ 下船

放下連接棧板的踏板,聽到下船廣播後就能下船。下船時不需經過驗票口直接往外走即可。

搭渡輪約乘坐6〜7分鐘。

交通問題的解答彙整

八達通卡掉了!!

不是記名卡,雖然很可惜,但要有找不回來的心理準備。確實保管好卡片吧。

八達通卡餘額不足!!

港鐵
可在人工窗口(客務中心)、儲值機儲值。沒有小額紙鈔就到窗口儲值。

香港電車
香港電車內無法儲值,所以請用現金付款。但要注意不找零。

巴士
先去儲值再上車,或是上車付現。

計程車司機聽不懂我要去哪裡

很多司機無法用英文溝通。拿出地圖標示目的地,或是給他看寫上廣東話的目的地小抄就能解決。

搭計程車要給小費嗎?

基本上不用。車資未滿1元的部分進位補上即可。放在後車箱的行李已經多給HK$6,所以也不需要小費。

計程車車資不夠!

除了部分車輛外,都不能刷卡,所以只能請司機開到有ATM的地方,領錢付車資。

連接香港島和九龍半島的海地隧道通行費不一。也可以告訴司機隧道名稱,自行指定。　209

港澳之旅
Info

事先記得免擔心！
認識香港用錢規則

法定貨幣是港幣。最小單位是分。事先認識香港的用錢規則吧。
以下也會列出信用卡使用攻略，記住再出發吧。

香港的貨幣和匯率

法定貨幣是HK$（港幣）

HK$1=4台幣

（至2019年7月）

硬幣

發行7種硬幣，分別是HK$1、2、5、10和HK¢10、20、50。

HK$5　　　　HK$1

HK¢50　　　HK¢20

紙鈔

發行6種紙鈔，分別是HK$10、20、50、100、500、1000。除了HK$10外，紙鈔圖案依發行銀行而異。

HK$1000

HK$500

HK$100

HK$20

MONEY 1

確認換匯處

在銀行、飯店、外幣找換店（街上、機場內）都可以換錢。大部分的銀行拿台幣換港幣時，需加收HK$50的手續費，所以要算好欲兌換的金額。街上的外幣找換店匯率各家不一。

機場的換匯處
從早上開到深夜

機場換匯櫃台的營業時間是5:30～24:00。因為匯率不差，可以先換好需要的金額。回台灣時在登機門附近也有換匯櫃台可換錢。

也有自動櫃員機

機場的換匯處也設有自動櫃員機。若抵港時人多擁擠，要花很多時間換匯的話，就可以選擇自動櫃員機，比較方便。

匯率好的
「重慶大廈」外幣找換店

位於尖沙咀，內有廉價旅社的混合型大樓，重慶大廈1F有一整排外幣找換店。可以邊比較店前顯示的匯率邊挑選。

MONEY 2

確認物價

雖說依商品而異，但物價比台灣高。不過，交通費比日本便宜。有些地點的飯店住宿費和用餐費比日本貴。路邊攤或茶餐廳的話就很省錢。

礦泉水（500ml）　罐裝啤酒　　港式點心　　計程車起跳價　港鐵最低票價
HK$10　　　　　HK$10　　　HK$20～　　HK$24　　　　HK$4.50

INFORMATION

請事先確認信用卡
的PIN（密碼）！

POINT

剩下的現金在機場花完

剩下的港幣再換回台幣，又要付手續費。
金額不高的話就在機場商店用光，不夠的
就刷卡。

MONEY 3 操作ATM

就算沒有在機場或換
匯處換錢，只要有Visa
之類的信用卡，就能在
ATM提領外幣現金！

① 插卡

卡片插入ATM。可以選擇
「中文」或「英語」。

② 選擇交易項目

要提取現金，請按「WITH
DRAWAL」鍵。

③ 輸入PIN（密碼）

輸入4位數PIN（密碼）。
PIN和在台灣刷卡時輸入
的4位數號碼相同。

④ 選擇帳戶

選擇「CREDIT CARD（信
用卡）」。若是簽帳金融
卡或旅遊預付卡，就選擇
「SAVING（存款）」。

⑤ 輸入金額

選取需要的金額項目，或
是按「OTHER AMOUNT」，
直接輸入欲領取的金額提
款。

●海外ATM單字表

戶頭	ACCOUNT	存款	SAVINGS
金額	AMOUNT	交易	TRANSACTION
修改	CLEAR	匯款	TRANSFER
支付	DISPENSE	提款	WITHDRAWAL

MONEY 4 刷卡既安全又方便

在國外攜帶大筆現金相當危險。港幣只
兌換最低額度的現金花光即可。在商店
或餐廳可刷信用卡、簽帳金融卡或旅遊
預付卡，比較安全。萬一卡片遺失、遭竊
或被盜刷，在符合發卡金融機構規定的
條件下*1，對於異常帳款部分，持卡人免
負清償責任。*2對異常帳款有疑義時，請
盡速跟發卡金融機構聯絡。

*1 詳細條件和限制請跟發卡金融機構確認。
*2 ATM提領現金或相異的卡片種類不在保障範圍內。

MONEY 5 原則上不需付小費

在餐廳等價格內含10%服務費的場所，
聰明作法是不拿找回的零錢。不含服務
費的話，以大約10%為參考價，不過自
助式服務餐廳或自行結帳的店不須付小
費。計程車的話1元以下自動進位即可。
飯店的話請參考P.197。

紙鈔設計依發行銀行而異！

新HI\$10紙鈔和硬幣由政府發
行。其他紙鈔由HSBC、渣打
銀行和中國銀行3家銀行發
行，各有不同的圖案設計。

「傷腦筋！該怎麼辦？」時最佳解答匯整

香港的治安普遍不錯，和其他國家一樣，不要帶太多現金或貴重物品在身上，避免遭竊。記住下列應對方式，遇到麻煩時就不會手足無措。

想上網！

 BEST ANSWER

依使用頻率選擇方法

在有「Wi-Fi HK」標誌的地方就能使用免費網路，若是上網頻率高，就在台灣租借行動網路分享器吧。

市區免費Wi-Fi

飯店等地方也有免費Wi-Fi，不過若使用的人數多，網速就會變慢。考量到安全問題，不要隨便連接市區網路比較安全。

📶 提供免費Wi-Fi的主要場所

香港 可在香港國際機場、交通機關、公共建築、餐廳、便利商店等連上Wi-Fi HK。港鐵各車站內也可以瀏覽香港政府觀光局的官網。

澳門 有澳門政府官方免費網路FreeWifi.MO，可在世界遺產等名勝周邊或政府相關設施周邊貼有標誌的地方使用。

租借Wi-Fi分享器

若想整天上網，最好租借分享器。出發時在機場租借，回國後也在機場歸還。提早預訂還有優惠價。

GLOBAL WiFi
提供在全球200多個國家及地區都能使用的行動WiFi分享器租借服務。採固定流量制，香港、澳門1天670日圓～。
☎ 0120-510-670　townwifi.com

想打電話！

BEST ANSWER

利用飯店電話或手機吧！

利用飯店客房電話或手機打電話。使用飯店客房電話時，先按外線號碼（各家飯店不同）再撥號。

☎ 香港 → 台灣

(011) + (886) + (拿掉0的對方號碼)
國際電話　　台灣國碼
識別碼

☎ 台灣 → 香港

(002) + (852) + (對方號碼)
國際電話　　香港國碼
識別碼

☎ 澳門 → 台灣

(00) + (886) + (拿掉0的對方號碼)
國際電話　　台灣國碼
識別碼

☎ 台灣 → 澳門

(002) + (853) + (對方號碼)
國際電話　　澳門國碼
識別碼

＊請注意從飯店撥打電話時需另付手續費。
＊沒有登錄指定選擇（my line），國際電話識別碼前必須加上各電信業者的識別碼，請事先確認這點。

📱 香港免綁約SIM卡

如果使用的手機是無鎖版（SIM free）智慧手機，只要換SIM卡，就能使用Discover Hong Kong Tourist SIM Card（香港任縱橫儲值卡），相當方便。5天吃到飽HK$88起，不僅打市話免錢，還有免費Wi-Fi可用。可在7-11等便利商店，或是刷Visa卡購買。

想從台灣帶電器來用！

BEST ANSWER 必須有變壓器

港澳的電壓是220V（50Hz）。插頭形狀都是「BF」型。要使用電子產品，必須準備旅行萬用轉接頭和變壓器。寬電壓產品就不用。

想喝水！

BEST ANSWER 買礦泉水吧

香港的自來水是硬水，符合世界衛生組織（WHO）的水質標準。用來洗臉沒問題，不過，若對水管老舊等衛生問題有疑慮，建議購買礦泉水飲用。

身體不舒服

BEST ANSWER 處理方式依是否有保險而異

出國在外身體不舒服時，處理流程依是否有投保海外旅遊平安險而異。無論是哪種情況，請先跟旅館櫃檯人員聯絡。

有投保海外旅遊平安險…

若事先投保海外旅遊平安險，回國後就能請領診療費，所以就算上醫院也不用擔心錢的問題。可在機場櫃檯或上網投保。

沒有投保的話…

若沒有投保海外旅遊平安險，醫院可能會收取高額診療費。為了預防萬一，請從台灣攜帶常備藥品。

東西掉了傷腦筋！

BEST ANSWER 盡速聯絡各單位

處理方法依遺失物品而異。最重要的是先冷靜下來沉著應對。某些失竊情況可以申請理賠，請跟保險公司聯絡。

護照

到香港或澳門臺北經濟文化辦事處辦理重新補發的手續。補發天數請逕洽駐外館處，緊急的話可申請「入國證明書」持憑返國。

信用卡

最重要的是立刻和發卡金融機構的客服人員聯絡，辦理停卡手續。請事先記下卡號和有效期限吧。

Visa全球緊急服務中心	800-901-871
JCB卡	001-800-00090009
美國運通卡	800-96-3013
萬事達卡	800-966677
大來國際卡	81-45-523-1196

機票

跟機票開立公司聯絡，出示遺失證明書。基本上必須重新買票，但電子機票的話只要到櫃台出示護照，就能辦理登機手續。

現金、貴重物品

先報警。若有投保海外旅行綜合險，也要跟保險公司聯絡。依保險公司規定，貴重物品有可能也在理賠範圍內。

● 必記的緊急連絡電話

香港

警察、消防車、救護車 **999**
台北經濟文化辦事處（香港）
852-2525-8316

澳門

警察、消防車、救護車 **999**
台北經濟文化辦事處（澳門）
853-2830-6282

請注意，信用卡沒有簽名、忘記密碼的話，有可能不在免責範圍內。　　213

去澳門玩吧！只要5個步驟，就能從容出國，輕鬆回國！

只要掌握住5個出入境的步驟，就能輕鬆順利地完成手續。
提早到機場也很重要。

台灣 ⇒ 澳門

 STEP1 機內
不需要入境卡！
不用填寫入境卡，所以在飛機或渡輪上不用特別準備入境文件。

STEP2 抵達
澳門國際機場的入境大廳和跑道同樣位於1樓。依照指示牌前往入境檢查處。

 STEP3 入境檢查
出境時必須出示入境申報表
在「訪澳旅客（Vistors）」處排隊。只要出示護照即可。檢查完畢會給入境申報表（逗留許可）。

STEP4 領取行李
在寫有搭乘航班的轉盤區領取自己的行李。若遇到行李遺失等問題，必須出示行李領取證。

STEP5 關稅審查
攜有超過12萬澳門幣現金須申報。超過免稅範圍的物品，請走紅色通道申報。

入境須知 POINT
護照：有效期限3個月以上
入境澳門時護照的有效期限須在3個月以上。
簽證：不需要
停留30天以內的觀光行程不需要簽證。

入境・免稅範圍

攜帶免稅範圍內的物品走綠色通道，超過則走紅色通道。

酒類	酒精濃度超過30度以上1L為限。
香菸	捲菸19根或雪茄1根或其他菸草製品25g。
貨幣	12萬澳門幣以內。

回國・免稅範圍

一旦超過免稅範圍，回國時必須繳給海關。

酒類	1公升
香菸	捲菸200支、雪茄25支或菸絲1磅以內
伴手禮	台幣2萬元以下

澳門 ⇒ 台灣

STEP1 Check in
在搭乘的航空公司櫃台出示機票和護照辦理登機手續並託運行李。

STEP2 海關檢查
澳門購物沒有退稅服務，所以不需辦理退稅手續。

STEP3 檢查隨身行李
接受人身檢查和行李X光檢查。請將筆電、手機及硬幣放到托盤上再接受檢查。

STEP4 出境檢查
到「訪澳旅客（Visitors）」處排隊。出示護照、登機證、入境時拿到的逗留許可。

STEP5 登機
確認告示牌上寫的登機門和開始登機時間。出境大廳設有免稅店、換匯處。

回國須知 POINT
換匯
在台灣可兌換澳門幣的銀行不多。趁著還在澳門時換成港幣（HK$）或美金吧。

從香港過來的交通方式

香港～澳門間搭渡輪大約要1小時。澳門主要有2座客運碼頭，請依目的地選擇抵澳碼頭。費用單程HK$171～。
●中國客運碼頭
（尖沙咀　MAP P.14 B-1）
●上環港澳碼頭
（上環/中環　MAP P.16 B-1）
●外港客運碼頭
（議事亭前地/新口岸周邊　MAP P.25 E-2）
●氹仔客運碼頭
（澳門全圖　MAP P.23 B-2）

港澳之旅
Info

熟悉巴士和計程車的 市內交通攻略

澳門主要大眾運輸工具是巴士和計程車。每一種都很便宜且搭乘方便。
目前正在進行新交通系統建設，讓我們拭目以待。

連結澳門全區

公共巴士
PUBLIC BUS

由2家公司經營，路線網羅織密布。行駛班次多且運費便宜，但尖峰時段相當擁擠。

費用	MOP6（統一票價）
需時	議事亭前地周邊～路氹城　約30分鐘
營運時間	約4～20分鐘一班。部分路線24小時營運

☑ 搭乘方式

在站牌處上車
欲搭乘的公車進站後，舉手示意。從前門上車，上車付費。不找零。

下車・轉乘
車內前方的電子看板會顯示下個停靠站。要下車時請按鍵通知，從後門下車。

行前須知

往來主要觀光區的賭場免費接駁車
主要連接賭場和客運碼頭間，也有開往議事亭前地的路線。

公車也能用的電子票卡
澳門通

使用方式	拿澳門通靠近收費器。聽到讀取聲後進入車內。使用澳門通付費可享有優惠車價（普通巴士MOP3，快速巴士MOP4）。
購買地點	7-11、OK、澳門通客戶服務中心（友誼大馬路918號世貿中心G樓 MAP P.25 D-2）等地都有販售。
售價	含押金MOP130。
有效期限	自最後儲值日起2年內。如果會再訪澳門，可以留在手邊。
儲值・查詢餘額	儲值地點和購買地點相同。每次最低儲值金額是MOP50。
退卡	只能到澳門通客戶服務中心辦理退卡手續。會退還押金MOP30及餘額。

進澳門市區的交通方式

計程車
約**15**分鐘
從出境大廳直走出客運大樓外就是計程車等候區。從機場搭車須多加MOP5。

巴士
約**30**分鐘
計程車等候區左邊就是巴士候車區。從機場往路氹、氹仔、澳門半島方向的巴士都是24小時營運。

穿梭巴士
約**20**分鐘
從客運大樓右轉直走就是候車處。有些飯店可能沒有提供到機場的接駁服務，請事先確認路線和時刻表。

從香港國際機場到澳門可搭乘快船

經由香港國際機場前往澳門時，可以從機場內的海天客運碼頭直接搭船進入澳門，但因船班少，請留意轉乘時間。

輕鬆無負擔

計程車
TAXI

起跳價約是80台幣相當便宜，搭乘無負擔。請注意在下班尖峰時刻、傍晚司機交接時段或雨天很難攔到空車。

費用	起跳價（1.6km內）MOP19

☑ 搭乘方式

在計程車招呼站排隊等車或和台灣一樣舉手攔車。

事先記得免擔心！
認識澳門用錢規則

澳門的法定貨幣是澳門幣（MOP），也可以按1:1（等價）的方式直接使用港幣。
但是，請注意有很多商店不接受港幣的10元硬幣和1000元紙鈔。
在當地老街區以付現為主。

澳門的貨幣與匯率

澳門的貨幣是澳門幣（MOP）

MOP1＝約4台幣

（至2019年7月）

硬幣

發行7種硬幣，分別是10仙（avos）、20仙、50仙、1圓（patacas）、2圓、5圓、10圓

1 PATACA

5 PATACAS

10 AVOS

20 AVOS

※2圓和10圓的澳門幣流通量極少。

紙鈔

有10圓、20圓、50圓、100圓、500圓、1000圓。圖面設計依發行銀行（大西洋銀行、中國銀行）而異。

100 PATACAS

50 PATACAS

20 PATACAS

10 PATACAS

MONEY 1
確認換匯處

因為在台灣可兌換澳門幣的銀行不多，基本上都是到當地後再換錢。澳門一年的遊客人數約有3500萬，作為觀光城市有不少換匯地點。

賭場的換錢所24小時營業
大型賭場內通常設有換錢所。雖然匯率不一，但相對安全。

市區銀行匯率佳
匯率最好的是銀行窗口。營業時間約是平日9:00～17:30。各家銀行匯率不一。

MONEY 2
確認ATM的操作方式

各家銀行在市區設有多台ATM，幾乎所有ATM都有中文和英語介面。若想用信用卡提領現金的話，最好事先在各發卡銀行的官網上練習操作畫面。

MONEY 3
確認可刷卡的地點

有多家商店和餐飲店不提供刷卡服務，請務必在進入商店前確認清楚。澳門主要以Visa和萬事達卡為主，很多地方不接受JCB、美國運通卡及大來國際卡。

MONEY 4
原則上不給小費

在餐廳或咖啡館等地刷卡付費時，有些帳單上有「TIPS」欄位，填入「×」即可。

MONEY 5
香港不接受澳門幣

在澳門可以用1港幣＝1澳門幣的方式使用港幣，但在香港不可以使用澳門幣。往來兩地者務必注意這點。

從日本直飛澳門！
澳門航空

澳門航空成立於1994年，算是比較新的航空公司，致力追求高度安全和可靠性及優質服務，以澳門國際機場為樞紐，提供到日本、中國、首爾、曼谷等地的固定航線。

✈ 唯一從日本出發的直飛航班

2007年開始的首條航線是澳門-關西國際機場，接著在2010年開闢澳門-成田國際機場航線，之後則是澳門-福岡機場。目前從日本直飛澳門的航線每週18班。除了到澳門方便外，從澳門轉機前往曼谷（泰國）、河內（越南）等鄰近各國的航線也頗受矚目。另外從日本各地機場包機飛往澳門的航班也很多。

✈ 日本航線上有日籍空服員

2007年澳門-關西國際機場的航線開通以來，在日本線的空服人員中，一定有一名以上的日籍客艙組員，另外也有會說日語的客艙組員，不用擔心語言不通的問題，可以放心享受空中之旅。另外，和全日空（ANA）也有聯營航班，客艙組員提供親切道地的日式服務，也是令人放鬆的重點。

前往澳門唯一的直飛航班，所以首次出國的人也能放心搭乘。

在寬敞的座位上度過3小時愉快的飛航時間。

也可以請教澳門或香港的推薦景點。

有多位接受世界頂尖教育的客艙組員。

✈ 全方位服務航空公司

從日本出發包含在機票內的飛機餐，有中式和日式餐點可選，兩種都是在日本當地烹調。另外，經濟艙提供無酒精飲料和啤酒，商務艙則多了葡萄牙葡萄酒和調酒可選。

商務艙飛機餐。融合東西方菜色的澳門特色飲食。

從澳門起飛的航班，提供米其林星級餐廳監製的餐點。

✈ 四通八達的澳門國際機場

跑道拓寬後的澳門國際機場，銜接亞洲各國，是備受矚目的樞紐機場。定期飛往中國大陸各城市、首爾（韓國）、台北（台灣）、曼谷（泰國）、河內（越南）等地。另外附設前往香港的外港客運碼頭，方便經由澳門前往香港。

澳門航空的付費休息室從5:30營業到末班飛機起飛為止。

從葡萄牙殖民地時代便啟用的機場。

✈ 購買優惠機票

澳門航空常有60天或30天前的早鳥優惠票，請上官網確認！另外，也可透過定期舉辦的活動企畫，取得優惠價格。還能買到由澳門轉機到各城市的優惠票。

AIR MACAU
澳門航空

澳門航空
客服中心
☎ 06-6263-5383
（平日9:30～17:30）
www.airmacau.jp/

香港&澳門之旅 SUPER INDEX

依目的
反向查詢

營業時間、價格、是否要預約等，各類別關注的焦點都不一樣。
只要一眼就能找到重點項目！讓香港&澳門之旅暢行無阻的實用索引。

HONG KONG

地區	店家‧景點	公休日	營業時間	預約	類別	預算	頁碼	MAP
尖沙咀	Eyebar	全年無休	11:30（戶外座位15:00）～凌晨1:00	○	酒吧	★★	78	P.15 D-2
太子/旺角	227甜棧	全年無休	15:00～凌晨0:30	×	甜品	★	73	P.11 D-1
銅鑼灣	怡東軒	全年無休	12:00～14:30（週日、假日）10:30～15:00、18:00～22:30	×	高級餐廳	★★★	63	P.21 E-1
香港市中心	Winstons Coffee	全年無休	7:00～23:00（週一18:00）	×	咖啡	★	159	P.8 A-3
香港市中心	永合成馳名煲仔飯	週日、假日	7:00～16:00	×	煲仔飯	★★	55	P.8 A-3
上環/中環	Ace Cakery	全年無休	12:00（週六、日11:00）～22:00	×	咖啡	★	162	P.16 C-2
油麻地/佐敦	澳洲牛奶公司	週四	7:30～23:00	×	甜品	★	72	P.13 E-3
油麻地/佐敦	Ozone	全年無休	17:00～凌晨1:00（週五凌晨2:00、週六15:00～凌晨2:00、週日12:00～24:00）	×	酒吧	★★	78	P.12 B-3
金鐘/灣仔	家全七福	全年無休	11:30～15:00、18:00～23:00	○	廣東菜	★★★	61	P.19 D-2
尖沙咀	雞記潮州麵食	全年無休	7:00～凌晨1:00（週日、假日24:00）	×	麵	★	53	P.15 E-2
上環/中環	九記牛腩	週日、假日	12:30～22:30	×	麵	★	52	P.16 B-2
上環/中環	Garden Meow	全年無休	11:30～22:00	×	台式咖啡	★	117	P.16 A-2
香港市中心	甘飯館	全年無休	11:30～15:00、18:00～23:00	×	廣東菜	★★★	58	P.9 D-3
上環/中環	玉葉甜品	週六、日	13:00～23:00	×	甜品	★	162	P.16 B-2
香港市中心	坤記煲仔小菜	全年無休	11:00～14:30（週日、假日休息）、18:00～22:30	×	煲仔飯	★★	54	P.8 A-3
香港市中心	君綽軒	全年無休	12:00～14:30（週六、日、假日11:00～15:00）、18:30～22:30	×	飲茶	★★★	43	P.9 D-3
尖沙咀	國金軒	全年無休	11:30～14:30（週日、假日10:30～15:30）、18:00～22:30	○	飲茶	★★★	44	P.15 D-1
油麻地/佐敦	恭和堂	全年無休	10:30～23:30	×	龜苓膏	★	75	P.13 E-2
銅鑼灣	功德林上海素食	全年無休	11:00～23:00	×	素食	★★	65	P.21 D-1
尖沙咀	酒鍋	全年無休	12:00～15:00、18:00～凌晨2:00（週日24:00）	×	火鍋	★★	57	P.15 F-1
金鐘/灣仔	The Cupping Room	全年無休	8:00～17:00（週六、日9:00～18:00）	×	咖啡	★★	165	P.19 D-3
香港市中心	太平山餐廳	全年無休	10:30～23:30（週六、日、假日凌晨1:00）	×	無國界料理	★★	87	P.8 B-3
尖沙咀	大堂茶座	全年無休	14:00～17:00	×	下午茶	★★	67	P.15 D-3
上環/中環	生記粥品專家	週日	6:30～21:00	×	粥	★	47	P.16 A-2
香港市中心	三希樓	全年無休	11:00～23:00	×	火鍋	★	56.58	P.8 B-3
尖沙咀	新同樂魚翅酒家	全年無休	11:00～15:00、18:00～23:00	○	高級餐廳	★★★	62	P.15 D-1
尖沙咀	新唯一麵家	全年無休	8:00～23:00	×	麵	★	53	P.15 E-1
上環/中環	霞飛會館	全年無休	11:30～15:30、18:00～23:00	×	上海菜	★★★	59	P.16 C-3
上環/中環	Sevva	週日	12:00～17:00、18:00～24:00（週四、五凌晨2:00、週六11:00～凌晨2:00）、下午茶14:30～17:00（週六15:00～17:30）	○	下午茶、酒吧	★★	67.79	P.17 F-3
上環/中環	Jashan	全年無休	12:00～14:30、18:00～23:00	×	印度菜	★★	160	P.16 B-3
香港全圖	Jaspas Kennedy Town	全年無休	8:00～23:00	×	咖啡	★	156	P.7 D-2
太子/旺角	星巴克咖啡	全年無休	8:00～23:00（週五、六24:00）	×	咖啡	★	119	P.11 E-2
油麻地/佐敦	四季煲仔飯	全年無休	16:30～凌晨0:30	×	煲仔飯	★★	55	P.13 E-1
上環/中環	Sohofama	全年無休	12:00～23:00	×	餐廳	★★	115	P.16 A-2
上環/中環	大會堂美心皇宮	全年無休	11:00（週日、假日9:00～）15:00、17:30～23:30）	×	飲茶	★★	34	P.17 F-3
金鐘/灣仔	檀島咖啡餅店	全年無休	6:00～24:00	×	咖啡	★★	69	P.19 F-3

上環/中環	池記	全年無休	11:00～22:30	X	麵	★	50	P.17 D-2
香港市中心	龍門樓-志蓮素齋	全年無休	12:00～15:00、18:00～21:00、週六、日15:30～17:00	○	素食	★★	64	P.9 E-1
上環/中環	沾仔記	全年無休	9:00～22:00	×	麵店	★	51	P.16 B-2
香港市中心	Chachawan	全年無休	12:00～14:30、18:30～23:00	×	泰國菜	★	159	P.8 A-3
尖沙咀	翠韻軒	全年無休	9:00～16:00、17:30～23:30	×	飲茶	★★	37	P.15 D-3
太子/旺角	翠園	全年無休	7:30～16:00、17:30～23:30	×	飲茶	★★	28	P.11 E-1
金鐘/灣仔	再興燒臘飯店	週日、假日	9:30～22:00	×	肉	★	48	P.19 F-2
銅鑼灣	點點心	全年無休	10:00～24:00	×	飲茶	★★	37.41	P.20 B-2
香港市中心	添好運點心專賣店	全年無休	10:00～21:30	×	飲茶	★★	26	P.9 D-3
尖沙咀	點一龍	全年無休	8:00～22:30	×	飲茶	★	40	P.14 B-1
油麻地/佐敦	天龍軒	全年無休	12:00～14:30（週六、日、假日11:30～15:00）、18:00～22:30	×	高級餐廳	★★★	62	P.12 B-3
上環/中環	斗記燒味之家	週日	7:00～19:00	×	肉	★	49	P.16 C-2
上環/中環	都爹利會館	全年無休	12:00～15:00、18:00～23:00（週日22:00）	×	高級餐廳	★★★	63	P.17 D-3
銅鑼灣	Tott's and Roof Terrace	全年無休	12:00～14:30（週六休息、週日、假日17:00）、17:00～24:00（週五、六凌晨1:00）	×	酒吧	★★	79	P.21 E-1
上環/中環	唐宮小聚	全年無休	11:30～15:00、18:00～22:30	×	飲茶	★★	31	P.16 B-2
銅鑼灣	南龍冰室	全年無休	7:00～22:00	×	咖啡	★★	69	P.21 F-2
上環/中環	Nood Food	全年無休	7:00～23:00（週日、假日8:00～22:00）	×	咖啡	★★	162	P.16 B-3
金鐘/灣仔	夏宮	全年無休	11:30（週日、假日11:00）～15:00、18:00～22:30	×	飲茶	★★★	45	P.18 B-2
尖沙咀	海南少爺	全年無休	11:30～23:00	×	肉	★	49	P.14 B-3
太子/旺角	許留山	全年無休	12:00～凌晨0:30（週五、六、假日前一天凌晨1:00）	×	冰果店	★	70	P.11 E-3
銅鑼灣	食街	依店鋪而異	依店鋪而異	×	美食街	★★	167	P.21 E-1
香港市中心	福元湯圓	全年無休	16:00～凌晨1:00	×	甜品	★	72	P.9 D-3
銅鑼灣	喜喜冰室	全年無休	8:00～23:00	×	咖啡	★★	167	P.21 E-1
尖沙咀	Heritage Parlour	全年無休	14:30～17:30（下午茶）	○	下午茶	★★	66	P.14 C-3
銅鑼灣	何洪記粥麵專家	全年無休	11:00～24:00	×	粥	★	47.51	P.21 D-2
尖沙咀	鴻星中菜尖沙咀店	全年無休	10:00（週日9:00）～23:00	×	飲茶	★★	37	P.15 E-2
金鐘/灣仔	鴻福堂	全年無休	8:45～21:00	×	藥膳茶	★	74	P.19 F-2
尖沙咀	洪利粥店茶餐廳	全年無休	7:00～凌晨2:00	×	粥	★	46	P.15 E-1
太子/旺角	妹記生滾粥品	週二	7:00～15:00	×	粥	★	46	P.11 E-2
金鐘/灣仔	滿福樓	全年無休	12:00（週日、假日11:30）～15:00、18:00～22:30	○	飲茶	★★★	42	P.19 E-1
油麻地/佐敦	美都餐室	週三	9:00～21:00	×	咖啡	★★	68	P.13 E-1
金鐘/灣仔	名都酒樓	全年無休	8:00～24:00（23:30 LO）	×	飲茶	★★	32	P.18 B-2
金鐘/灣仔	美味廚	全年無休	12:00～15:00、18:00～23:30	×	火鍋	★★	57	P.19 F-3
太子/旺角	明閣	全年無休	11:00～14:30、18:00～22:30	×	高級餐廳	★★★	63	P.11 D-3
上環/中環	Mott32	全年無休	12:00～14:30、18:00～22:30	○	廣東餐廳	★★★	60	P.17 E-3
上環/中環	夢想豆花	全年無休	11:00（週日、假日12:00）～22:30	×	甜品	★	73	P.16 C-2
太子/旺角	一點心	全年無休	10:30（週六、日、假日10:00）～凌晨0:30	×	飲茶	★★	41	P.11 D-1
上環/中環	一樂燒鵝	週三	10:00～21:00（週六17:30）	×	麵	★	53	P.16 C-2
尖沙咀	欣圖軒	全年無休	12:00～14:30（週日、假日11:30～15:00）、18:00～23:00	○	飲茶	★★★	45	P.15 E-3
香港全圖	譽滿坊	假日	11:00～16:30、18:00～22:30	×	飲茶	★★	30	P.7 E-2
香港市中心	粵	全年無休	11:30～15:00、18:00～22:30	○	廣東菜	★★★	61	P.9 D-3
尖沙咀	粵廚點心專門店	全年無休	7:00～22:30	×	飲茶	★★	39	P.15 E-2
香港市中心	劉森記麵家	全年無休	12:00～22:00	×	麵	★	52	P.8 B-1
香港市中心	蓮香居	全年無休	6:00～23:00	×	飲茶	★	34	P.8 B-3
上環/中環	蓮香茶室	全年無休	6:00～23:00	×	飲茶	★	38	P.16 B-2
香港市中心	綠林甜品	全年無休	14:00～凌晨1:00	×	甜品	★	73	P.8 B-1
金鐘/灣仔	樂茶軒茶藝館	第2週週二	10:00～20:00	×	中國茶	★★	164	P.18 A-2
尖沙咀	鹿鳴春	全年無休	12:00～15:00、18:00～22:00	×	北京菜	★★★	59	P.15 E-3
上環/中環	陸羽茶室	全年無休	7:00～22:00	×	飲茶	★★	39	P.16 C-3
太子/旺角	倫敦大酒樓	全年無休	7:00～23:00	×	飲茶	★★	34.37	P.11 D-3
太子/旺角	宏發燒臘飯店	全年無休	11:00～23:30	×	肉	★	49	P.11 E-2

地區	商店・景點	公休日	營業時間	預約	類別	費用	頁碼	MAP
油麻地/佐敦	天際100	全年無休	10:00～21:00（週五、六22:30）	×	高樓觀景台	HK$188	84.95	P.12 B-3
香港全圖	香港仔	全年無休	無	×	城市	免費	168	P.7 D-3
金鐘/灣仔	華夏保健	全年無休	10:00～21:00	×	腳底按摩店	HK$260～	101	P.19 D-2
銅鑼灣	維多利亞公園	全年無休	24小時	×	公園	免費	166	P.21 F-1
香港市中心	太平山	全年無休	纜車7:00～24:00	×	開運景點	單程纜車票 HK$37	86.94	P.8 A-3
香港全圖	心經簡林	全年無休	無	×	開運景點	免費	94	P.6 B-3
香港市中心	黃大仙	全年無休	7:00～17:00	×	開運景點	免費	95.96	P.9 D-1
油麻地/佐敦	算命街	全年無休	17:00～24:00左右	×	街道	散步免費	153	P.13 E-2
香港全圖	海洋公園	全年無休	依日期而異	×	主題公園	成人HK$480	169	P.7 E-3
尖沙咀	九龍公園	全年無休	無	×	開運景點	免費	95.155	P.14 C-1
上環/中環	古法足道	全年無休	10:00～23:30	×	腳底按摩店	HK$218～	100	P.16 C-3
上環/中環	The Oriental Spa Hong Kong	全年無休	8:00～23:00	○	飯店SPA	HK$1400～	99	P.17 D-3
尖沙咀	The Peninsula Spa	全年無休	8:00～23:00	○	飯店SPA	HK$2100～	99	P.15 D-3
上環/中環	朕足浴	全年無休	10:00～24:00	×	腳底按摩店	HK$228～	101	P.16 C-3
油麻地/佐敦	The Ritz-Carlton Spa, Hong Kong	全年無休	9:00～23:00	○	飯店SPA	HK$1980～	98	P.12 B-3
香港全圖	沙田馬場	非賽程日	第1場比賽12:30～	×	賽馬場	普通座位區 HK$10	102	P.7 E-1
上環/中環	Spa at Four Seasons	全年無休	8:00～23:00	○	飯店SPA	HK$3990	98	P.17 D-1
尖沙咀	足藝舍	全年無休	10:00～24:00	×	腳底按摩店	HK$159～	101	P.15 D-2
香港全圖	大嶼山	全年無休	無	×	島嶼	免費	169	P.6 B-3
上環/中環	大館	依店鋪而異	11:00～23:00	×	複合商業大樓	免費	18	P.16 B-3
香港全圖	車公廟	全年無休	無	×	開運景點	免費	95	P.7 E-2
尖沙咀	尖沙咀海濱花園	全年無休	無	×	步道	免費	155	P.14 C-3
香港全圖	長洲島	全年無休	無	×	島嶼	免費	168	P.6 C-3
香港全圖	天后廟	全年無休	無	×	開運景點	免費	95	P.7 E-3
尖沙咀	鐘樓	全年無休	無	×	鐘樓	免費	155	P.14 C-3
香港全圖	南丫島	全年無休	無	×	島嶼	免費	169	P.7 D-3
香港市中心	怡和午炮	全年無休	12:00	×	歷史景點	免費	167	P.9 D-3
金鐘/灣仔	紫荊花雕像	全年無休	無	×	雕像	免費	165	P.19 E-1
太子/旺角	雀鳥花園	全年無休	7:00～20:00左右	×	街道	免費	151	P.11 F-1
上環/中環	中國銀行	全年無休	無	×	開運景點	免費	95	P.17 F-3
上環/中環	半山手扶梯	全年無休	上行6:00～10:00下行10:20～清晨6:00	×	手扶梯	免費	160	P.16 C-2
香港全圖	寶蓮寺	全年無休	無	×	開運景點	免費	94	P.6 B-3
金鐘/灣仔	香港公園	全年無休	6:00～23:00	×	開運景點	免費	94.164	P.18 A-3
香港市中心	香港大學	假日、大學放假期間	9:30（週日11:00）～17:00	×	大學	免費	156	P.8 A-3
香港全圖	香港迪士尼樂園度假區	全年無休	依日期而異	×	主題樂園	HK$619	104	P.6 C-2
尖沙咀	惠康美容足部治療護理中心	全年無休	9:00～24:00	×	腳底按摩店	HK$120～	101	P.14 C-2
上環/中環	文武廟	全年無休	8:00～18:00	×	開運景點	免費	94.158	P.16 A-2
香港全圖	淺水灣&赤柱	全年無休	無	×	城市	免費	168	P.7 E-3
尖沙咀	華庭腳底反射理療中心	全年無休	10:30～凌晨1:00	×	腳底按摩店	HK$198～	100	P.14 C-2

地區	商店・景點	公休日	營業時間	類別	預算	頁碼	MAP
香港市中心	Yi-ming	全年無休	11:00～19:00	生活用品	★★	127	P.8 B-3
上環/中環	印章街	全年無休	9:00～18:00左右	印章	★★	159	P.16 B-1
尖沙咀	香港洲際酒店	全年無休	12:00～14:40、18:00～23:00（欣圖軒）	飯店禮品	★★	139	P.15 E-3
上環/中環	Vickie Shoes Co.	全年無休	10:30～20:00（週日11:00～19:30）	鞋子	★★	161	P.16 C-2

上環/中環	Vivienne Tam	全年無休	11:00～20:00	服飾	★★	113	P.16 A-2
香港市中心	頂好	全年無休	7:00～23:30	超市	★	147	P.8 A-3
上環/中環	aogp	全年無休	13:00～20:00	飾品	★★	113	P.16 A-2
上環/中環	kapok pmq	全年無休	11:00～20:00	生活用品	★★	116	P.16 A-2
上環/中環	顏奇香茶莊	全年無休	10:00～19:00	中國茶	★★	124	P.16 A-1
上環/中環	貓街	全年無休	10:00～18:30左右	街區	★	158	P.16 A-2
太子/旺角	金魚街	全年無休	依店鋪而異	街區	★	150	P.11 D-1
尖沙咀	曲奇4重奏	全年無休	11:00～21:00	餅乾	★★	136	P.15 E-2
上環/中環	Glue Associates	全年無休	12:00～20:00	生活用品	★★	115	P.16 A-2
尖沙咀	曲奇童話	全年無休	11:00～21:00	餅乾	★★	134	P.15 E-2
上環/中環	工夫茶舍	全年無休	11:00～20:00	中國茶	★★	113	P.16 A-2
香港市中心	凌霄閣	全年無休	10:00（週六、日、假日8:00）～23:00	複合商業大樓	★★	87	P.8 B-3
尖沙咀	半島酒店	全年無休	9:30～19:30	飯店禮品	★★	138	P.15 D-3
上環/中環	香港置地文華東方酒店	全年無休	8:00～23:00（週六、日、假日19:00）	飯店禮品	★★	139	P.17 D-3
上環/中環	西港城	依店鋪而異	商店10:00～19:00、餐廳11:00～23:00商業	複合設施	★★	158	P.16 A-1
上環/中環	The Refinery	全年無休	12:00～19:00	生活用品	★★	115	P.16 A-2
銅鑼灣	Sa Sa Supreme	全年無休	10:30～22:00	美妝品	★★	143	P.21 D-2
上環/中環	三匠	全年無休	13:00～20:00	生活用品	★★	117	P.16 A-2
銅鑼灣	新星茶莊	全年無休	10:00～21:00	中國茶	★★	125	P.21 D-2
香港全圖	士美菲路街士	全年無休	6:00～20:00	市場	★	157	P.7 D-2
油麻地/佐敦	玉器市場	全年無休	10:00～18:00	市場	★★	152	P.13 E-2
上環/中環	珍妮曲奇	全年無休	9:00～19:00	餅乾	★★	135	P.16 B-2
上環/中環	G.O.D	全年無休	11:00～21:00	生活用品	★★	118	P.16 B-2
油麻地/佐敦	上海街	全年無休	依商店而異	商店街	★	152	P.13 E-2
油麻地/佐敦	先達商店	全年無休	14:00～20:30	鞋子	★	121	P.13 E-3
太子/旺角	球鞋街	全年無休	依店鋪而異	街區	★	151	P.11 E-2
尖沙咀	Tangs	全年無休	10:00～19:00	印章	★★★	130	P.15 D-3
油麻地/佐敦	男人街	全年無休	17:00～24:00左右	街區	★	153	P.13 E-2
油麻地/佐敦	長壽園	週日、假日	10:00～17:00（看診時間10:30～）	中藥	★★★	140	P.13 E-2
香港全圖	彩虹書法	全年無休	10:00～18:00	花鳥字	★★	128	P.7 E-3
銅鑼灣	Timbee Lo	全年無休	13:00～23:00	生活用品	★★	126	P.21 E-1
上環/中環	Design PMQ	全年無休	11:00～20:00	生活用品	★★	116	P.16 A-2
銅鑼灣	雙妹嚜	全年無休	12:00～21:00	美妝品	★★	143	P.21 E-1
太子/旺角	女人街	全年無休	15:00～23:00左右	街區	★	150	P.11 E-2
上環/中環	Bathe to Basic	全年無休	13:00～20:00	美妝品	★★	114	P.16 A-2
尖沙咀	海港城	依店鋪而異	10:00～21:00	商業複合設施	★★	155	P.14 B-2
上環/中環	Bamboa Home	全年無休	11:00～20:00	廚房用品	★★	114	P.16 A-2
上環/中環	元創方	全年無休	7:00～23:00	商業複合設施	★★	112	P.16 A-2
上環/中環	Blind by JW	全年無休	11:00～20:00	生活用品	★★	117	P.16 A-2
尖沙咀	香港旭洋行	週六、日	9:00～17:00	能量石	★★	131	P.15 D-2
尖沙咀	香港歷史博物館	週二	10:00～18:00（週六、日、假日19:00）	生活用品	★★	120.155	P.15 F-1
上環/中環	FABcessories	全年無休	13:00～20:00	生活用品	★★	116	P.16 A-2
上環/中環	香港四季酒店	全年無休	7:00～22:00	飯店禮品	★★	139	P.17 D-1
上環/中環	鋒味	全年無休	10:30～19:30	餅乾	★★	137	P.16 B-2
上環/中環	福茗堂茶莊	全年無休	10:30～20:00	中國茶	★★	124	P.17 D-2
上環/中環	興祥富記	全年無休	11:00～19:00	餐具	★	121	P.16 B-3
金鐘/灣仔	Marks & Spencer Food	全年無休	7:30～21:30（週日10:00～20:30）	超市	★★	147	P.19 E-2
尖沙咀	萬寧	全年無休	10:00～23:00	藥妝店	★	145	P.14 C-2
上環/中環	Morn Creations	全年無休	11:30～20:00	生活用品	★★	120	P.16 B-2
油麻地/佐敦	裕華國貨	全年無休	10:00～22:00	百貨公司	★★	133	P.13 F-2
尖沙咀	余仁生	全年無休	11:00～20:00	中藥	★★	140	P.15 F-2
上環/中環	Loom Loop	週一	13:00～20:00	生活用品	★★	114	P.16 A-2
上環/中環	Lane Crawford	全年無休	10:00～21:00	生活用品	★★★	127	P.17 D-2

地區	店家	公休日	營業時間	類別		頁碼	MAP
尖沙咀	屈臣氏	全年無休	9:00～22:30（週五～日、假日8:30～23:00）	藥妝店	★	145	P.14 C-3
金鐘/灣仔	灣仔菜市場	全年無休	6:00～20:00	市場	★	165	P.19 E-3

STAY

地區	飯店	房價	IN&OUT	類別	頁碼	MAP
香港市中心	海景嘉福洲際酒店	HK$1550～	IN14:00/OUT12:00	飯店	196	P.8 C-2
尖沙咀	香港洲際酒店	HK$6000～	IN14:00/OUT12:00	飯店	194	P.15 E-3
尖沙咀	九龍酒店	HK$1600～	IN14:00/OUT12:00	飯店	197	P.15 D-2
香港全圖	香港九龍東皇冠假日酒店	HK$1060～	IN14:00/OUT12:00	飯店	196	P.7 F-2
尖沙咀	港威酒店	HK$1950～	IN15:00/OUT12:00	飯店	197	P.14 C-2
太子/旺角	香港康得思酒店	HK$1500～	IN14:00/OUT12:00	飯店	197	P.11 D-3
香港市中心	香港萬怡酒店	HK$1600～	IN14:00/OUT12:00	飯店	196	P.8 A-3
金鐘/灣仔	香港港麗酒店	HK$3000～	IN14:00/OUT12:00	飯店	195	P.18 B-3
尖沙咀	半島酒店	HK$5080～	IN14:00/OUT12:00	飯店	195	P.15 D-3
油麻地/佐敦	香港麗思卡爾頓酒店	HK$7600～	IN15:00/OUT12:00	飯店	194	P.12 B-3
尖沙咀	香港喜來登酒店	HK$1750～	IN15:00/OUT12:00	飯店	197	P.15 D-3
香港市中心	千禧新世界香港酒店	HK$1850～	IN14:00/OUT12:00	飯店	196	P.8 C-2
香港市中心	都會海逸酒店	HK$1300～	IN15:00/OUT12:00	飯店	196	P.8 C-2
銅鑼灣	香港銅鑼灣智選假日酒店	HK$1150～	IN14:00/OUT12:00	飯店	196	P.20 C-2
尖沙咀	馬哥孛羅香港酒店	HK$1950～	IN15:00/OUT12:00	飯店	197	P.14 C-3
尖沙咀	皇家太平洋酒店	HK$1250～	IN15:00/OUT12:00	飯店	197	P.14 B-1

MACAU

EAT

地區	店家・景點	公休日	營業時間	預約	類別	預算	頁碼	MAP
議事亭前地/新口岸周邊	Albergue 1601	全年無休	12:00～15:00、18:00～22:30	○	土生葡菜	★★★	186	P.24 C-2
議事亭前地/新口岸周邊	義順鮮奶	全年無休	9:00～22:30	×	甜品	★	188	P.24 C-2
議事亭前地/新口岸周邊	喜景閣咖啡室	全年無休	6:30～15:00、18:00～22:00（週五～日6:30～22:00）	×	咖啡	★★	189	P.25 E-2
澳門全圖	葡軒	全年無休	12:00～15:00、18:00～23:00（週六、日、假日12:00～23:00）	○	土生葡菜	★★★	187	P.23 B-2
議事亭前地/新口岸周邊	祥記麵家	不固定	11:30～24:00	×	麵	★	188	P.24 B-2
議事亭前地/新口岸周邊	Pastelaria Caravela	週日	8:00～20:00	×	咖啡	★	189	P.24 C-2
議事亭前地/新口岸周邊	佛笑樓	全年無休	12:30～22:30	○	土生葡菜	★★★	186	P.24 B-2
議事亭前地/新口岸周邊	瑪嘉烈蛋撻店	週三	8:30～16:30（周六、日10:00～18:00）	×	咖啡	★★	189	P.24 C-2
澳門全圖	海灣餐廳	全年無休	12:00～15:00、18:00～22:30	○	土生葡菜	★★★	187	P.24 A-3
澳門全圖	安德魯餅店	全年無休	7:00～22:00	×	甜品	★	189	P.23 A-3

TOURISM

地區	店家・景點	公休日	營業時間	預約	類別	預算	頁碼	MAP
議事亭前地/新口岸周邊	耶穌會紀念廣場	全年無休	無	X	世界遺產	免費	175	P.24 C-2
議事亭前地/新口岸周邊	東方基金會會址	全年無休	無	X	世界遺產	免費	175	P.24 C-1
議事亭前地/新口岸周邊	東望洋炮台	全年無休	9:00～18:00（教堂10:00～）	X	世界遺產	免費	175.178	P.25 D-2
澳門全圖	澳門銀河	全年無休	24小時	X	賭場	免費入場	181	P.23 B-2
議事亭前地/新口岸周邊	澳門新葡京酒店	全年無休	24小時	X	賭場	免費入場	181	P.24 C-2
澳門全圖	澳門威尼斯人	全年無休	24小時	X	賭場	免費入場	181.185	P.23 B-2
澳門全圖	水舞間	週二、三	11:00～22:00 場次17:00、20:00	X	表演	MOP580～	182	P.23 B-2

地區		全年無休	24小時	X	賭場	免費入場	181	P.23 B-2
澳門全圖	新濠天地	全年無休	24小時	X	賭場	免費入場	181	P.23 B-2
澳門全圖	澳門新濠影滙	全年無休	12:00～20:00（週六、日、假日11:00～21:00）	X	商業複合設施	免費入場	184	P.23 B-3
議事亭前地/新口岸周邊	聖安多尼教堂	全年無休	7:30～17:30	X	世界遺產	免費	175.178	P.24 C-1
議事亭前地/新口岸周邊	聖奧斯定教堂	全年無休	無	X	世界遺產	免費	174	P.24 B-2
議事亭前地/新口岸周邊	玫瑰聖母堂	全年無休	無	X	世界遺產	免費	175	P.24 C-2
議事亭前地/新口岸周邊	聖保祿大教堂遺址	全年無休	無	X	世界遺產	免費	175.176	P.24 C-2
議事亭前地/新口岸周邊	聖若瑟修院及聖堂	全年無休	無	X	世界遺產	免費	174	P.24 B-2
議事亭前地/新口岸周邊	議事亭前地	全年無休	無	X	世界遺產	免費	175.178	P.24 C-2
議事亭前地/新口岸周邊	鄭家大屋	全年無休	無	X	世界遺產	免費	174	P.24 B-2
議事亭前地/新口岸周邊	大堂（主教座堂）	全年無休	無	X	世界遺產	免費	175	P.24 C-2
議事亭前地/新口岸周邊	崗頂劇院	全年無休	無	X	世界遺產	免費	174	P.24 B-2
澳門全圖	表演湖	全年無休	12:00～24:00	X	表演	免費	183	P.23 B-2
議事亭前地/新口岸周邊	媽閣廟	全年無休	7:00～18:00	X	世界遺產	免費	174.179	P.24 A-3
議事亭前地/新口岸周邊	澳門塔	全年無休	10:00（週六、日、假日9:00）～21:00	X	高塔	MOP145（觀景台）	185	P.24 B-3
議事亭前地/新口岸周邊	民政總署大樓	全年無休	9:00～21:00	X	世界遺產	免費	175.179	P.24 C-2
澳門全圖	西遊記	週四	20:00	△	表演	MOP380～	183	P.23 B-2
議事亭前地/新口岸周邊	仁慈堂大樓	週一、假日	10:00～12:00、14:30～17:30	X	世界遺產	MOP5（博物館）	179	P.24 C-2
議事亭前地/新口岸周邊	亞婆井前地	全年無休	無	X	世界遺產	免費	174	P.24 B-3

SHOPPING

地區	商店・景點	公休日	營業時間	類別	預算	頁碼	MAP
議事亭前地/新口岸周邊	鉅記餅家	全年無休	8:00～23:30	傳統點心	★	189	P.24 C-2
議事亭前地/新口岸周邊	太平洋酒窖	週日、假日	11:00～21:00	葡萄酒、生活用品	★★	191	P.25 D-3
議事亭前地/新口岸周邊	葡國天地百貨	全年無休	13:00（週六、日12:00）～21:00	葡萄酒、生活用品	★★	190.193	P.24 C-2
議事亭前地/新口岸周邊	藝舍	週日	12:00～19:00（需確認）	生活用品	★	193	P.24 B-2

STAY

地區	飯店	房價	IN&OUT	類別	頁碼	MAP
議事亭前地/新口岸周邊	澳門雅詩閣	MOP1450～	IN15:00/OUT12:00	飯店	201	P.25 D-3
議事亭前地/新口岸周邊	卡爾酒店	HK$600～	IN15:00/OUT12:00	飯店	201	P.24 B-2
澳門全圖	澳門威尼斯人	HK$1598～	IN15:00/OUT11:00	飯店	199	P.23 B-2
澳門全圖	澳門麗思卡爾頓酒店	HK$3799～	IN15:00/OUT12:00	飯店	198	P.23 B-2
澳門全圖	澳門JW萬豪酒店	MOP1788～	IN15:00/OUT11:00	飯店	198	P.23 B-2
澳門全圖	澳門喜來登金沙城中心大酒店	HK$1163～	IN15:00/OUT11:00	飯店	200	P.23 B-2
澳門全圖	新濠影滙酒店	MOP1398～	IN15:00/OUT11:00	飯店	200	P.23 B-3
議事亭前地/新口岸周邊	澳門十六浦索菲特酒店	HK$1070～	IN15:00/OUT11:00	飯店	201	P.24 B-2
澳門全圖	澳門百老匯酒店	HK$1098～	IN15:00/OUT11:00	飯店	201	P.23 B-2
議事亭前地/新口岸周邊	澳門皇都酒店	MOP1630～	IN15:00/OUT11:00	飯店	200	P.25 D-2
議事亭前地/新口岸周邊	澳門文華東方酒店	MOP2288～	IN15:00/OUT12:00	飯店	200	P.25 D-3
澳門全圖	摩珀斯	MOP4998～	IN15:00/OUT11:00	飯店	199	P.23 B-2

香港＆澳門：最新・最前線・旅遊全攻略

作　　　者	朝日新聞出版
譯　　　者	郭欣惠、高詹燦
執 行 長	陳蕙慧
總 編 輯	曹　慧
主　　　編	曹　慧
封面設計	三人制創
內頁排版	思　思
行銷企畫	張元慧
社　　　長	郭重興
發行人兼 出版總監	曾大福
編輯出版	奇光出版 E-mail: lumieres@bookrep.com.tw 部落格：http://lumieresino.pixnet.net/blog 粉絲團：https://www.facebook.com/lumierespublishing
發　　　行	遠足文化事業股份有限公司 http://www.bookrep.com.tw 23141新北市新店區民權路108-4號8樓 電話：(02) 22181417 客服專線：0800-221029　傳真：(02) 86671065 郵撥帳號：19504465 戶名：遠足文化事業股份有限公司
法律顧問	華洋法律事務所　蘇文生律師
印　　　製	成陽印刷股份有限公司
初版一刷	2019年8月
定　　　價	420元

國家圖書館出版品預行編目 (CIP) 資料

香港＆澳門：最新・最前線・旅遊全攻略 / 朝日新聞出
版著；郭欣惠，高詹燦譯. -- 初版. -- 新北市：奇光出版：
遠足文化發行, 2019.08
　面；　公分
ISBN 978-986-97264-7-4（平裝）
譯自：香港＆マカオ
1. 旅遊　2. 香港特別行政區　3. 澳門特別行政區

673.869　　　　　　　　　　　　108010322

線上讀者回函